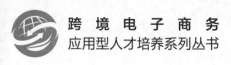

跨境电子商务
应用型人才培养系列丛书

U0365993

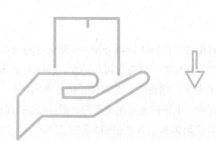

跨境电子商务
实务

■ 隋东旭　邹益民 ◎ 编著

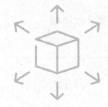

清华大学出版社
北 京

内 容 简 介

本书以跨境电子商务运营为切入点,对跨境电子商务运营的相关工作做了详细介绍,主要包括跨境电子商务概述、跨境电子商务平台、跨境电子商务选品与刊登管理、跨境电子商务支付与结算、跨境电子商务物流与海外仓、跨境电子商务客户服务与纠纷处理、跨境电子商务网络推广、跨境电子商务数据分析。

本书内容全面、实例丰富,既适合普通高等院校跨境电子商务、电子商务、物流管理、国际经济与贸易、市场营销等专业作为教材使用,也适合跨境电子商务创业者和培训机构参考使用。

图书在版编目(CIP)数据

跨境电子商务实务/隋东旭,邹益民编著. —北京:清华大学出版社,2023.1(2024.2重印)

(跨境电子商务应用型人才培养系列丛书)

ISBN 978-7-302-62467-7

Ⅰ.①跨… Ⅱ.①隋… ②邹… Ⅲ.①电子商务 Ⅳ.①F713.36

中国国家版本馆 CIP 数据核字(2023)第 017008 号

责任编辑:邓 婷
封面设计:刘 超
版式设计:文森时代
责任校对:马军令
责任印制:曹婉颖

出版发行:清华大学出版社
   网   址:https://www.tup.com.cn, https://www.wqxuetang.com
   地   址:北京清华大学学研大厦 A 座   邮 编:100084
   社 总 机:010-83470000   邮 购:010-62786544
   投稿与读者服务:010-62776969, c-service@tup.tsinghua.edu.cn
   质量反馈:010-62772015, zhiliang@tup.tsinghua.edu.cn
印 装 者:三河市君旺印务有限公司
经 销:全国新华书店
开 本:185mm×260mm   印 张:17.25   字 数:414 千字
版 次:2023 年 2 月第 1 版   印 次:2024 年 2 月第 2 次印刷
定 价:59.80 元

产品编号:088302-01

前　　言
Preface

21 世纪以来，随着互联网的普及，全球市场发生了重大的变化，人类商业生态环境也发生了巨大的变化，网络虚拟市场将人类带入新的经济发展阶段。随着经济社会的不断发展，旧的商业形态被不断淘汰，新的商业模式层出不穷。互联网正在不断地影响着国际贸易的发展，跨境电子商务作为一种新型的国际贸易手段，成为各国经济发展的新引擎，成为开放性经济转型升级的新动力。

在国家政策的大力支持下，我国跨境电子商务发展迅猛，跨境电子商务产业的迅速发展需要大量跨境电子商务人才作为支撑，这就要求高校大力培养跨境电子商务相关人才，助我国跨境电子商务产业一臂之力。

本书共分为 8 章，包括跨境电子商务概述、跨境电子商务平台、跨境电子商务选品与刊登管理、跨境电子商务支付与结算、跨境电子商务物流与海外仓、跨境电子商务客户服务与纠纷处理、跨境电子商务网络推广、跨境电子商务数据分析，为跨境电子商务人才的培养提供了强有力的支撑。

在编写教材的过程中，我们积极参考了国内同类教材先进的方面，同时注重形成自己的特色。

（1）结合"121 工程"特点，以培养应用型人才为导向，注重理论与实际相结合，强调"应用型"知识的学习，以帮助学生快速适应跨境电子商务相关工作。

（2）为了突出高等教育的应用型教学理念，本书采用"理论知识+案例分析"的写作结构，在阐述理论知识的同时，结合大量案例，帮助学生进一步理解相关知识点，巩固知识，通过"案例教学"提高学生的实践能力。

（3）注重多元信息融合，培养学生独立思考的能力。本书根据跨境电子商务业务的特点分为 8 章，每章设有知识目标、重点及难点，使学生明白各章需要掌握的重点、难点，在学习中有的放矢。行文时，结合大量案例导入、知识拓展等内容，使学生全面了解跨境电子商务知识，同时依托多种表现形式，激发学生学习兴趣。每章的复习与思考练习题充分检验学生对本章内容的掌握情况，进一步提高学生的综合素质和独立思考的能力。

（4）突出跨境电子商务学习的系统性。全书按照跨境电子商务业务发展的逻辑顺序进行编写，学生可以进行系统的学习。同时本书的可读性强，涉及的实操内容比较多，涉及的理论知识深入浅出，可以帮助读者快速地掌握跨境电子商务的操作流程。

（5）将教材建设与课程建设紧密结合。除了纸质教材，本书还有随书附带的相关电子教案、多媒体课件、电子试卷、跨境电子商务业内最新动态等配套教学资源，将教材建设与课程建设紧密结合在一起。

（6）偏重技能操作，具有很强的操作性。本书面对的读者主要是外贸与跨境电子商务的从业者，内容涉及跨境电子商务各主流平台的具体操作流程，具有很强的实操性。

本教材由隋东旭、邹益民老师担任主编，隋东旭负责全书的整体构思、章节设计和编写统筹与安排等工作。各章编写分工如下：隋东旭编写1～4章，邹益民编写5～8章。

两位作者在编写本书的过程中参阅了大量国内外相关著作、教材、报刊和各种文献资料，在此特向所有著作与资料的作者和提供者表示衷心的感谢。

在编写的过程中，我们尽量避免错误的产生。但由于水平有限，本教材中难免存在一些问题和疏漏，敬请各位专家与广大读者评判指正。

作者

2022 年 9 月

目 录
Contents

第一章　跨境电子商务概述

知识目标

- ❑ 了解跨境电子商务产生的背景；
- ❑ 了解跨境电子商务如何按照商品流向分类；
- ❑ 掌握跨境电子商务产业链以及各关键环节分析方法；
- ❑ 了解跨境电子商务的发展阶段及现状。

重点及难点

重点：
- ❑ 跨境电子商务的概念；
- ❑ 跨境电子商务的特点；
- ❑ 跨境电子商务的分类。

难点：
- ❑ 跨境电子商务按交易模式的分类；
- ❑ 跨境电子商务存在的问题及对策。

案例导入

《2019 年 8 月中国跨境电商融资数据榜》：4 家获 4.76 亿美元

2019 年 8 月，在跨境电子商务领域，网经社（100EC.CN）监测到的投融资事件共 5 起，涉及的平台包括 Wish、执御、行云全球汇、叮当海外仓，融资金额总计 4.76 亿美元。对此，网经社发布《2019 年 8 月中国跨境电商融资数据榜》。

1. Wish 完成 3 亿美元 H 轮融资，估值超 110 亿美元

2019 年 8 月 2 日，跨境电子商务平台 Wish 于旧金山宣布最新的融资信息，在成长型股权公司 General Atlantic 领投的 H 轮融资之后，Wish 的估值为 112 亿美元，较 2017 年年末上一轮融资的 87 亿美元估值有所增长。Wish 计划将 H 轮的融资用作市场营销和营运资金，扩大其在欧洲和北美的业务版图并持续优化物流链路。

据悉，Wish 是 2011 年成立的一家高科技独角兽公司，有 90% 的卖家来自中国，也是北美和欧洲最大的移动电子商务平台。它使用一种优化算法大规模获取数据，并快速了解如何为每位客户提供最合适的商品。截至 2018 年，Wish 的月活跃用户数超过 8000 万，商户数超过 100 万，每年销售近 10 亿件产品。其消费者主要来自美国、欧洲、加拿大、南美洲、澳大利亚等国家和地区，超过50%的用户通过Android客户端访问Wish；App的日均使用时间超过了25分钟，女性用户（60%）多于男性用户（40%）；超过60%的用户都是30岁以下的青年群体。

2. 执御获G42集团6500万美元C+轮融资

2019年8月5日，中东市场跨境电子商务领军企业浙江执御完成了6500万美元的C+轮融资，投资方为阿联酋科技巨头G42集团。此次融资是中东本地战略投资方首次投资以中东为重点市场的中国电子商务平台。执御自2014年起专注于中东市场，结合中国供应链优势、高效一体的全链路物流解决方案、高度本地化的运营方式和领先的大数据人工智能技术，面向当地最具活力的移动互联网用户，销售时尚、电子、家居、美妆等逾200个主要类目商品，提供跨境、多元的一站式电子购物服务。执御旗下业务包括全品类电子商务平台Jollychic、性价比时尚电子商务平台Dealy、轻奢商品电子商务平台MarkaVIP等。

3. 行云全球汇获元禾辰坤、信达汉石等1亿美金B+轮融资

2019年8月23日，跨境进口综合服务平台行云全球汇正式宣布完成1亿美元B+轮融资，本轮融资由东方富海管理的国家中小企业发展基金领投，元禾辰坤、信达汉石、蓝图创投跟投，老股东经纬中国、钟鼎资本、洪泰资本控股持续加码，并引入浦发硅谷银行数千万美元债权融资。

据悉，此次融资将主要用于供应链升级及提升跨境B2B服务能力，此外，行云全球汇将进一步渗透线下海量门店的交易场景，实现平台线上、线下全渠道的覆盖。一方面，将进一步推动海外代理品牌的拓展，丰富货源体系，与更多优质商品厂家和品牌方等建立合作；另一方面，将加强人才队伍建设，并加大对技术研发的投入，打造更敏捷、更多元化的跨境交易平台。与此同时，将逐步着手包括海外仓在内的国际物流体系的打造，夯实跨境贸易物流基础；链接更多线下零售交易门店的供应链中台服务，推动跨境供应链升级。

4. 叮当海外仓连获两轮合计超千万美元融资

2019年8月26日，跨境S2B2C平台叮当海外仓已连续完成来自蓝湖资本的Pre-A轮融资与钟鼎创投的A轮融资，合计金额超千万美元，元启资本担任两轮融资独家财务顾问。据悉，两轮融资资金将主要用于供应链建设与渠道拓展。此前，叮当海外仓还曾获得58产业基金的千万元天使轮融资。

叮当海外仓于2019年1月上线，总部位于北京，团队目前共有140人。通过搭建跨境S2B2C平台，负责后端采购、仓储物流、清关等供应链环节，为小型商户提供跨境采购服务，一件代发。

（资料来源于网络，并经作者加工整理）

第一节 跨境电子商务认知

一、跨境电子商务产生背景

作为一种新兴的商业交易模式，电子商务正在从单一关境内部的交易服务延伸为跨越关境的全球化交易服务，跨境电子商务正成长为全球商品与服务的重要流通方式。这种新商品交易形式的兴起是在经济全球化、贸易一体化与电子商务发展到新阶段，由多因素综合作用驱动形成的。目前，中国电子商务蓬勃发展，已成为全球市场的重要力量。以中小企业为主的中国跨境电子商务市场同样呈现出迅猛发展的态势，以其强大的生命力不断发展壮大。

（一）全球经济一体化趋势日趋加深

自 20 世纪 70 年代以来，随着跨国公司的全球扩张，生产要素和活动在全球范围内开始重组。生产组织活动的全球化带来了全球经济发展的同步性，同时，也带来了对相应生产性服务业的全球需求，服务业开始全球化，全球化发展进入新阶段；而新兴经济体经过一定阶段的高速发展，生产和消费能力提升，表现出对发达地区消费品的需求。这样，全球生产、消费、市场一体化趋势愈加明显；而国际组织和各国政府也积极推动相关规则的制定，国家（地区）间的自由贸易协定大量签订，通过推动贸易便利化来提高贸易过程中的效率。全球信息和商品等流动更加自由，贸易全球化进一步发展，跨境交易日益频繁。

（二）传统国际贸易增长呈现疲软态势

全球金融危机的爆发，给各国的经济带来了沉重的打击。后金融危机时代，主要国家经济增长疲软，全球范围内传统国际贸易呈现出增长疲软的态势。以中国为例，与前几年相比，中国近两年经济增速放缓。"经济新常态"这一概念的提出，体现了中央对当前中国经济发展的判断和认识，中国经济进入新常态阶段也成为共识。中国近几年传统外贸增长乏力，尤其是 2015 年，传统进口与出口均出现负增长，这与高速增长的跨境电子商务市场形成显著反差。尽管中国经济增速放缓，但是经济新常态下的结构调整，将为跨境电子商务的发展提供机遇。

（三）关联基础设施发展与完善

基础设施是跨境电子商务发展的基石，网络、技术、物流、支付等相关基础设施与资源的建设与完善，推动了跨境电子商务的快速发展。与互联网、移动网络关联的网络基础设施推动了互联网普及率的提升，打通了跨境电子商务的实现媒介；支付工具及技术、金融网络与设施等方面的布局，完善了跨境电子商务所需的支付载体；以物流网点、交通运输为代表的物流基础设施的大力发展，满足了跨境电子商务的商品流通需求。个人计算机（PC）的性能提升以及价格走低、智能手机的普及，推动了电子商务网络以及移动网络的发展，新兴市场对跨境电子商务发展的推力尤其显著。

（四）政府与政策红利的驱动

政府与政策的推力是巨大的，甚至能够起到决定性与导向性作用。在跨境电子商务成为全球热点后，各国政府纷纷开始重视跨境电子商务市场，出台了一系列政策推动其发展。跨境电子商务面临政策红利的驱动，进一步加快了发展步伐。2015 年 6 月在圣彼得堡国际经济论坛期间，俄罗斯提出将拉动经济增长的源头从能源（石油、天然气、核电）开始转向互联网经济、物流与跨境贸易；在印度，政府实施新自由主义经济政策，涉及印度的财政、货币、物价及外资等多个领域，为服务业的发展创造了条件；在澳大利亚，政府鼓励中小企业通过跨境电子商务渠道开拓海外市场，并通过中国电子商务平台"京东商城"与"一号店"进行促销试验；在拉美地区，与巴西等协商推动跨境电子商务业务；等等。

（五）境内电子商务发展日趋成熟

境内电子商务主要是在境内进行的电子商务交易，而跨境电子商务是和不同国家或地区的客户进行电子商务交易。虽然二者在地域和形式上存在一定的差异，但是商务模式大同小异。境内电子商务的充分发展对跨境电子商务起到了一个先行者的作用，很多经验和模式都是跨境电子商务可以直接借鉴的。随着互联网和电子商务在各国的发展，人们对网购不再陌生和排斥，在观念上没有障碍。由于各国信息交流日益方便、快捷，消费者能够轻松地在互联网上搜索到来自世界各地的商品信息，为实现跨境电子商务提供了条件。

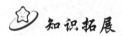

浅析跨境电子商务与国内电子商务的区别

二、跨境电子商务的概念

跨境电子商务（cross-border E-commerce）脱胎于"小额外贸"，最初是指以个人为主的买家借助互联网平台从境外购买产品，用第三方支付方式付款，卖家将货品快递给买家而完成的交易。

跨境电子商务有狭义的和广义的两层含义。

从狭义上看，跨境电子商务特指跨境网络零售，实际上基本等同于跨境零售，包括 B2C 和 C2C 两种模式，是指分属于不同关境的交易主体，通过电子商务平台达成交易，进行跨境支付结算，通过航空小包、邮政、快递等跨境物流送达商品、完成交易的一种国际贸易新业态。从本质上讲，它是以电子及电子技术为手段，以商务为核心，把原来传统的销售、购物渠道转移到互联网上，打破国家与地区之间的壁垒，使整个商品销售达到全球化、网络化、无形化、个性化和一体化的状态。跨境网络零售是互联网发展到一定阶段所产生的新型贸易形态。

从海关的统计口径来看，狭义的跨境电子商务就是在网上进行小包的买卖，基本上针对终端消费者（通常所说的 B2C 或者 C2C）。但随着跨境电子商务的发展，一部分零售的、小额批发的小型商户也成为消费群体（B2B），由于这类小型商户和个人消费者在现实中很难严格区分和界定，因此狭义的跨境电子商务也将这部分纳入跨境零售范围。

从广义上看，跨境电子商务基本等同于外贸电子商务，是指分属不同关境的交易主体，通过电子商务手段将传统进出口贸易中的展示、洽谈和成交环节电子化，并通过跨境物流送达商品、完成交易的一种国际商业活动。

广义的跨境电子商务统计对象以跨境电子商务中商品交易部分为主（不含服务部分），它既包含跨境电子商务交易中的跨境零售（狭义部分），又包含跨境电子商务 B2B 部分，其中 B2B 部分不但包括通过跨境交易平台实现线上成交的部分，还包括通过互联网渠道线上进行交易洽谈，促成线下实现成交的部分。

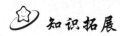 知识拓展

推动外贸稳量增效，杭州推出八项举措服务跨境电子商务

三、跨境电子商务的特点

（一）多边化

传统的国际（地区间）贸易主要表现为两国（地区）之间的双边贸易，即使有多边贸易，也是通过多个双边贸易实现的，呈线状结构。跨境电子商务可以通过 A 国（地区）的交易平台、B 国（地区）的支付结算平台、C 国（地区）的物流平台，实现与其他国家（地区）间的直接贸易。贸易过程相关的信息流、商流、物流、资金流由传统的双边化逐步向多边化演进，呈网状结构，正在重构世界经济新秩序。

（二）直接化

传统的国际（地区间）贸易主要由一国（地区）的进/出口商通过另一国（地区）的出/进口商集中进/出口大批量货物，然后通过境内流通企业的多级分销，最后到达有进/出口需求的企业或消费者，进出口环节多，时间长，成本高。跨境电子商务可以通过电子商务交易与服务平台，实现多国（地区）企业之间、企业与最终消费者之间的直接交易，进出口环节少，时间短，成本低，效率高。

（三）小批量

跨境电子商务通过电子商务交易与服务平台，实现多国（地区）企业之间、企业与最终消费者之间的直接交易。由于是单个企业之间或单个企业与单个消费者之间的交易，相对于传统贸易，成交量大多是小批量，甚至是单件。

（四）高频度

跨境电子商务通过电子商务交易与服务平台，实现多国（地区）企业之间、企业与最终消费者之间的直接交易。由于是单个企业之间或单个企业与单个消费者之间的交易，而

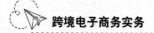

且是即时按需采购、销售或消费，相对于传统贸易，交易的次数或频率较高。

（五）数字化

传统的国际（地区间）贸易主要是实物产品或服务交易。随着信息网络技术的深化应用，数字化产品（软件、影视、游戏等）的品类和贸易量快速增长，且通过跨境电子商务进行销售或消费的趋势更加明显。但关于"数字化"的一大挑战是，目前数字化产品的跨境贸易还没有纳入海关等政府相关部门的有效监管、贸易量统计、收缴关税的范围。

第二节　跨境电子商务分类

一、按照交易模式分类

跨境电子商务的交易模式包括企业对企业（B2B）、企业对消费者（B2C）和个人对消费者（C2C）三种主要的交易模式。此外，还有线上对线下（O2O）模式。其中 B2C、C2C 都是面向最终消费者的，因此又可统称为跨境网络零售。近两年 B2C 和 C2C 跨境电子商务发展迅猛，很快便成为热门商务模式。

（一）跨境 B2B 模式

B2B 即 business to business，是指商家（泛指企业）对商家的电子商务，即企业与企业之间通过互联网进行产品、服务及信息的交换。通俗地说，B2B 是指进行电子商务交易的供需双方都是商家（企业），它们使用互联网技术或各种商务网络平台完成商务交易。具体过程包括发布供求信息、订货及确认订货、支付过程及票据的签发、传送和接收、确定配送方案并监控配送过程等。采用此类模式的代表网站有敦煌网、中国制造网、阿里巴巴国际站和环球资源网等。

1.跨境 B2B 模式的分类

跨境 B2B 模式又可分为以下三种。

1）垂直模式

垂直模式即面向制造业或面向商业的垂直 B2B。垂直 B2B 可以分为两个方向，即上游和下游。生产商或商业零售商可以与上游的供应商形成供销关系，如戴尔公司与上游的芯片和主板制造商就是通过这种方式进行合作的；生产商与下游的经销商可以形成销货关系，如思科公司与其分销商之间进行的交易。简单地说，这种模式下的 B2B 网站类似在线商店，其实就是企业网站，是企业直接在网上开设的虚拟商店。企业通过自己的网站大力宣传自己的产品，用更快捷、全面的手段让更多的客户了解自己的产品，促进交易。B2B 网站也可以是商家开设的网站，这些商家在自己的网站上宣传自己经营的商品，目的也是用更加直观、便利的方法促进并扩大交易。

2）综合模式

综合模式即面向中间交易市场的 B2B。这种交易模式是水平 B2B，它将各个行业中相近的交易过程集中到一个场所，为采购商和销售商提供交易的机会，如阿里巴巴、TOXUE外贸网、慧聪网、中国制造网、采道网、环球资源网等。这类网站既不是拥有产品的企业，也不是经营商品的商家，它只提供一个平台使销售商和采购商方便联系，采购商可以在该网站上查到销售商及其商品的有关信息。

3）自建模式

自建模式即行业龙头企业自建 B2B 模式，是大型行业龙头企业基于自身的信息化建设程度搭建以自身产品供应链为核心的行业化电子商务平台。行业龙头企业通过自身的电子商务平台串联整条行业产业链。供应链上、下游企业通过该平台实现资讯发布、信息沟通、交易。但此类电子商务平台过于封闭，缺少产业链的深度整合。

在 B2B 模式下，企业运用电子商务以广告和信息发布为主，成交和通关流程基本在线下完成，本质上仍属传统贸易，已纳入海关一般贸易统计。该模式是电子商务中历史最长、发展最完善的商业模式。大多数 B2B 贸易订单的金额较大，进出口贸易的部分环节在线上完成，目前尚未实现完全的在线交易。虽然在线全流程的跨境贸易是未来的发展趋势，但今后几年，外贸 B2B 仍将以信息整合和信息化服务为主。

B2B 模式的优点在于相关企业或公司可以紧密地结合成一个网络，通过互联网快速反应，获得更全面的资讯、更多的选择、更好的服务或产品，从而促进所有相关联企业的业务发展，而且为企业提供便利，无库存压力。B2B 模式的缺点在于信息质量不高、网络交易认同度低、产品真实性无法保证、商家资质无法辨别。

2. 跨境 B2B 模式的发展趋势

随着跨境电子商务的发展，B2B 跨境电子商务体现出以下三个趋势。

第一，订单碎片化成为新常态。随着 B2B 用户需求越来越垂直化，满足碎片化的订单成为跨境电子商务面临的常态。提供更多高附加值的增值服务，将是新模式跨境 B2B 电子商务的又一大特点。

第二，出口 B2B 模式有硬伤，阻碍其发展。虽然跨境 B2B 业务发展如火如荼，但由于跨境电子商务的整个产业链很长，B2B 模式试图将中间环节全部扁平化，直接连接工厂和消费者，对国外进口商和贸易商形成巨大冲击，且不向对方国家纳税，侵犯对方国家的经济利益。尽管国际上允许个人拥有海外采购的渠道，但控制注入的趋势已经出现，这对跨境 B2B 模式产生了不可逾越的障碍，且不以企业和平台的意志为转移。此外，从国家战略看，B2B 的前景也更加广阔，通过推动制造型企业上线，促进外贸综合服务企业和现代物流企业转型，从生产端和销售端共同发力，已经成为跨境电子商务发展的主要策略。

第三，商机对接仍是跨境 B2B 的核心，移动端重要性凸显。无论是国内品牌商找海外销售渠道，还是海外批发商和零售商找国内资源，商机对接仍是跨境 B2B 的核心，各跨境平台的主要精力聚集在用新方法、新模式解决渠道缺失和沟通信任的问题上。

（二）跨境 B2C 模式

B2C 模式即 business to customer，是企业通过互联网为消费者提供新型购物环境——网上商店，消费者在网上商店进行购物、支付的交易模式。目前跨境 B2C 模式下，我国企业直接面对国外消费者，以销售个人消费品为主，物流方面主要采用航空小包、邮政、快递等方式，其报关主体是邮政或快递公司，目前大多未纳入海关登记。全球速卖通、DX、兰亭集势、米兰网、大龙网等都属此类。

B2C跨境电子商务模式主要有"保税进口+海外直邮"模式、"自营+招商"模式和"直营"模式三种类型。

1."保税进口+海外直邮"模式

"保税进口+海外直邮"模式的典型平台主要有亚马逊、天猫和1号店等。亚马逊是美国最大的电子商务公司，成立于1995年。亚马逊分为北美平台、欧洲平台和亚洲平台。亚马逊卖家类型分为专业卖家和个人卖家。亚马逊电子商务平台通过和上海自贸区的合作，在各地保税物流中心建立了自己的跨境物流仓，压缩了消费者从下订单到接货的时间，提高了海外直发服务的便捷性。这也是目前最受青睐的模式。

天猫在宁波、上海、重庆、杭州、郑州、广州6个城市试点跨境电子商务贸易保税区产业园签约跨境合作，全面铺设跨境网点，在保税区建立自己的物流中心。

2."自营+招商"模式

"自营+招商"模式相当于发挥最大的企业内在优势，在内在优势缺乏或比较弱的方面以外来招商弥补自身不足。"自营+招商"模式的典型平台主要有苏宁。苏宁选择该模式，结合了它的自身现状，在传统电子商务方面发挥其供应链和资金链的内在优势，同时通过全球招商弥补国际商用资源的不足。2014年年初，苏宁成为国内电子商务企业首家取得国际快递牌照的企业。同时，借助苏宁线上、线下的资源，国外品牌商进军中国市场也会有更大的发挥空间。

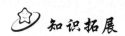 知识拓展

自营B2C模式分为综合型自营和垂直型自营两类

3."直营"模式

"直营"模式就是跨境电子商务企业直接参与采购、物流、仓储等海外商品的买卖流程，对物流监控和支付都有自己的一套体系。"直营"模式的典型平台有聚美优品。在物流上，聚美优品"海外购"先发制人，整合全球供应链的优势，直接参与采购、物流、仓储等海外商品的买卖流程，或独辟"海淘"自营模式。

利用保税区建立可信赖的跨境电子商务平台，提升供应链管理效率，破解仓储物流难题，无疑是对目前传统"海淘"模式的一次革命，让商品流通不再有渠道和国家之分。B2C模式主要是保税自营加直接采购，优势在于平台直接参与货源组织、物流仓储等买卖流程，销售流转效率高，时效性好。缺点在于市场规模小、资金不足。目前B2C模式提供的种类繁多，而且服务完善，如一站式购物、评价机制完善、服务态度好等，因此是消费者网购的首选。

（三）跨境 C2C 模式

C2C 模式即 customer to customer，是个人与个人之间的电子商务，即一个消费者通过网络交易，把商品出售给另一个消费者的交易模式。C2C 模式下的购物流程为搜索商品、联系卖家、购买商品和服务评价。C2C 模式的产生以 1999 年易趣的成立为标志，是我国电子商务的最早期模式。目前采用 C2C 模式的主要有 eBay、易趣、淘宝全球购等平台。

C2C 模式的优点是用户群体广泛，卖家用户的门槛比较低。缺点是卖家用户不易管理，商家竞争大，产品质量良莠不齐。现在有很多海外买手（代购）入驻平台开店，使得资源得到最大化利用。C2C 的交易模式相对更自由，是现在最能满足消费者个人需求的模式。

（四）跨境 O2O 模式

O2O 模式即 online to offline，是近年来新兴的一种电子商务新模式，即将线下商务与互联网结合在一起，让互联网成为线下交易的前台的模式。这个概念最早源于美国，在我国已经形成一定的规模。

O2O 的概念非常广泛，只要产业链中的各环节既涉及线上，又涉及线下，就可以通称为 O2O。2013 年 O2O 进入高速发展阶段，开始了本地化及移动设备的整合，于是 O2P 商业模式横空出世，成为 O2O 模式的本地化分支。O2P 商业模式类似 O2O，和 O2O 模式的区别是 O2P 在线下消费。消费者通过网站或者在线下商家店中的移动端了解相关资讯后，再到线下的商家去消费。消费者可在简单的了解之后再决定消费与否，或者在体验之后再支付，该类模式很适合大件商品的购买和休闲娱乐性消费。O2O 是将线下商务机会与互联网结合在一起，让互联网成为线下交易的前台。这样线下服务就可以在线上揽客，消费者可以在线上筛选服务，成交可以实现在线结算，推广效果可查，每笔交易可跟踪。

对于传统企业来说，开展 O2O 模式的电子商务主要有以下三种运作方式。第一种方式：自建官方商场+连锁店的形式，消费者直接向门店的网络店铺下单购买，然后线下体验服务。在这一过程中，品牌商提供在线客服及随时调货支持（在缺货情况下），加盟商收款发货，适合全国性连锁型企业。优点是可以使线上、线下店铺一一对应；缺点是投入大，需要很大的推广力度。第二种方式：借助全国布局的第三方平台，实现加盟企业和分站系统完美结合，并且借助第三方平台的巨大流量，迅速推广并带来客户。第三种方式：建设网上商城，开展各种促销和预付款的形式，线上销售线下服务，这种形式适合于本地化服务企业。

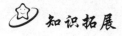 知识拓展

跨境电子商务大手笔全球发货

二、按照商品流向分类

（一）进口跨境电子商务

进口跨境电子商务涉及的主要环节及流程如图 1-1 所示。其中，货源组织供应、国际仓储物流、国内保税清关、模式选品等环节的不同选择，让进口跨境电子商务表现出了众多商业模式。

图 1-1　进口跨境电子商务涉及的主要环节及流程

1.MC 模式

MC 模式即 manufacturers to consumers（生产厂家对消费者），是生产厂家通过网络平台直接对消费者提供自己生产的产品或服务的一种商业模式。该模式的优势是用户信任度高，商家须有海外零售资质和授权，商品海外直邮，并且提供本地退换货服务；其缺点在于平台运营大多为代运营，价位高，品牌端管控力弱。采用这种模式的典型企业如天猫国际。

2.保税自营+直采模式

采用该模式的电子商务平台直接参与货源的组织、物流仓储、买卖流程，采购商品主要以爆款商品为主，物流配送方面采用在保税区自建仓库的方式。该模式的缺点是品类受限，同时还有资金压力，不论是上游供应链、物流清关时效，还是在保税区自建仓储，又或者做营销打价格战，补贴用户提高转化复购，都需要充裕的现金流支持。采用这种模式的典型企业如京东、聚美、蜜芽等。

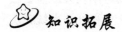 知识拓展

什么是保税和保税仓？

3.海外买手制

该模式中，海外买手（个人代购）入驻平台开店，从品类看，以长尾非标品为主。该模式最大的问题是商品真假难辨，在获取消费者信任方面还有很长的路要走。采用这种模式的典型企业如淘宝全球购、洋码头、海蜜等。

知识拓展

跨境电子商务宁波保税区开启防疫物资"全球买"模式

知识拓展

监管缺位，洋码头难掩买手制乱象

4. 内容分享/社区资讯模式

该模式借助海外购物分享社区和用户口碑提高转化率，以内容引导消费，实现自然转化。该模式的优势在于能够形成天然海外品牌培育基地，将流量转化为交易。采用这种模式的典型企业为小红书。

知识拓展

小红书的常识

（二）出口跨境电子商务

出口跨境电子商务涉及的主要环节及流程如图1-2所示。出口跨境电子商务主要可以分为如下两类。

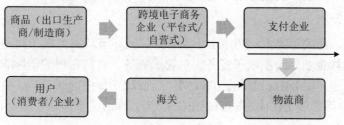

图 1-2 出口跨境电子商务涉及的主要环节及流程

资料来源：艾瑞咨询《2014年中国跨境电商行业研究报告》。

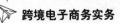

1. 基于 B2B 的信息服务平台和交易服务平台模式

信息服务平台模式中，通过第三方跨境电子商务平台进行信息发布或信息搜索完成撮合交易的服务，营利模式包括会员服务和增值服务。其代表平台有阿里巴巴国际站、环球资源网等。交易服务平台模式中，买卖双方能够在跨境电子商务平台完成网上交易和在线支付，其主要营利模式包括收取佣金和展示费，代表平台有敦煌网、大龙网等。

2. 基于 B2C 的开放平台和自营平台模式

开放平台开放的内容包括出口电子商务商品、店铺、交易、物流、评价、仓储、营销推广等各环节和流程的业务，实现应用和平台系统化对接，并围绕平台建立自身开发者生态系统。其代表平台有亚马逊、速卖通、eBay、Wish 等。

自营平台对其经营的产品进行统一的生产或采购、产品展示、在线交易，并通过物流配送将产品投放到最终的消费者群体。代表平台有兰亭集势、环球易购、米兰网等。

第三节　跨境电子商务产业链

一、跨境电子商务业务主体

1. 跨境电子商务企业

跨境电子商务企业主要包含平台型企业和自营型企业两种。平台型企业主要提供信息服务和交易服务，包含 B2B 和 B2C 两种类型；自营型企业的平台上所有商品均为海外生产或销售的正品，通过对商品的受欢迎程度和国内消费者一段时间内的购物记录进行大数据分析，有针对性地通过相关渠道批量采购这些商品至国内，然后在平台上架销售。自营型企业平台上的交易根据消费对象的不同分为 B2B 和 B2C 两种类型。

2. 金融支付企业

跨境电子商务由于涉及跨境转账，其支付方式与国内电子商务采用的支付宝、微信支付、网银等收款方式差别较大。不同的跨境收款方式有不同的金额限制和到账时间。总体来看，跨境支付方式有两大类：一种是线上支付，包括通过各种电子账户支付和国际信用卡支付，由于线上支付手段通常有交易金额的限制，所以比较适合交易量小的跨境零售交易；另一种是线下汇款，比较适用于交易金额大的跨境 B2B 交易。

3. 物流运输企业

受制于地理、通关等因素，跨境电子商务的物流环节与国内电子商务的物流环节有较大不同，物流运输企业为跨境电子商务提供物流服务。目前常用的国际物流方式中，B2C主要采用商业快递（如 DHL、UPS、TNT 等）、邮政（如中国邮政）、自主专线（如中东专线 Aramex、中俄专线 ZTO express to Russia）等，B2B 主要采用空运、海运和联运。

4. 第三方综合服务企业

跨境电子商务第三方服务企业包括综合服务企业和营销、代运营企业。综合服务企业通常以电子商务公共服务平台为载体，为中小型企业提供进出口代理、通关、物流、退税、融资等全套外贸一站式外包服务，如世贸通、快贸通、易单网等。IT、营销、代运营企业主要为跨境电子商务企业提供跨境电子商务系统构建、技术支持、产品线运营、多渠道营销推广等服务，代表企业有四海商舟（BizArk）、畅路销（Channeladviser）等。

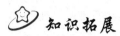

福州出台新版《关于促进跨境电子商务发展若干措施》支持企业做大做强

二、跨境电子商务产业链的组成

生产厂商/制造商、批发商/零售商、金融支付企业、物流运输企业以及第三方综合服务企业在跨境电子商务所涉业务上的紧密衔接形成了跨境电子商务的产业链。

从事跨境电子商务的企业可以选择自营模式或借助跨境电子商务平台开展跨境电子商务业务，若需要获得技术、网络营销、代运营方面的支持，则可以借助第三方服务企业。跨境电子商务产业链中的物流企业和金融企业则为跨境电子商务业务提供物流和金融方面的支持。

第四节　跨境电子商务发展现状

一、跨境电子商务发展阶段及现状

（一）跨境电子商务发展阶段

1. 跨境电子商务 1.0 阶段（1999—2003 年）

跨境电子商务在跨境电子商务1.0阶段，主要是网上展示、线下交易的外贸信息服务模式。在此阶段第三方平台的主要功能是为企业发布相关信息，为产品提供网络展示平台，并不在平台上进行任何交易。此时的盈利模式主要是向发布信息的企业收取会员费（如年服务费）。跨境电子商务1.0在其发展过程中，逐渐衍生出竞价推广、咨询等服务项目，可以为供应商提供一条龙信息流增值服务。

在跨境电子商务1.0阶段，阿里巴巴国际站、环球资源网是典型的代表平台。阿里巴巴国际站成立于1999年，以网络信息服务为主、线下会员交易为辅，是中国最大的外贸信息黄页平台之一。环球资源网1971年成立，前身为亚洲资源网，是亚洲较早的贸易市场信息提供者，并于2000年4月28日在纳斯达克证券交易所上市，股票代码为GSOL。在此期间还出现了中国制造网、韩国 EC21 网、Kellysearch 等大量以供需信息交易为主的跨境电子商务平台。在跨境电子商务 1.0 阶段，虽然通过互联网解决了贸易信息面向世界买家的难题，但是并未实现在线交易，只是完成了外贸电子商务产业链的信息流整合。

2. 跨境电子商务 2.0 阶段（2004—2012 年）

这个阶段，跨境电子商务平台除了发布企业黄页信息，也开始添加线下交易、支付、物流等流程，逐步实现在线交易。与跨境电子商务 1.0 阶段相比，跨境电子商务 2.0 阶段更能体现电子商务的本质，借助电子商务平台，通过整合服务与资源，有效打通上、下游供应链，形成 B2B 及 B2C 两种模式。跨境电子商务 2.0 阶段，B2B 为跨境电子商务主流模式，直接对接中小企业商户，进一步缩短产业链，提高商品销售利润。

在跨境电子商务 2.0 阶段，第三方平台实现了营收的多元化，采取后向收费模式，将"会员收费"改为收取"交易佣金"，即按成交效果来收取相应的百分点佣金，还可获得在平台上开展营销推广、支付服务、物流服务的增值收益。这个阶段大致又可以细分为三个时期。

1）2004—2006 年

这个时期，很多人，确切地说是一批海外留学生，在 eBay（易贝）、亚马逊卖游戏币，赚到了人生的第一桶金。大龙网最早也是做游戏币起家的。2006 年以后，网络游戏没那么流行了，2007 年 eBay 宣布不再从事虚拟的游戏币交易，以游戏币赚钱的阶段也就终止了。2004 年，王树彤从卓越网离职后创办敦煌网，主打在线小额批发业务。2007 年以 eBay 起家的 DealeXtreme（即后来的 DX）上线，以销售电子产品为主。2007 年兰亭集势上线，这是中国第一家有风投参与、以自营为主的外贸电子商务平台。这个时期电子商务平台开始活跃。

2）2007—2010 年

2007 年，eBay.cn（eBay 中国）上线，主营外贸方式的 B2C 跨境电子商务。当时跨境电子商务还只是一个概念，敦煌网、兰亭集势等也刚起步。显然 eBay 希望利用自己在国际市场的先发优势再次吸引中国商家。事实证明，eBay 这次做出了正确的选择。几乎在淘宝夺取境内在线零售市场的同时，eBay 夺取了跨境电子商务市场，实现了卷土重来。2008 年全球金融危机全面催生和成就了中国外贸 B2C 业务。那一年，美国 300 家大型进口商在中国市场采购中所占的市场份额下降了 10%。同时越来越多的进口商开始尝试以小额度多频次的交易来规避风险。但更深层的原因在于，互联网减少了信息不对称和世界扁平化。网络支付工具 PayPal 的广泛应用及快递通道的完善，打破了网络贸易全球化的壁垒。与境内电子商务尚在起步阶段不同，欧美发达国家电子商务环境已甚为成熟。开展在线贸易的中小企业数量众多，也为外贸电子商务提供了极佳的用户土壤。

越来越多的人开始乐于相信，以跨境小额交易为代表的跨境电子商务更具诱惑力和爆发力。最为显而易见的理由是，价格低廉的中国制造商品在国外往往以相较于国内数倍的价格出售。这无疑为绕过诸多中间环节的网上贸易提供了足够的利润空间。跨境电子商务利润一般比境内电子商务高 10%～20%，个别产品利润可达到 100%。市场的爆发令 eBay、敦煌网等跨境小额交易平台上的交易额猛增：2009 年，eBay 中国平台上的交易额约为 7 亿至 8 亿美元，比 2008 年多一倍；敦煌网平台上的交易额以每月交易额的 20% 增长，全年交易额达 3 亿美元。

和中国巨大的出口额相比,这些电子商务网站的交易额虽是九牛一毛,但电子商务平台很显然已成为境内企业走向世界的新窗口。在传统外贸市场受到金融危机打击后,境内大量剩余产品正在寻找各种新的销售渠道。此时,跨境电子商务主要有两种模式:一是成为亚马逊或 eBay 大卖家,另一种就是建立独立网站。前者比较适合中小企业和创业者。但随着交易规模的壮大或资本的介入,一些更有雄心的外贸 B2C 卖家则希望脱离 eBay 和敦煌网,直接建立批发兼零售的独立网站,如兰亭集势、Chinavasion 等。这类网站通常需要充足的资金支持以及丰富的在线营销经验,但其优势同样明显:首先是不需要再向平台支付交易费用,更易整合采购、物流等环节,产生规模效应,利润空间更大;其次是摆脱了第三方平台后,更容易赢得买家的信赖,比如交易过程中出现纠纷,买家和卖家可以直接沟通,比通过第三方交易平台更为便捷。

3)2011—2012 年

2011 年后,跨境电子商务逐渐为大家所熟知,国家也开始予以重视,密集出台相关法规,各级政府也加大了扶持力度。其间,有传统行业转型,有线下供应商、物流商、服务商入局,还有越来越多的"阿里系"卖家涌入速卖通。经过前一轮的"野蛮生长",中国跨境电子商务开始出现比较激烈的竞争。仅仅深圳一地,短短几年内就涌现出千余家外贸 B2C 企业。很多潜在的问题也随之暴露出来。

最突出的是国际市场对仿品和假货的抵制越来越严厉。谷歌开始对仿牌关键字进行封杀。亚马逊、eBay、PayPal 等都对仿牌零容忍。除了仿牌的"山寨"品,成本急剧增加也成了一道难题。做 B2C,在搜索引擎的排名前后相当重要。近年来,Google(谷歌)的关键字优化搜索价格越来越高,外国人支付时习惯使用的 PayPal,每笔交易也要产生 4% 左右的交易费,这在利润压缩的背景下是个不小的数目。人民币升值,也直接带来了产品成本的增加。而同行拼价进一步恶化了营商环境。此外,还有人才缺乏带来的压力。

3. 跨境电子商务 3.0 阶段(2013 年至今)

2013 年是跨境电子商务的重要转型年,跨境电子商务全产业链都出现了商业模式的变化。随着跨境电子商务的转型,跨境电子商务 3.0"大时代"随之到来。首先,跨境电子商务 3.0 阶段具有大型工厂上线、B 类买家成规模、大中额订单比例提升、大型服务商加入和移动用户量暴增五方面特征。其次,跨境电子商务 3.0 阶段服务全面升级,平台承载能力更强,全产业链服务在线化也成为该阶段的重要特征。

在跨境电子商务 3.0 阶段,商户群体由创业草根团体向工厂、外贸公司转变,且具有极强的生产设计管理能力。平台上销售的产品由网商提供或者二手货源向一手的好产品转变。这一阶段主要卖家群体正处于从传统外贸业务向跨境电子商务业务转变的艰难转型期,生产模式由大生产线向柔性制造转变,对代运营和产业链配套服务需求较高。3.0 阶段的平台模式也主要由 C2C、B2C 向 B2B、M2B(生产商直接面对经销商)模式转变,批发商与买家的中大额交易成为平台上的主要订单。

(二)跨境电子商务发展现状

随着 2015 年"互联网+"时代的来临,跨境电子商务已经站到了资本市场的风口上。

跨境电子商务有望成为对冲出口增速下台阶的利器。近年来，随着国际贸易环境的恶化，以及欧洲、日本贸易需求持续疲弱，中国出口贸易增速出现了下台阶式的减缓。而以跨境电子商务为代表的新型贸易近年来的发展脚步正在逐渐加快，并有望成为中国贸易乃至整个经济的全新增长引擎。

从结构上看，跨境出口电子商务的比例将长期高于跨境进口电子商务的比例，中国跨境电子商务的发展将始终以出口为主，进口为辅。国家近年来大力支持跨境电子商务的发展，旨在通过互联网渠道帮助传统外贸企业实现转型升级。

未来，随着跨境物流、支付等环节的问题得到进一步突破和企业营利能力的进一步提升，跨境电子商务行业将迎来黄金发展期。未来中国跨境电子商务重点将从 B2C 转向 B2B，电子商务的 B2B 具有更大的发展潜力。特别是通过推动制造型企业上线，促进外贸综合服务企业和现代物流企业转型，从生产端、销售端共同发力，将成为跨境电子商务发展的主要策略。

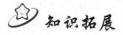

临沂市获批跨境电子商务零售进口试点城市

二、跨境电子商务存在的问题及对策

（一）跨境电子商务发展的现存问题

1. 产品同质化严重

近两年，跨境电子商务发展迅速，吸引了大量商家的涌入，行业竞争加剧。一些热销且利润空间较大的产品，如 3C 产品（计算机、通信和消费类电子产品三者的统称，亦称"信息家电"）及附件等，众多跨境电子商务公司都在销售，产品同质化现象严重。各大跨境电子商务企业之间市场竞争十分激烈，尤其以价格竞争为主要手段，尝试着在发展初期快速抢占市场份额。价格上的恶性竞争，直接导致电子产品、家用电器、服装与鞋类、化妆品、食物与饮料、婴幼儿用品等传统产品的销售市场从"蓝海"快速跨越到"红海"。

2. 缺乏品牌建设

跨境电子商务的发展很大程度上源于中国制造大国的优势，以产品的低廉价格吸引消费者。目前，跨境电子商务贸易中很多产品由一些小工厂出货，包括一些 3C 产品、服装等，在产品质量的控制上相对来说还有一定的问题，大部分跨境电子商务企业还未意识到品牌化建设的重要性。

3.通关壁垒

尽管基于互联网的信息流动畅通无阻，但货物的自由流通仍然受到关境的限制。对于各关境而言，对小额进出口货物的管理本身就是一个复杂的问题：完全放开小额进出口贸易，不利于关境控制，容易给国家（地区）造成损失；而对小额进出口贸易管制过严，必然会阻碍产业的发展，也将出现更多不通过正规途径进行的地下交易。

4.跨境物流滞后

作为整个产业链中的上、下两环，线上商品交易与线下货物配送的发展须相辅相成，而国际（地区间）物流运输渠道难以满足当前跨境外贸电子商务的快速发展。跨境电子商务情况较复杂，且各国（地区）间政策差异较大，很难像内贸电子商务那样通过自建物流的方式来解决物流问题。跨境电子商务的物流周期非常长，到美国和欧洲一般要7~15天，到南美、俄罗斯更长，需25~35天。除了时间长的问题，物流投递也不稳定，收货时间波动很大，有时7天能收到，有时20天才能收到。

5.人才缺失

跨境电子商务贸易在快速发展的同时，逐渐暴露出综合型外贸人才缺口严重等问题。跨境电子商务人才缺失的原因有以下两个。

（1）语种限制。目前做跨境电子商务的人才大部分还是来自外贸行业，英语专业的居多，但事实上，像巴西、印度、俄罗斯、蒙古等国，跨境电子商务具有很大的发展潜力，小语种专业的电子商务人才的缺乏，应是跨境电子商务企业关注的重点。

（2）对能力要求高。从事跨境电子商务的人才，除了要突破语种的限制，还要能熟知境外的市场、交易方式、消费习惯等，同时要了解各大平台的交易规则和交易特征。基于这两个原因，符合要求的人才很少，因此，跨境电子商务人才缺乏已经成为业内常态。

（二）跨境电子商务发展的对策建议

1.构建跨境电子商务法律法规体系

与跨境电子商务规模快速发展形成鲜明对比的是，目前尚未建立针对跨境电子商务的法律法规体系。因此，构建跨境电子商务法律法规体系十分迫切。一方面，在跨境电子商务法律法规的制定过程中，既要以确定的安排弥补技术和信用的不足，又要给跨境电子商务发展创造相对宽松的法治环境，避免过度监管。另一方面，构建跨境电子商务法律法规体系，不仅需要新制定专门的法律法规，也要合理解释原有法律并制定有利于跨境电子商务发展的配套法律法规。

2.完善跨境电子商务管理体制

跨境电子商务面临着比境内交易更为复杂的交易环境，但我国在跨境电子商务的监管、结汇、税收等方面的管理还处于探索阶段，需要进一步完善跨境电子商务管理体制，适应跨境电子商务管理的实践需求。具体措施包括制定与促进跨境贸易电子商务通关服务相关的配套管理制度和标准规范，完善跨境电子商务安全认证体系和信用体系，建立跨境电子商务的检验检疫监管模式以及跨境电子商务产品质量的安全监管和溯源机制，优化海关、国检、国税、外管、电子商务企业、物流企业等之间的流程衔接。

3. 打造跨境电子商务贸易平台

由于缺乏完善的跨境电子商务贸易平台，贸易双方的利益难以通过有公信力的第三方服务平台进行保障，特别是一直处于"半地下"状态的海淘行业。因此，建议打造公平、开放、具有公信力的跨境电子商务第三方服务平台，引进大型电子商务、进口免税、金融服务、百货企业、跨境物流等企业；要通过监管服务模式创新、低成本便捷通关、便利缴税等举措，降低传统进出口环节成本，保证跨境交易具有质量有保障、价格合理、税费透明、物流便捷、售后有保障等优势，使平台能够成为全球商家面向中国消费者开展个性化服务的便利渠道。

4. 加强跨境电子商务监管的国际（地区间）合作

跨境电子商务交易具有全球性特征，需要不同国家或地区之间有跨区域、跨文化、跨体制的监管合作。因此，要探索针对跨境电子商务的新型国际（地区间）合作监管方式和方法，更好地保护消费者使用跨境电子商务服务的权益，促进跨境电子商务的健康发展。同时，还要积极参与跨境电子商务多边谈判，在跨境电子商务规则制定中争取话语权，为境内企业参与竞争提供规则。

5. 加强跨境电子商务行业自律

跨境电子商务行业的健康发展固然离不开政策的规范指导及法律法规的约束，但也需要行业的自我约束。加强跨境电子商务行业自律，就是要鼓励跨境电子商务企业界、非营利性组织、第三方平台、评价机构等建立行业自律体系，推动跨境电子商务业务相关行业标准出台，对跨境电子商务的交易渠道、交易过程等环节进行内部规范，营造统一、开放、竞争、有序的跨境电子商务市场环境，促进跨境电子商务的快速、可持续、健康发展。

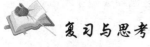

复习与思考

1. 名词解释

（1）跨境电子商务

（2）B2B

（3）C2C

（4）"直营"模式

（5）B2C 模式

2. 简答题

（1）跨境电子商务产生的背景是什么？

（2）跨境电子商务的特点是什么？

（3）跨境 B2C 模式的分类是怎样的？

（4）进口跨境电子商务的模式有哪些？

（5）跨境电子商务业务主体有哪些？

第二章　跨境电子商务平台

 知识目标

- ❑ 了解速卖通平台的特色；
- ❑ 了解亚马逊"全球开店"项目；
- ❑ 掌握敦煌网的平台规章；
- ❑ 掌握洋码头的商业模式。

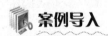 **重点及难点**

重点：
- ❑ 跨境电子商务各平台的注册流程；
- ❑ 亚马逊平台注册；
- ❑ Wish 平台注册；
- ❑ eBay 平台注册。

难点：
- ❑ 注册跨境电子商务平台；
- ❑ 掌握进口跨境电子商务平台的商业模式；
- ❑ 了解各国及本土跨境电子商务平台。

案例导入

主流四大跨境平台的排名算法

1. 亚马逊 A9 算法

亚马逊站内的关键词搜索排序算法服务由 A9 搜索排序功能提供，也就是亚马逊站内搜索的商品排序是完全由 A9 算法决定的。A9 算法能从亚马逊站内庞大的商品类目中快速挑选出最相关的商品，根据排序相关性（A9 会对挑选出来的产品进行评分）展示给客户，确保客户能最快最精确地搜索到想要购买的商品。

2. eBay 相关性搜索排名

eBay 搜索的整体目标是在帮助用户快速找到想要商品的情况下还能够拥有好的购物体验，而搜索排名的目标就是将最好的商品、服务能力最好的卖家优先推荐给买家。所以，能够带给买家较好购物体验的卖家，其商品的排序就会相对靠前。相关性五重匹配包括标题、关键词、详情页描述、类目、属性，可以称之为"五码合一"，其中标题和关键词是最重要的。商业得分比相关性得分重要，其中转化率则是重中之重。

3. 速卖通搜索排名规则

速卖通与 eBay 一样，用的也是搜索排名规则。影响速卖通搜索排名的主要因素是搜索词与产品相关性和产品本身的质量，包括以下四点。

（1）搜索词与产品本身描述是否相关。

（2）搜索词和产品类目是否相关。

（3）产品本身的质量。

（4）卖家服务水平好坏。

4. Wish 弱化搜索功能，强化个性化推送

区别于其他平台所做的，基于移动端的 App 的信息流的精准推送，Wish 弱化了站内搜索功能，只做个性化精准推送。因为每位买家在 Wish 平台上看到的产品都是不一样的，所以可以为其提供具有针对性的购物体验。

因为可以通过 Facebook 账号直接进入 Wish，也可以通过谷歌账号直接登录 Wish，所以平台会获得一些用户信息，平台会根据用户的兴趣特征、社会属性、历史记录，分成不同标签，结合用户的需求以及产品喜好进行匹配。

（资料来源于网络，并经作者加工整理）

第一节　出口跨境电子商务平台

一、速卖通平台

（一）速卖通平台

全球速卖通是阿里巴巴集团旗下面向全球市场的跨境电子商务平台，融合了商品展示、客户下单、在线支付、跨境物流等多种功能，帮助零售商和网店实现小批量、多批次快速销售，拓展其利润空间。速卖通平台首页如图 2-1 所示。

图 2-1　速卖通平台首页

（二）速卖通平台特色

在全球贸易新形势下，买家的采购方式正在发生剧烈变化，小批量、多批次成为一种新的采购潮流，在这种大形势下，速卖通应运而生。速卖通帮助更多的个人消费者直接上网采购，直接在线支付货款，通过跨境物流拿到商品，让买家和卖家真正实现了双赢。

与传统外贸相比，速卖通平台最大的优势在于通过减少外贸环节中的进口商渠道，将以往传统外贸中进口商所获取的巨额利润返还到国内工厂及贸易商，同时降低了海外零售商的采购成本，从而达到让消费者获利的目的。商家选择在线小额批发业务，首先就要有适宜通过网络销售的商品。

适合网上销售的商品基本有以下几个特点。

（1）体积较小。主要是方便以快递方式运输，降低国际物流成本。

（2）价格较合理。在线交易价格若高于产品在当地的市场价，就无法吸引买家在线下单。

（3）附加值较高。价值低过运费的单件商品不适合单件销售，可以打包出售以降低物流成本占比。

（4）具有独特性。只有独具特色，才能不断刺激买家的购买欲望。

综上所述，目前适宜在全球速卖通销售的商品主要包括首饰、服饰、化妆品、工艺品、数码产品、计算机硬件、手机及配件、体育与旅游用品等。

未来速卖通的发展会成为中国外贸出口企业货通全球的真正大舞台，通过优质企业的品牌化，中国外贸出口会改变原来靠廉价、低附加值、拼价格的方式，而真正走入高端产业链的发展模式。任何一个跨境电子商务平台其实都在追求无限的优质客户体验，目前跨境电子商务出口最大的问题就是客户体验差，这里包括物流客户体验差、售后服务差等。速卖通利用阿里系的强大资源优势，会在海外仓和本土客户服务方面发力，最终真正消灭跨境电子商务的客户体验痛点。速卖通平台"品牌化+企业+本土化"的优势将成为以后发展的重点。

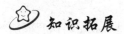

速卖通开店费用

（三）全球速卖通平台规则

1. 入驻规则

1）招商规则

从2017年1月1日起，平台关闭个人账户的申请入口转为企业账户的申请入口，所有新账户必须以企业身份进行卖家账号注册及认证。一家企业在一个经营大类下可经营的店铺数量限 3 家，以下为具体要求。

（1）所有商家准入该经营大类账号需要完成企业认证。

（2）经合法登记注册过的公司或企业（不包括个体工商户）。

（3）需要提供四证（营业执照、组织机构代码证、税务登记证、银行开户证书）或多证合一后有统一社会信用代码的营业执照及银行开户证书。

（4）申请不同店铺类型，对于品牌的资质要求会有所不同，具体内容请登录速卖通查询商家入驻要求。

（5）商品须符合法律及行业标准的质量要求。

2）商标与品牌准入

未来的速卖通将会被打造成拥有高品质商品的商务平台，吸引优质商家入驻，帮助包括中国在内的全球中小型企业开拓全球市场，因此，全面提升速卖通平台的品牌化、标准化，才能在未来将中国品牌推向全球。

商标注册完成后，卖家可根据不同类型注册申请官方店、专卖店、专营店，一旦升级为品牌官方店，即有机会享受买家品牌搜索提示和品牌专区权益。

未来，速卖通平台营销活动及类目准入仅限拥有品牌的企业卖家，同时会为在中国甚至诸多买家国拥有品牌商标注册的卖家商品设立专场营销推广活动。

2. 发布规则

1）知识产权规则

全球速卖通平台严禁用户未经授权发布、销售涉嫌侵犯第三方知识产权的商品。若卖家发布、销售涉嫌侵犯第三方知识产权的商品，则有可能被知识产权所有人或者买家投诉；速卖通平台也会随机对商品（包含下架商品）信息进行抽查，若涉嫌侵权，则商品信息会被退回或删除，卖家会被扣一定的分数，一旦分数累计达到相应标准，平台会执行处罚措施。

从 2017 年 4 月 12 日起，速卖通全面执行以下新规：针对侵权行为将不再区分是否被投诉或是否被平台抽查，侵权严重的违规行为也将不再以分数累计，并实行三次违规成立者关闭其账号（侵权情节特别严重者直接关闭其账号）的政策。

知识产权，指权利人对其所创作的智力劳动成果所享有的专有权利。未经知识产权所有人许可使用其依法享有的知识产权，即为知识产权侵权。图 2-2 所示是知识产权的类型。

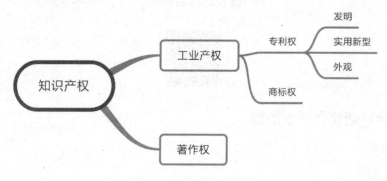

图 2-2　知识产权的类型

2）禁限售规则

全球速卖通禁止发布违禁、限售和不适宜速递的商品的信息，以下为具体的商品目录。

（1）禁售商品，指因涉嫌违法、违背社会道德或违背平台发展原则等而禁止发布和交易的商品。

（2）限售商品，指没有取得商品销售的前置审批、凭证经营或授权经营等许可证明的商品。

具体的禁售、限售商品列表参见《全球速卖通禁限售违禁信息列表》，网址：https://sell.aliexpress.com/zh/__pc/post001.htm。

需要重视的是以下这些禁售、限售产品：毒品、枪支、军警用品、各类药品、超长刀具、汽车安全气囊、音像制品、钱币、香烟、邮票、间谍用品、酒类、赌博用品、机票及航空制服、卫星接收设备、医学美容仪器、管制刀具等。除了禁售产品，店铺还需要了解限售产品，例如电子烟等。有的限售产品无论是否涉及品牌，都需要经过前置审批才能发布。一旦发布，店铺就会面临处罚。

3. 平台基础规则

1）交易规则

（1）成交不卖与虚假发货。成交不卖，指买家付款后，卖家逾期未按订单发货，或因卖家的原因导致订单取消的行为。成交不卖包括两种情况：买家付款后，卖家延迟发货导致订单关闭；买家在发货前申请取消订单，同时选择是卖家原因造成的。成交不卖后产品会被下架，在一定时间内店铺成交不卖的次数或比例累计达到一定数量后，将给予该店铺不同程度的搜索排名靠后处理；情节严重的，将对该店铺进行屏蔽；情节特别严重的，账户将被冻结或直接被关闭。避免成交不卖要做到以下两点。

① 价格设置方面。当把产品从单件销售改为打包销售时，要记得把价格改过来。

② 运费设置方面。当将产品设置为免运费时，很多卖家会忘记把运费成本考虑进价格成本。新手卖家很容易犯这个错误，设置好价格之后，要及时检查，还要及时关注自己的订单状态，在发货超时之前填写好运单号。

有些卖家想避开"成交不卖"的规则，填写无效的运单号，或者虽然运单号有效但与订单交易明显无关，这就构成了虚假发货。如果遇到转单号或运单号填写错误，则应在运单号修改时间期限内及时更新，低价值货物无法单个发货，建议设置成打包销售。一般虚假发货的处罚是冻结账户7天，若店铺虚假发货订单累计达到3笔，就属于严重违规，账户会被冻结30天，笔数较多或具有其他严重情节的，账户会被直接关闭。

（2）货不对版与违背承诺。

① 货不对版。货不对版是指买家收到的商品与达成交易时卖家对商品的描述或承诺在类别、参数、材质、规格等方面不相符。

严重货不对版行为包括但不限于以下情况：寄送空包裹给买家；订单产品为电子存储类设备，产品容量与产品描述或承诺严重不符；订单产品为计算机类产品硬件，产品配置与产品描述或承诺严重不符；订单产品和寄送产品不是同类商品并且价值相差巨大。

② 违背承诺。违背承诺是指卖家未按照承诺向买家提供服务，损害买家正当权益的行

为，包括交易及售后相关服务承诺、物流相关承诺、违背平台既定规则或要求，以及卖家违背其自行做出的其他承诺，等等，对买家购物体验造成严重影响。一旦买家提起此类投诉，则根据情节轻重卖家会被给予警告、7 天冻结账户或永久关店的处罚。

（3）不正当竞争与不法获利。

① 不正当竞争。不正当竞争指用户发生以下几种行为：卖家在所发布的商品信息或所使用的店铺名、域名等中不当使用他人的商标、著作等；卖家所发布的商品信息或所使用的其他信息造成消费者误认、混淆；卖家利用海外会员账户对其他卖家进行恶意下单、恶意评价、恶意投诉，从而影响其他卖家声誉与正常经营。

② 不法获利。不法获利是指卖家违反速卖通规则，涉嫌侵犯他人财产权或其他合法权益的行为，包括但不限于以下情况：卖家在交易中诱导买家违反速卖通正常交易操作流程获得不正当利益；卖家通过发布或提供虚假的或与承诺严重不符的商品、服务或物流信息骗取交易款项；卖家违反速卖通规则被关闭账户后仍注册，或直接或间接控制、使用其他账户；卖家违反速卖通规则，通过其他方式非法获利。一旦店铺被发现存在不法获利行为，平台一律给予关店的严重处罚。

（4）信用与销量炒作。信用与销量炒作是指通过不正当方式提高账户信用积分或商品销量，妨碍买家高效购物的行为。对于被平台认定为构成信用及销量炒作行为的卖家，平台将删除其违规信用积分及销售记录并且给予搜索排序靠后处罚，对信用及销量炒作行为涉及的订单进行退款操作，并根据卖家违规的严重程度，分别给予冻结账户 7 天、冻结账户 14 天（最严重的冻结账户 180 天）、清退的处罚；对于第二次被平台认定为构成信用及销量炒作行为的卖家，不论行为的严重程度如何，一律做清退处理。

2）纠纷规则

卖家发货并填写发货通知后，买家如果没有收到货物或者对收到的货物不满意，可以在卖家全部发货 10 天后申请退款（若卖家设置的限时到达时间小于 5 天则买家可以在卖家全部发货后立即申请退款），买家提交退款申请时纠纷即生成。

当买家提交或修改纠纷后，卖家必须在 5 天内"接受"或"拒绝"买家的退款申请，否则订单将根据买家提出的退款金额执行。如果买卖双方协商达成一致，则按照双方达成的退款协议进行操作；如果无法达成一致，则提交至速卖通进行裁决。

买家提交纠纷后，双方有 7 天的协商期，"纠纷小二"会在 7 天内（包含第 7 天）介入处理。若买家提起的退款申请原因是"未收到货—货物在途"，则系统会在限时达到后自动提交速卖通进行裁决。为提高买家体验和对速卖通平台及平台卖家的信心，速卖通鼓励卖家积极与买家协商；协商不一致的情况，"纠纷小二"主动介入给出方案解决（"纠纷小二"介入后，买卖双方还是可以协商的）。如买卖双方达成退款协议且卖家同意退货的，买家应在达成退款协议后 10 天内完成退货发货并填写发货通知，速卖通将按以下情形处理：① 买家未在 10 天内填写发货通知，则结束退款流程并完成交易；② 买家在 10 天内填写发货通知且卖家 30 天内确认收货，速卖通根据退款协议执行；③ 买家在 10 天内填写发货通知，卖家 30 天内未确认收货且卖家未提出纠纷的，速卖通根据退款协议执行；④ 在买家退货并填写退货信息后的 30 天内，若卖家未收到退货或收到的货物货不对版，卖家也可以提交到速卖通进行纠纷裁决。

3）店铺经营与违规

卖家会员将其账户和通过实名认证的支付宝账户绑定速卖通，提供真实有效的姓名地址或营业执照等信息，方可在速卖通经营。卖家会员账户通过企业实名认证和收款账户设置，完成经营大类准入缴费并通过类目商标资质申请方可发布对应商标商品，发布商品后，自动开通店铺。

（1）开店入驻限制。

① 店铺商品数量。一个店铺内在线商品数量上限为 3000 个，特殊类目下每个类目商品数量有上限（具体以卖家后台产品发布端为准）。后续平台将根据业务情况适时调整，具体以平台通知为准。

② 品牌入驻限制。与速卖通已有的品牌、频道、业务、类目等相同或近似；包含行业名称或通用名称或行业热搜词的品牌；包含知名人士、地名的品牌；与知名品牌相同或近似的品牌；纯图形商标不接受。

③ 终止品牌在速卖通经营的规则。该品牌商品由不具备生产资质的生产商生产，不符合国家、地方、行业、企业强制性标准；该品牌经判定对他人商标、商品名称、包装和装潢、企业名称、产品质量标志等构成仿冒或容易造成消费者混淆、误认；该品牌经营期间严重影响消费者体验的包括但不限于品牌经营者存在严重售假、产生严重售后投诉，平台保留清退该品牌及品牌经营权限的权利。

④ 同一企业主体经营大类开店数量限制。售假、资质造假等被速卖通清退的，永久限制入驻；在经营期间由于"服务指标"考核不达标被清退或中途退出经营大类，在同一年度内将无法再次申请加入该经营大类。

⑤ 同一企业主体开多家速卖通店铺限制。店铺间经营的商品不可重复铺货（国家分站除外），若核查到重复铺货严重，平台有权对店铺进行相关处置，甚至关闭经营权限；一个企业在一个经营大类下只允许开 3 家店铺（特殊情况除外）。

⑥ 账号重新入驻速卖通限制。售假、资质造假等被速卖通清退的，永久限制入驻；在经营期间由于"服务指标"考核不达标被清退或中途退出经营大类，在同一年度内将无法再次申请加入该经营大类。

（2）实时划扣交易佣金。商家在速卖通经营需要按照其订单销售额的一定百分比交纳佣金。速卖通各类目交易佣金标准不同，部分类目为订单金额的 8%，部分类目为订单金额的 5%。详见各类目佣金比例表（该标准不包括俄罗斯本对本业务）。

店铺违规方面：平台将违规行为根据违规性质归类分为知识产权禁限售违规、交易违规及其他、商品信息质量违规三套积分制。三套积分分别扣分、分别累计、处罚分别执行。

① 知识产权禁限售违规。知识产权禁限售等商品发布违法行为。

② 交易违规及其他。交易违规行为及其他平台杜绝的违规行为。

③ 商品信息质量违规。搜索作弊等商品发布违规行为。

积分清零逻辑：三套积分的每个违规行为的分数按行为年累计计算，行为年是指每项扣分都会被记 365 天，比如 2019 年 2 月 1 日 12 点被扣了 6 分，这 6 分要到 2020 年 2 月 1 日 12 点才被清零。在被违规处理扣分后，对已经开通申诉入口的违规类型，可在从扣分之时起总计 7 个工作日内通过线上违规申诉入口提交违规申诉申请。

4）放款规则

为确保速卖通平台交易安全，保障买卖双方合法权益，通过速卖通平台进行交易产生的货款，速卖通及其关联公司根据相关协议及规则，有权根据买家指令、风险因素及其他实际情况决定相应放款时间及放款规则。

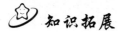 知识拓展

速卖通平台注册流程

二、亚马逊平台

（一）亚马逊平台

亚马逊（Amazon）公司成立于 1994 年，是美国最大的电子商务公司，它的发展预示着市场的走向。亚马逊公司在经营模式上是一个全球性的 B2C 电子商务平台，近年来该平台上来自中国的卖家越来越多。图 2-3 所示为亚马逊官网。

图 2-3 亚马逊官网

1995—1997 年，亚马逊公司第一次定位：成为"地球上最大的书店"；1997—2001 年，亚马逊公司第二次定位：成为"最大的综合网络零售商"；2001 年至今，亚马逊公司第三次定位：成为"最以客户为中心的企业"。经过不断的业务拓展，目前亚马逊公司已经成为拥有全球商品品种最多的网上零售商，网络交易平台已覆盖中国、美国、加拿大、巴西、墨西哥、英国、德国、法国、西班牙、意大利、荷兰、日本、印度、澳大利亚 14 个国家。其中，澳大利亚站点在 2017 年 11 月陆续向卖家开放。另外，亚马逊公司在 2018 年主推日本站和德国站。

亚马逊平台上不仅销售全新的商品，还有翻新、二手商品销售，商品涉及图书、音乐和游戏、影视、电子产品和计算机、数码下载、玩具、婴幼儿用品、家居园艺用品、服饰、鞋类和珠宝、食品、健康和个人护理用品、体育及户外用品、汽车及工业产品等众多领域。

（二）亚马逊"全球开店"项目

虽然目前亚马逊平台网络已覆盖 14 个国家，但只有 9 个站点开放"全球开店"，分别是：北美站的美国、加拿大、墨西哥；欧洲站的英国、法国、德国、意大利、西班牙；亚洲站的日本。

不仅要注册亚马逊账号，还要通过"全球开店"项目注册开店，店铺才能够在同一个站内的多个站点通用，例如在北美站注册开店，这个店铺就能够在美国站点、加拿大站点、墨西哥站点通用。

亚马逊平台上的专业卖家与个人卖家的区别：亚马逊账号主要有两种类型，分别为专业销售计划和个人销售计划，即我们常说的专业卖家和个人卖家。

全球开店的注册方式有以下两种。

（1）自注册。直接点击登录亚马逊官网 gs.amazon.cn 进行注册。

（2）联系招商经理注册。对接亚马逊"全球开店"项目招商经理，通过招商经理提供的注册链接进行注册。其优点为通过招商经理注册账号，卖家注册全程有招商经理辅导。店铺运营过程中，招商经理会及时提供平台规则变化的信息，以及发放平台活动报名链接和平台现场讲座视频链接。

亚马逊公司毕竟是美国企业的跨境电子商务平台，其后台操作、系统规则以及后期的运营等事项都有其独特之处，与中国企业的跨境电子商务平台阿里巴巴、速卖通等的思维模式与规则不大一样。不熟悉亚马逊平台运营操作与海外客户的思维习惯，是摆在很多中国卖家面前的一个障碍，卖家可以选择亚马逊方面的代运营服务商，如亚马霸略（www.amazon86.com），借助其专业服务团队扫除发展障碍。

（三）亚马逊平台规则

1. listing 跟卖

1）listing 跟卖

亚马逊独有的 listing 机制是亚马逊为了营造一个健康良性的竞争体系，希望更多的供应商和制造商给出质量最好、价格最优惠的产品而设置的，所以，一个卖家上传了某个产品的页面后，这个页面的控制权就不再是他的了，所有的数据信息包括图片，都保存在亚马逊的后台，所有卖家只要有这个类别的销售权限，就可以点击"Have one to sell？——Sell on amazon"然后开始也卖这个产品。例如，A 卖家创建了一个产品页，其他同款商品的卖家看见后可以在上面增加一个按钮链接到自己的产品，也在这个页面里面卖同样的东西。这样就出现了一个产品页面底下有几个、几十个甚至更多的卖家在卖的情形。这对新卖家来说是好机会，可以分享到别人的流量，但很容易直接引发价格战。采取跟卖策略的卖家必须遵循跟卖的规则：首先，确认必须卖正品，不可以卖假货；其次，需要确认产品必须100%一致，包括每一个细节，不可以有出入；最后，还要注意不要发生侵权问题，一旦因侵权被投诉就会被平台处罚。

2）跟卖的优势、风险、策略

（1）跟卖的优势。

① 不用自己去创建页面，想卖就卖，不想卖就下架，省事省力省心。

② 商品的出价会立即出现在排名靠前的 listing 中。

③ 直接效果就是单量的增加带动流量上升，自己上架的产品也可能卖出去。

（2）跟卖的风险。

① 直接引发价格战，导致低利润。

② 容易被 listing 所有者投诉侵权，一旦投诉成功就会被封账号。

（3）跟卖的策略。首先要确保自己的商品和跟卖的 listing 描述完全一致，包括商品本身、包装、卖点、功能、描述等；否则，买家收到货如发现任何和描述不一致的地方，都可以向亚马逊投诉。所跟卖的卖家也有可能对订单进行"test buy"，如发现和描述不一致，也可以向亚马逊投诉。

跟卖时尽量设置较低的价格，价格越低获得购物车的可能性越高。抢夺购物车的权重依次为：FBA（亚马逊物流服务）＞价格≥信誉度。

谨慎选择跟卖 listing，如果一款产品好卖却没有人跟卖的最大的可能就是这个产品是有品牌授权的，别人一跟卖就会被投诉。

了解产品是否注册品牌，可以在网上搜索或者去商标网站查看，主要通过 Google 搜索。如果被投诉侵权要立刻取消跟卖，并积极和对方沟通，了解是否确实发生了侵权行为。

2. 亚马逊规则调整和变化

1）亚马逊所有 OTC 药物和膳食补充剂卖家被要求列出产品成分

2017 年 3 月，亚马逊更新 health & personal care 类目卖家政策，除了要填写相关产品成分信息，还需要上传清晰显示产品成分的外包装图片，并在商品详情页显示，作为辅助的产品图片。

2）亚马逊推出 iPhone 版 spark 晒单功能

亚马逊向美国 Prime 会员推出了一项名为"Amazon Spark"的社交服务，这项功能目前只针对 iOS 版应用，相关用户可以在 spark 上晒产品图片、买家秀，其他的 spark 用户点击图片，就会直接跳转到该产品在亚马逊的页面，spark 用户还可以追踪其他用户、评论产品图片、使用表情符号等。

3）亚马逊新产品不能再使用条件说明

亚马逊卖家不能再对新产品提交条件说明（condition notes），而且现有产品条件说明下的评论也会被全部移除。

4）亚马逊的库存文件模板新添"精简"或"高级"模板

为了简化创建 listing 的过程，亚马逊的库存文件模板（inventory file templates）新添了"精简（lite）"和"高级（advanced）"模板，卖家可以自主选择进行批量上传。

5）收取仓储费

自 2017 年 8 月 15 日起，亚马逊调整了欧洲 FBA 的仓储费，对存放长达 6～12 个月的库存商品收取半年的长期仓储费，每立方米 500 欧元，并且 ASIN 单个产品将不再享受长期免仓储费的优惠。

亚马逊会对卖家的仓储进行限制，如果仓储被限制，则会在账户的多个位置显示一个仓储监控器（storage monitor）。

当仓储被限制时，条形方框里将会出现绿色、黄色和红色 3 种颜色的横条提醒：绿色，卖家的库存水平低于限制的 75%；黄色，卖家的库存水平处于限制的 75%～95%；红色，卖家的库存水平高于限制的 90%。

6）亚马逊卖家中心增加 5 种语言

亚马逊的卖家中心在 2017 年 2 月末新添了德语、西班牙语、法语、意大利语和日语 5 种语言，加上之前的英语、中文，目前亚马逊卖家中心共有 7 种语言，卖家可根据需要切换。

7）手动竞价的赞助产品广告添加使用 Bid+功能

Bid+能手动瞄准赞助产品（sponsored product）广告，卖家还可以通过 Bid+入口创建或者修改广告，提高卖家对顶部广告的竞价，帮助提高卖家的销售和转化率。

8）向符合资格的 FBA 卖家推荐订阅

符合资格的 FBA 卖家可以在订阅（subscribe & save）项目下提供商品，资格的审核是亚马逊根据 FBA 卖家的销售历史记录和表现等情况来判断的。

3. 亚马逊账号被封原因及规避方法

亚马逊账号被封，一般存在两种情况：一种是新申请的账号被封，另一种是运营已久的账号被封。

1）新账号被封的常见原因及规避方法

（1）在旺季注册账号。在旺季注册账号，不仅通过率低，而且由于新账号销售记录少、评论少、产品安全保障度不高，比较容易被亚马逊在旺季的大清洗中盯上。所以，卖家应尽量避免在销售旺季注册账号。

（2）选择个人自注册账号。个人自注册账号的安全性比较低，封号率也比较高。如果表现不佳，有可能在旺季被亚马逊清理封号。卖家如果想在亚马逊做长久的开店运营计划，最好选择注册"全球开店"账号，以便得到更好的培训与咨询服务。

（3）新账号表现不佳。在亚马逊新注册的账号，初期要注意店铺的表现，以及做好客户体验。亚马逊比较注重客户体验，会定期淘汰表现差的账号。在旺季前，更要对新账号进行定期检查清理。卖家新注册的账号要注意遵守平台规则，并做好客户体验，尤其是在旺季，更不能乱来。

（4）新注册账号关联被封账号。有些卖家曾经注册过亚马逊的账号，并且被封号了。如果此后重新注册新的账号，依然使用与被封账号同样的申请资料，新注册的账号会被亚马逊识别到与被封账号有关联，新账号就难逃被封号的命运。为避免遇到这样的情况，卖家最好在申请资料上下功夫，避免与被封账号资料重复或者存有疑点。

（5）新账号上传侵权或疑似侵权的产品。亚马逊很重视侵权产品并且对此监管很严，因此新账号一定要避免上传侵权或疑似侵权的产品。

（6）频繁更换计算机、IP 登录账号。亚马逊的大数据会记录账号登录所用的计算机 CPU、网线、硬盘等数据，频繁更换计算机或者 IP 登录账号，很容易被封号。为了安全起见，卖家应谨慎更换计算机或 IP 登录亚马逊账号。

（7）同一网线或者计算机登录多账号。亚马逊的大数据会记录账号登录所用的计算机 CPU、网线 IP、硬盘等数据，如果被发现多账号关联，账号也很容易被封。

2）老账号被封的常见原因及解决办法

（1）产品被投诉是假货。销售假货被投诉，或者被人恶意投诉销售假货而没有充足的辩驳证据。解决办法：若是销售假货，立即下架；若被人恶意投诉，第一时间向亚马逊提供相关证书、证明材料。

（2）产品标题、图片不符合亚马逊规则。有些卖家为了吸引流量，使用的图片并非产品本身的，标题又涉及大品牌名。例如，展示手机壳时，使用苹果手机的图片作为主图。解决办法：检查更换图片，如果标题不得不涉及大品牌，一定要加上"for compatible with"等字眼。

（3）产品被投诉存在安全问题。客户使用产品出现安全问题，向亚马逊投诉。解决办法：立刻排查产品安全问题，若有问题应立刻下架并做出相应处理。同时向亚马逊提供相关证书，若针对欧洲市场则提供 3C 和 RoHS 证书，若针对美国市场则提供 UL 证书或者其他证书。产品说明书或标签上也需要有安全提示，例如禁止 3 岁以下儿童靠近、远离明火等。

（4）产品被投诉侵权。销售侵权产品，或者被投诉侵权。解决办法：若是销售侵权产品，则立即下架产品；如果被人投诉，则立即通过亚马逊提供的投诉人邮箱联系投诉人，提供相关证书等进行证明，商谈处理。

（5）店铺绩效不达标。亚马逊业绩审核包括：订单缺陷率、订单取消率、发货延迟率、退货服务满意度、账户违规、准时送达、有效追踪率、客服不达标率、回复率等。解决办法：定期检查店铺绩效，遵守平台规则，提升店铺各方面的绩效。

4. 亚马逊基于大数据驱动的推荐引擎

亚马逊不仅仅是世界上最大的在线商店，同时也是世界上最大的数据驱动型公司组织之一。亚马逊收集海量的数据并进行科学有效的分析与处理，非常重视挖掘数据的价值。亚马逊不仅从每位客户的购买行为中获取信息，还将每位客户在其平台上的行为信息记录下来，包括是否查看评论、页面停留时间、每个搜索关键词、浏览的商品、评论的商品等，并凭借强大的数据挖掘能力，将大数据的价值真正派上用场。

"亚马逊推荐"系统就是将数据价值派上用场的一个典范。通过分析客户的历史行为数据，将可能符合需求的产品推荐给客户，实现因人而异的个性化推荐。"购买过 A 产品的人，根据大数据分析得出的结论是这个人可能也会购买 B 产品，于是亚马逊将 B 产品推荐给这个人"，这看似简单的推荐，却十分精准有效。对亚马逊来说，数据意味着大销量，只有数据能够准确地说明它什么是有效的、什么是无效的。未来的商业活动必须有大数据支撑，这也是亚马逊长期坚持的原则。

5. 亚马逊平台大数据裁判下的排名规则

亚马逊平台的店铺或产品排名主要与关键词、店铺/商品评论、店铺绩效有关，也与卖家是否使用亚马逊物流配送有关。产品和店铺的各项数据对店铺在亚马逊上的排名有非常重要的影响。亚马逊对产品和店铺的各项数据进行长期的统计分析，并结合平台的算法规则，对卖家的产品和店铺排名进行不断调整。例如亚马逊自营的或选择亚马逊物流配送的产品，在亚马逊平台的排名比较靠前。以下为亚马逊对产品或店铺的排名调整主要考核的行为数据。

（1）使用 FBA：亚马逊一直宣传自己的 FBA 用户体验，鼓励第三方卖家入仓并使用FBA，所以在搜索排名中亚马逊会支持使用 FBA 物流的商品。

（2）转化率：优秀的产品图片和文案能直接影响转化率，从而影响排名。

（3）销售量：销售量越好，在亚马逊的排名就会越靠前。

（4）绩效：在亚马逊上的绩效考核包括销量、退货率、消费者评论、订单取消率、退货服务满意度、账户违规、准时送达、有效追踪率、回复率、发货延迟率等，绩效越好就会获得越靠前的排名。

（5）用户反馈：消费者根据所购买的商品与得到的服务情况对卖家进行评价。用户反馈是给卖家看的，评价包括评价数量、评分等，评论数量越多，评分越高，排名就越靠前。

（6）商品评论：消费者对某一商品的评论在商品详情页中体现，供其他消费者选择商品时参考。商品评论对排名也会有影响，整体评论越好，排名就越高。

（7）关键词的匹配性与准确性：商品标题中的关键词与搜索关键词的匹配性越高，得到曝光的机会就越多；产品描述中的关键词越准确地描述产品的属性、特征等，越能提升排名。

（8）类目相关性：主要考核的是卖家在设置商品类目时，是否选择与商品最匹配的类目，并且是否详细设置类目下的商品属性、商品品牌等。类目越匹配，属性设置越详细，亚马逊越能根据商品信息推荐给搜索商品的客户，提高排名。

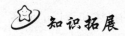

亚马逊开店资质要求

知识拓展

亚马逊平台注册

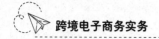

三、敦煌网

（一）敦煌网平台介绍

敦煌网在 2004 年就已正式上线，是中国首个实现在线交易的跨境电子商务 B2B 平台，以中小额外贸批发业务为主，开创了"成功付费"的在线交易佣金模式，免去卖家注册费，只有在买卖双方交易成功后才收取相应的手续费，将传统的外贸电子商务信息平台升级为真正的在线交易平台。作为国际贸易领域 B2B 电子商务的创新者，敦煌网充分考虑了国际贸易的特殊性，全新融合了新兴的电子商务和传统的国际贸易，为国际贸易的操作提供专业有效的信息流、安全可靠的资金流、快捷简便的物流等服务，是国际贸易领域一个重大的革新，掀开了中国国际贸易领域新的篇章。

敦煌网的优势在于较早推出增值金融服务，根据自身交易平台的数据为敦煌网商户提供无实物抵押、无第三方担保的网络融资服务。其还在行业内部率先推出 App 应用，不仅解决了跨境电子商务交易中的沟通问题和时差问题，还打通了订单交易的整个购物流程。目前，敦煌网已经具备 120 多万家国内供应商、3000 万种商品、遍布全球 224 个国家和地区的 550 万买家的规模。

（二）敦煌网平台规章

1. 如实描述和描述不符

如实描述是指卖家在产品或者服务描述页面、店铺页面和所有敦煌网提供的沟通渠道中，对于所售产品的成色、瑕疵、保质期或者服务的基本属性等必须说明的信息进行真实、完整地描述，不存在任何夸大或者虚假的成分。

描述不符是指买家所购买的产品和服务与达成交易时卖家对产品的描述和承诺的服务存在明显偏差。

2. "描述不符"类型和判断规则

（1）外观不符是指买家所购买的产品外包装、产品颜色、尺寸、材质等通过目测可以识别的属性，与达成交易时卖家对于产品的描述有明显偏差。

（2）功能属性不符是指买家所购买的产品与达成交易时卖家对于产品相应功能的描述有明显的偏差或者属性缺失。

（3）售后服务不符是指买家在购买某项产品或者服务时，卖家未提供或者未完全提供在产品描述中所承诺的售后服务。

（4）附带品不符是指买家所购产品或者服务缺少卖家在产品描述中所承诺的附带品或者附带品与描述有明显偏差。

（5）产品价格或者运费不符是指卖家不能按照交易达成时的产品价格或者运费执行订单，又要求买家额外支付费用的行为（买家同意的除外）。

（6）发货方式、发货时间和发货数量不符。

3. 卖家触犯"描述不符"类型和处理办法

（1）卖家欺诈。买家收到的产品与交易达成时的描述严重不符，且具有主观故意嫌疑，欺诈金额巨大。出现此种情况，敦煌网将对卖家做出关闭账户的处罚措施。对于触犯中国法律、法规的行为，敦煌网有权向相关国家机关检举，并提供必要的协助。

（2）严重不符。买家收到的产品构成第四条中列明的某一项或者几项与产品描述严重不符的情况，并直接导致买家不能使用产品或者服务，对买家体验造成严重伤害。卖家触犯严重不符的规定将被删除该产品，90天内第一次违规账户冻结7天，第二次违规关闭账户。

（3）一般不符。买家收到的产品构成列明的某一项或者几项与产品描述存在不符的情况，影响买家对于产品或者服务的使用，对买家体验造成伤害。卖家触犯一般不符的规定将被删除该产品，90天内第一次违规账户冻结7天，第二次违规账户冻结30天，第三次违规关闭账户。

（4）轻微不符。买家收到的产品构成第四条中列明的某一项或者几项与产品描述存在轻微不符的情况，但未对买家正常使用造成实质性影响。卖家触犯轻微不符的规定将被下架该产品，黄牌累计处罚。

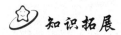

敦煌网平台注册

四、Wish 平台

（一）Wish 平台介绍

Wish 创立于 2011 年，目前是美国一家移动 B2C 跨境电子商务平台。Wish 的早期版本是一个帮助用户创建心愿清单的移动应用，Wish App 可以从用户现有的心愿清单中提取数据，预测他们可能会喜欢的其他物品并给予推荐。从 2013 年 3 月起，Wish 开始转型做电子商务，用户在分享图片的同时，也可以购买这些产品。

与速卖通、亚马逊等电子商务平台不同的是，Wish 以移动端作为切入点，并迅速壮大。随着移动互联网的发展，用户正在从 PC 端向移动端转移，这是 Wish 发展的优势所在，亚马逊、速卖通、eBay 这些第三方跨境电子商务平台虽然也看到了这样的趋势变化，推出了自己的移动 App，但更多的只是实现了交互界面的移动化，在运营思维上，还需要兼顾 PC 端与移动端模式。

在移动端方面，Wish 具有明显的优势和独特之处，真正地实现了让用户随时随地想看就看，想买就买，不仅给用户提供了不一样的界面体验，还通过智能化的算法推荐技术，给用户推荐他们可能喜欢的，而不是平台认为的好的产品。这就提高了平台与用户之间的互动性，体现了用户关怀与人性化运营思维，也大大增强了用户黏性。

与亚马逊、阿里巴巴等平台相比，Wish 转型做跨境电子商务的时间比较短，一些基础设施还没有那么完善，比如物流、跨境支付等方面就比其他第三方跨境电子商务平台落后一些。这也是 Wish 的短板所在。

（二）Wish 平台特色

1. 智能自动推荐系统

基于大数据的智能自动推荐系统是 Wish 最大的核心竞争力，其为用户推荐个性化的产品，并且以瀑布流的方式展示，提高用户的浏览体验。Wish 可以使用 Facebook 账号登录。如果用户选择这种方式登录，Wish 就能够根据用户在 Facebook 的浏览、分享等数据，在 Wish 上向用户推荐其最关心的产品。当然，用户如果选择在 Wish 注册独立账号，Wish 也会对用户的浏览记录等数据进行不断积累与优化，从而向用户推荐更符合需求的产品。

基于用户行为的精准推荐，不同用户进入 Wish 界面看到的内容是不同的，每个人看到的都是自己喜欢和想要找的产品。这有助于提高流量转化率，也是其吸引中小卖家的地方。

2. 技术驱动营销

Wish 本来就是一家技术型公司，公司大部分员工都是技术员。拥有这样的技术基础，Wish 可以凭借技术手段，过滤掉平台上存在的最差产品与卖家，保留信誉、服务满意度最好的卖家。Wish 平台还有一个系统功能，如果发现品牌商品有假货，就立即通知下架。除此之外，连市场营销的工作，Wish 都尽可能使用自动化程序来完成。

正是因为有这样的技术作为支撑，与其他平台相比，Wish 做出了自己的特色：没有那么多的平台规则，整个平台运营起来更加简单，卖家运营店铺也比较简单快捷，门槛也更低。

3. 价格优势吸引价格敏感消费者

Wish 平台上大部分产品来自中国，价格方面具有很大的优势，而且一些不知名品牌的饰品、服装、手机配件等小物件，有效地吸引了对价格敏感、年收入在 8 万美元以下的消费者，特别是北美地区的消费者。

4. 碎片化的购物体验

碎片化的购物体验与 Wish 定位为一个移动电子商务平台有关。Wish App 可以满足消费者对坐公交、乘电梯等碎片时间充分利用的需求，并且利用自身的智能化推荐系统，进一步让人们高效利用碎片时间。智能推荐、碎片时间、冲动消费融合在一起，Wish 实现了对碎片时间的巨大的商业价值的挖掘。

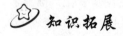 知识拓展

Wish 开店要求与开店费用

（三）Wish 平台规则

Wish 与其他平台最大的区别是：Wish 主要使用手机 App 购物，因此在上传产品时不能按照以往的方式来做。另外，与传统的产品展示方法不同，Wish 是根据用户的基本信息和浏览记录等行为给用户打上"标签"，并不断根据收集的记录更正这些信息，为用户创建多个维度的兴趣"标签"，依据这些多维度兴趣"标签"和一定的算法向客户进行相关产品的推荐，提高推荐产品的准确性。因此，卖家在上传产品时，要注意产品的标题、图片价格、属性、tags 标签等问题。

（1）Wish 标题搜索权重小，不能像速卖通或者其他平台那样，通过堆砌关键词获得搜索流量，Wish 标题简洁明了，与产品相关性强。

（2）由于 Wish 是手机 App 购物，因此，图片不应过多，4～8 张为宜。图片质量要高，应为 400×400 以上像素，方形。

（3）颜色和尺码的属性选择以及准确的产品描述有利于提升产品推送及曝光。

（4）产品价格和运费占比要合理，Wish 不提倡价格战，但是合理的价格定位还是有助于提升转化率的；产品价格不应太高，在 15～30 美元为宜。价格太高转化率就会很低。

（5）tags 标签搜索权重大，应尤为重视，tags 最多 10 个，位置越靠前，权重越大，要把重要的写在前面。tags 涉及推送之后的转化率，因此，tags 一定要能够精准说明产品，尽量包含一些大词和流行词，这样在一定程度能影响到推送权重。

Wish 具有自动推送规则，精美的图片、精准的 tags、简练的标题、一针见血的描述、具有吸引力的价格等都是获得推送的关键维度。根据 Wish 的规则，每一个通过审核上架的产品都能公平得到推送，而这一周期为 3～7 天。Wish 还有一套算法，在推送期间流量达标、转化率达标的产品将会被继续推送，黄钻也会在这些产品中产生。

（四）Wish 基于大数据的智能推荐

Wish 的核心竞争力就是基于大数据的智能化推荐系统，自动向用户推荐其可能喜欢的产品。产品被推送给用户从而得到了曝光，店铺得到了平台推送流量，这是每个进驻 Wish 的卖家最希望得到的结果。

然而，Wish 向用户推荐产品是依据一定的算法规则的，卖家想要自己的产品得到 Wish 的推荐，必须摸清这些规则，并遵循这些规则做出调整。

1. 初次匹配

对于一个新产品，Wish 首先会根据产品的标题、图片、标签的描述进行鉴别，主要还是依据产品标签做辨别，然后与用户需求、喜好进行匹配，向用户做出推荐。

2. 初始流量的转化情况

经过初始匹配后，Wish 就不再只以产品的各项属性作为推荐的依据了，还会考虑产品初始流量的转化情况，比如某个产品已经被推荐了一两千次，但点击率、转化率却很低，那么就算这个产品在属性上非常符合用户的需求，也不会再得到太多的推荐了。因此，产品本身还是非常重要的，产品的转化率越好、评价越多，被推荐的机会就越多，产品销量就会越来越好，如此才能形成一个良性的循环。

登描述不当的商品会导致违规、商品被删除、账户受限，严重者账户会被冻结。因此，在刊登物品时，卖家应特别注意以下规则。

1）选择正确的物品分类

物品必须刊登在正确的类别中，如某物品存在多级子分类，需将物品刊登在相对应的分类中。

2）正确设置物品所在地

卖家必须在"物品所在地"栏如实填写物品寄出地点：一般情况下物品所在地需与账户信息相符，如果物品所在地在外地或其他国家，务必在刊登时选择真实的所在地（不能仅在物品描述中做出声明），避免日后不必要的交易纠纷；需特别注意运费的设置要与物品所在地相匹配。

若账户信息为中国，物品所在地为美国，物品被一个美国卖家拍下，运费价格需与美国当地运费相匹配，而不能设置为中国到美国的运费。

3）使用符合 eBay 标准的链接

在刊登物品时，可以在物品描述中使用一些链接帮助促销物品。但是，有些类型的链接是不被允许的，例如，不能链接到个人或商业网站。任何链接都不能指向 eBay 以外含物品销售信息的页面。

4）物品图片标准

高品质的图片能给买家提供更好的购物体验，使物品更容易售出，因此 eBay 对物品图片刊登有一套详细的标准：所有物品刊登必须至少包含一张图片；图片的长边不得低于 500 像素（建议高于 800 像素）；图片不得包含任何边框、文字或插图；二手物品刊登不得使用 eBay catalog 图片；务必尊重知识产权，不得盗用他人的图片及描述；预售刊登必须符合预售刊登规则。

预售刊登是指卖方刊登那些他们在刊登时未拥有的物品。此类物品通常在对大众的交货日期前就已预先出售。

卖方需保证自物品购买之日（即刊登结束之日或从 eBay 店面购买刊登物品之日）起 30 天内可以送货，eBay 允许其有限制地刊登预售物品。

在 eBay 刊登预售物品的卖方，必须在刊登时声明：该物品为预售物品，并说明交货日期，保证物品在刊登结束之日起 30 天内送出。此外，这些文字必须（至少）用 3 号 HTML 字体。对于未注明这些信息的任何预售物品，eBay 都会结束其刊登。

2. 交易行为规范

1）严禁卖家成交不卖

当卖家刊登在 eBay 上的物品有买家成功竞标时，买卖双方就相当于签订了交易合同，双方必须在诚信的基础上完成交易。根据这一合约，卖家不可以在网上成功竞标后拒绝实际成交、收到货款不发货。

如果卖家因为物品本身的原因无法完成交易（如损坏），卖家需及时与买方沟通，解释说明并提供解决方案，以获得买家的理解与谅解。虽然 eBay 鼓励买家与卖家进行沟通，获取新的解决方案，但买家不是一定要接受卖家的新建议。所以，请卖家在刊登商品时务必熟知商品库存，在收到款项后及时发货，避免违规。

2）禁止卖家自我抬价

自我抬价是指人为抬高物品价格，以提高物品价格或增大需求为目的的出价行为，或者是指能够获得一般大众无法获得的卖家物品信息的个人的出价。也就是卖家在竞拍的过程中，通过注册或操纵其他用户虚假出价，或者由卖家本人或与卖家有关联的人实施，从而达到将价格抬高的目的。

自我抬价以不公平的手段提高物品价格，会造成买家不信任出价系统，为 eBay 全球网络交易带来负面的影响。此外，这种行为在全球很多地方都是被法律禁止的，为确保 eBay 全球交易的公平公正，eBay 禁止抬价。

由于卖家的家人、朋友和同事可以从卖家那里得到其他用户无法得到的物品信息，因此即使他们有意购买物品，为保证公平竞价，亦不应参与出价竞投。不过，家人、朋友和同事可在不违反本政策的条件下，以"一口价"的方式直接购买物品。如果卖家认为有会员利用假出价提高价格或热门程度，可向 eBay 检举，并确保于检举问题中提供"会员账号"和物品编号。

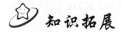 知识拓展

eBay 开店费用

（三）eBay 大数据运用魔力

eBay 拥有惊人的数据量，其对这些数据进行分析并建立起模型。通过大数据分析，eBay 系统每天能够回答各种问题。例如，本月最热门的搜索商品是什么，本月转化率最高的商品是什么，昨天的热搜词是什么，等等。

通过分析客户的浏览历史记录数据，"猜想"客户的消费偏好。对于没有太多历史购买记录的客户，eBay 通过对比有着相似特点的客户需求，推测这位客户的潜在需求，并将合适的商品推送给客户。

利用大数据，eBay 不断优化平台上的搜索引擎。没有大数据参与优化的搜索引擎，并不能很好地理解客户的真实想法；而利用大数据分析，能够更好地理解客户的搜索需求，将商品与需求精准匹配，从而增加在线交易量。

对跨境电子商务卖家来说，eBay 对大数据的运用给卖家带来的最大好处就是获取"情报"。eBay 根据平台大数据分析结果，定期向卖家建议应该销售的产品。例如，告诉卖家某产品一个月预计的销售量、定价的最佳范围、竞争对手有多少、卖家的市场占有率是多少等。

（四）eBay 评价系统

eBay 有一个很强大的基于大数据的防诈骗评价系统。这个系统不仅保护买家，同时也保护卖家。在每笔交易完成之后，卖家和买家可以彼此评价，评价可以是正面评价、负面评价或者中立性评价。买家对卖家的评价，可以为其他买家提供决策参考；卖家对买家的评价也可以为其他卖家提供决策参考，如果某个买家收到的评分过低或者负面评价太多，卖家可以根据评价拒绝与其交易并说明理由。

基于这个评价系统，在 eBay 上无论交易额大小，针对一次交易，只能评价一次，一旦评价，eBay 一般不会轻易移除该评价。因此，在 eBay 上，无论是卖家还是买家，都要谨慎对待评价，特别是对卖家而言，评价不仅影响商品转化率，差评还会让自己的账号权重下降，严重的话甚至会导致账户被冻结。卖家不仅要努力完善客户服务能力，也要善于利用 eBay 的评价系统规则，维护自己的权益。那么，在什么情况下 eBay 差评可以自动移除或者可主动申请移除？哪些情况下不能移除？卖家又可以提前采取什么有效的措施去预防呢？

1. eBay 差评自动移除或可主动申请移除的情况

以下情况下导致的差评，eBay 会自动移除，如果 eBay 没有自动移除，卖家可主动向 eBay 平台申请移除：① 由于 eBay 平台问题或者程序错误，导致不良的交易产生；② 买家没有付款，并且卖家收到出价不买的纠纷记录；③ 买家因违反 eBay 的购买政策而受到 eBay 的处罚；④ eBay 的退款保障或者 PayPal 买家保障纠纷裁决结果有利于卖家；⑤ eBay 或者 PayPal 要求卖家取消交易或暂缓发货；⑥ 通过 eBay 有效的监控追踪信息，判定不良交易是由物流或者通信系统延迟直接导致的。

针对新兴市场，eBay 制定了一些保护卖家的政策，仅限于差评来自俄罗斯、巴西、墨西哥的买家。以下情况卖家收到的差评，eBay 每周定期检查并移除，同时向卖家发送相关报告：① 商品与商品描述不符纠纷，买家留下"运送时间"低分（1 分）或中差评，如果该纠纷在升级前获得解决，则不被计入不良交易率，并且 eBay 系统会自动移除卖家服务评级低分和关联的信用评价；② 仅针对美国、英国、德国站点完成的交易，出现物品未收到纠纷，在纠纷未升级前得到解决，买家留下"运送时间"低分（1 分）或中差评，eBay 系统会自动移除卖家服务评级低分和关联的信用评价；③ 买家留下"运送时间"低分（1 分），但没有留下"物品与描述相符"低分（1、2、3 分），eBay 系统会自动移除"运送时间"低分（1 分）和相关的信用评价。

2. eBay 差评不能移除的情况

以下这些情况导致的差评或不良记录，eBay 是不给予移除的，卖家要特别注意，并注意避免：① 在 eBay 退款保障纠纷中，eBay 判定买卖双方均无过错并退款给买家；② 在 eBay 退款保障纠纷开启后，卖家解决了买家的问题；③ 如果卖家无法向 eBay 提供有效的追踪信息，用以判断卖家是否及时处理交易并发货，与运送相关的不良交易记录将不能移除；④ 如果是信用评价内容违反了 eBay 政策，如脏话或链接等信用评价内容会被 eBay 移除，但该信用评价的评分以及所涉及的不良交易记录是不能移除的。

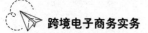

知识拓展

eBay 平台注册

第二节　进口跨境电子商务平台

一、洋码头

洋码头成立于 2009 年，是中国知名的独立海外购物平台，拥有近 4000 万用户，设有直播频道、特卖频道和笔记社区。洋码头极具创造性地创立海外场景式购物模式，通过买手直播真实的购物场景，让中国消费者足不出户，轻松、便捷地享受一站式全球血拼。特卖频道提供全球热销商品，品类涵盖服装鞋包、美妆护肤、母婴保健、食品家居等。通过保税发货的方式，让国内消费者更快速地收到全球热销商品。笔记社区是用户分享的个性购物笔记、买手分享的心情故事和全球潮流资讯的专区，方便用户讨论和分享自己的生活理念，畅享海外购物的乐趣。

1. 商业模式

洋码头上的卖家可以分为两类：一类是个人买手，模式是 C2C；另一类是商户，模式是 M2C。

2. 优势行业

洋码头优势行业包括服装鞋包、美妆护肤、母婴保健、食品家居等。

3. 物流服务

为保证海外商品能安全、快速地运送到中国消费者手上，洋码头在行业内率先建立起专业的跨境物流服务体系——贝海国际。目前，贝海国际在海内外建成 12 个国际物流中心（纽约、旧金山、洛杉矶、芝加哥、拉斯维加斯、墨尔本、悉尼、法兰克福、伦敦、巴黎、东京以及杭州保税仓），与多家国际航空公司合作，保证每周超过 40 个国际航班入境，大大缩短了国内用户收到国际包裹的时间。

4. 盈利模式

平台是免费的，主要靠物流、仓储收入和现金流维持平台运作。

知识拓展

洋码头书写跨境电子商务盈利范本

知识拓展

洋码头注册

二、天猫国际

天猫国际成立于 2014 年，入驻商家均为境外公司实体，具有境外零售资质，销售的商品均原产于或销售于境外，通过国际物流经中国海关正规入关。中国香港第二大化妆品集团卓悦网、中国台湾最大电视购物频道东森严选、日本第一大保健品 B2C 网站 Kenko、海淘名表第一网站店 Ashford 等海淘平台均在天猫开设了境外旗舰店，入驻店铺超过了 140 家。2015 年，聚划算平台和天猫国际联合开启"地球村"模式。美国、英国、法国、西班牙、瑞士、澳大利亚、新西兰、新加坡、泰国、马来西亚、土耳其 11 国国家馆在天猫国际亮相。天猫国际与 20 国国家大使馆合作，使富有海外特色的商品齐聚同一平台，实现了足不出户逛遍全球。

1. 商业模式

天猫国际吸引商家入驻平台，交易由商家与消费者自己进行。平台解决支付和信息沟通问题，属于管理承包模式。

2. 优势行业

天猫国际主推美妆个护、食品保健、母婴用品、服饰鞋包、生活数码等产品。

3. 物流服务

天猫国际要求商家 72 小时内完成发货，14 个工作日内到达，并保证物流信息全程可跟踪。

4. 盈利模式

天猫国际入驻商家收费分为三部分：保证金、年费、实时划扣技术服务费（含支付宝跨境支付服务费）。

知识拓展

天猫国际 95 后购买宠物美妆　成为主力消费人群

知识拓展

天猫国际注册

三、蜜芽

蜜芽于 2011 年创立，是中国首家进口母婴品牌限时特卖商城。"母婴品牌限时特卖"是指每天在网站推荐热门的进口母婴品牌，以低于市场价的折扣力度，在 72 小时内限量出售。销售渠道包括官方网站、WAP 页和手机客户端。网站上线第一年销售额超过 3 亿元，第二年超过 10 亿元，两年时间蜜芽三次融资共 8000 多万美元，销售额增长 10 倍。2015 年，蜜芽与儿童教育机构红黄蓝组建合资公司，通过红黄蓝全国近千家亲子园开拓母婴产品的 O2O 服务市场。跨境商品移动货架在红黄蓝园所里做展示，休息区的家长可以通过手机扫码下单，所购商品由蜜芽宝贝从保税仓发货。借助 O2O 模式，蜜芽打开了一个绝佳的线下消费场景。

1. 商业模式

蜜芽属于垂直自营跨境 B2C 平台。所谓垂直自营，是指平台在选择自营品类时集中于某个特定的领域，如美妆、服装、化妆品、母婴用品等。

2. 优势行业

蜜芽主推美妆、服装、化妆品、母婴用品。

3. 物流服务

借助海外仓模式供货。

✦ 知识拓展

蜜芽落地首个生鲜前置仓

蜜芽注册

四、丰趣海淘

2015年，顺丰速运重磅推出丰趣海淘。丰趣海淘定位为跨境进口零售网站，主张"顺心全球购、丰富好生活"，满足中国消费者对于快速购买高品质的海外商品的迫切需求，丰富其多元化购物选择。

1. 商业模式

丰趣海淘采用的是特卖与商城相结合的模式，主要是自有采购团队加境外电子商务的组合，属于自营型B2C。

2. 优势行业

丰趣海淘主推母婴用品、保健品、快消日用品、流行服饰箱包、居家生活用品，以及各种多元化的海外生活体验商品。

3. 物流服务

借助"海外仓+保税仓"模式，产品主要来自欧美、新澳、日韩。借助海外仓以及杭州、广州、宁波等地的保税仓库，压缩中间环节。丰趣海淘5个工作日左右即可送达通常需要至少15个工作日才能送达的货物。

✦ 知识拓展

丰趣海淘商品降价 价保是否形同虚设

丰趣海淘注册

第三节 各国本土跨境电子商务平台

一、俄罗斯本土电子商务平台 UMKA

UMKA（见图2-4）是俄语地区最大的中国商品在线购物网站之一，是俄语地区百强中国商品网上购物平台，在莫斯科、圣彼得堡、阿拉木图、香港、厦门、深圳设有分公司或分支机构，旨在将中国优质供应商直接推送给当地的线上零售商以及消费者，帮助中国商家省去传统贸易中的所有中间环节，进而提升利润和品牌效应，以及买家的购物体验。所有入驻 UMKA 的商家均可以获得专属客户经理提供的服务。客户经理将全程指导商家完成上传商品、管理商品、图片优化、产品关键字优化等流程，协助商家提高销售额。UMKA拥有长期免费的境外仓储，可提供专业贴心的最后一千米派送服务，提供免费的俄罗斯本土售后团队来处理买家的投诉或纠纷，中国商家还能免费获得最新的俄罗斯市场流行趋势信息，以及在当地主流社交媒体曝光品牌的机会，从而提升品牌的海外知名度。

图 2-4　UMKA 首页

中国零售商通过 UMKA 平台可以简单、直接地接触到俄语区 12 个国家约 3.5 亿的消费者。UMKA 平台上拥有大量的产品，产品种类涵盖电子产品、家庭用品、影音器材、户外运动、汽车配件等。2016 年，全年网上交易额达 139 亿美元，其中本地电子商务占总比的 78%。

二、印度本土平台 Flipkart

Flipkart（见图 2-5）于 2007 年创建，是印度最大的电子商务零售商。在印度电子商务市场中，Flipkart 主要的竞争对手包括总部在新德里的 Snapdeal 和时尚品零售商 Jabong，以及全球电子商务巨头亚马逊和 eBay。Flipkart 在移动领域表现很出色，目前有近一半销售额都是在手机上完成的。

Flipkart 电子商务业务除了平台直营外，也有第三方开放平台，属于印度直营+B2C 型本土跨境电子商务平台。

Flipkart 主营业务包括图书、家电、数码产品、服饰、家居用品以及自有品牌 Dig Flip笔记本电脑等。

Flipkart 建立了自己的物流公司 eKart。目前 eKart 也承接其他电子商务公司的物流和快递业务。

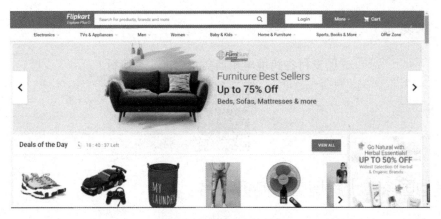

图 2-5　Flipkart 首页

三、拉美最大的 B2C 电子商务平台 Linio

　　Linio（见图 2-6）成立于 2012 年，网站每月访问量达 3500 万人次，是拉美地区最大的电子商务平台。业务范围覆盖墨西哥、哥伦比亚、秘鲁、委内瑞拉、智利、阿根廷、巴拿马和厄瓜多尔等拉美国家。目前，中国已有 100 家公司申请在 Linio 平台上开店，并有 20 家已达成合作关系。拉美市场消费者平均年龄小，喜欢消费，喜欢上网，智能手机普及率很高，人均 GDP 比中国高，但线下零售业欠发达，市场潜力巨大。

图 2-6　Linio 首页

　　（1）商业模式。Linio 吸引商家入驻平台，其盈利模式是向卖家抽取佣金及提供增值服务，属于 B2C 型跨境电子商务平台。

　　（2）优势行业。畅销产品品类有消费电子类产品（手机、平板电脑、相机等）、时尚类产品（名牌手表、眼镜、服饰等）。

　　（3）物流服务。Linio 在秘鲁与哥伦比亚地区采用的是本土第三方快递公司，在其他国家则使用国际物流公司。物流模式以 DHL 快递和邮政小包直邮两种模式为主。

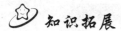

人脸支付在跨境电子商务平台上是否可行？

四、其他国家本土跨境电子商务平台

（一）OnBuy（英国）

OnBuy（见图 2-7）是英国发展较快的电子商务平台之一。该平台报告称其在 2019 年的黑色星期五创造了破纪录的 100 万英镑（约合 130 万美元）的销售额，2019 年 11 月的销售额是 2018 年同期的 5 倍。OnBuy 收取颇具竞争力的销售费用，允许卖家以较低的产品价格吸引更多买家，同时又不会降低利润。如果标准卖家没有达到每月 500 英镑（约合 650 美元）的销售目标，OnBuy 会提供独家销售保证，并免除下个月的订阅费。

图 2-7　OnBuy 首页

（二）Kaufland.de（德国）

在欧洲，德国 B2C 电子商务销售额仅次于英国。Kaufland.de（见图 2-8）是一个新兴且高度竞争的市场，每月约有 1900 万名用户。Kaufland.de 提供了简单的设置过程，其产品类别包括家庭和花园用品、电子产品、婴童用品、杂货、美容用品等。卖家可以与许多 listing 工具集成，但需要提供专业的德语翻译和客户服务。

（三）Cdiscount（法国）

Cdiscount（图 2-9）是法国第二大在线市场，拥有忠实的客户群。它与许多 listing 工具完全集成，能提供出色的卖方服务，甚至提供 Cdiscount 配送。卖家需要提供法语客户支持，并且 listing 需使用法语。

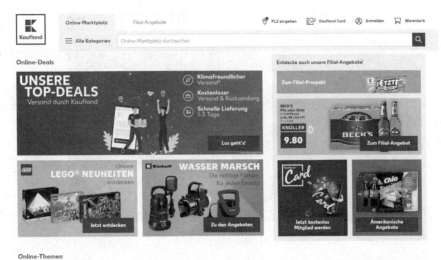

图 2-8　Kaufland.de 首页

图 2-9　Cdiscount 首页

（四）Allegro（波兰）

Allegro（见图 2-10）是波兰较大的电子商务平台之一，卖家不需要邀请即可加入。Allegro 支持几乎所有的产品类别，并提供简单的设置与可自定义的 listing 选项。缺点是该平台仅提供波兰语版本，这可能会限制一些国际卖家。卖家需要把货物运送到波兰，并为 listing 提供专业翻译。

（五）乐天 Rakuten（日本）

在欧洲之外，乐天 Rakuten（见图 2-11）是日本较大的在线销售平台，并正在向全球扩张。乐天的客户经理和支持团队会在每个步骤都为卖家提供帮助。乐天卖家享有的灵活性在大多数电子商务平台是无法获得的。日本的网站设计得更具吸引力，卖家需要创建单独的店铺以体现这种偏好。值得注意的是，乐天对于卖家可以销售的产品是非常挑剔的，可卖家一旦进入这个市场，就会发现这是一个非常有前途的市场。

图 2-10　Allegro 首页

图 2-11　乐天 Rakuten 首页

（六）Catch（澳大利亚）

除了澳大利亚亚马逊站点外，Catch（以前称为 Catch of the Day，见图 2-12）也可以提供潜在的澳大利亚买家。卖家可以列出所有类别的商品，并且市场已经完全集成到 Channel Advisor 和 Linnworks。Catch 的设置有所不同，用低价提供产品以快速转移库存，并且可以将商品包含在快节奏的广告系列中。对于希望迅速转移产品的卖家而言，如果他们可以有效地将产品运往澳大利亚，该平台是一个很好的选择。

（七）Trade Me（新西兰）

Trade Me（见图 2-13）是目前新西兰较大的电子商务平台，并向所有的国际卖家开放。卖家可以创建自己的店铺，并选择多种支付方式。Trade Me 的设置与 Amazon 和 eBay 不同，卖家可以更多地控制 listing 过程。listing 可以设置固定的价格，也可以设置为所有类别的传统拍卖形式。

图 2-12　Catch 首页

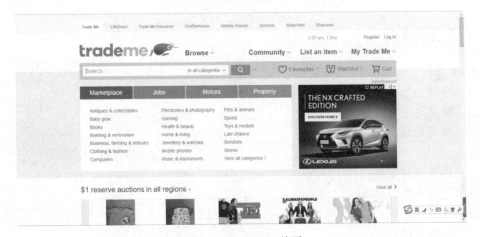

图 2-13　Trade Me 首页

 复习与思考

1. 名词解释

（1）知识产权

（2）知识产权侵权

（3）禁售产品

（4）限售产品

2. 简答题

（1）亚马逊"全球开店"项目的注册方式有几种？

（2）敦煌卖家触犯"描述不符"的类型和处理办法是什么？

（3）eBay 差评在什么情况下不能移除？

（4）洋码头的商业模式是什么？

（5）丰趣海淘平台的商业模式是怎样的？

第三章　跨境电子商务选品与刊登管理

 知识目标

- ❑ 了解常用的数据分析平台；
- ❑ 掌握跨境电子商务选品的概述；
- ❑ 了解产品定价策略；
- ❑ 了解主要平台选品与刊登管理。

重点及难点

重点：
- ❑ 跨境电子商务订货渠道；
- ❑ 跨境电子产品发布流程；
- ❑ 编写标题与关键字。

难点：
- ❑ 观察流行趋势；
- ❑ 定位自己的店铺；
- ❑ 给产品定价；
- ❑ 选择正确类目。

 **案例导入**

实战：2020 年亚马逊选品运营思路解析

在亚马逊流传一句话："三分靠运营，七分靠选品。"2020 年做好亚马逊，最重要的不是黑科技，不是渠道，而是选品。以下为选品运营思路的解析。

第一步，避开选品雷区。选品雷区有很多，例如市场容量小，产品季节性强，产品重量或体积大，产品工艺复杂、制作成本高，产品差异化小，等等，这些都是非常容易出现事故的产品，一定要避开这些雷区。

第二步，市场调研。当选择一些适宜的产品时，一定要做好市场调研。例如，购买过类似产品的客户有什么痛点问题或改进意见、产品在目标站点的常用词汇及高频搜索词汇、产品细分市场状况、产品价格区间等。以上所有问题都可以通过亚马逊的市场调研工具来查看。

第三步，成本计算。产品的成本是每个卖家都关心的问题。制造（采购）成本的高低、FBA 仓储成本、物流成本、售后成本等，都是吞噬卖家利润的"深渊巨口"。有些卖家不注重成本计算，最终只是帮人打工——白忙活了。

第四步，利润核算。用产品的定价减去成本，最终可以得出该产品的利润空间。通常情况下，毛利润高的产品能够更灵活地制定价格，有助于产品促销。

（资料来源于网络，并经作者加工整理）

第一节 跨境电子海外市场调研

市场调研的形式有很多，这里选择对初级卖家容易操作的方式进行介绍。主要调研方式是通过互联网收集现有的数据和信息，经过分析判断后得出结论。

一、网站数据观察

观察跨境电子商务平台的买家界面，都可以收集到有助于选品的信息。下面以亚马逊和速卖通平台作为例子进行介绍。

（一）亚马逊平台数据

在亚马逊平台上可以选择 Best Sellers 对热销产品的相关信息进行观察。操作步骤：打开亚马逊平台首页，找到需要查看的类目。

（1）选择"Best Sellers"。

（2）在"Best Sellers"里面显示的是这个类目下的热销商品，右边有更多热销商品的推荐。

（3）Hot New Releases，热门新品榜单，每小时更新一次数据。

（4）Movers & Shakers，一天内销量上升最快的商品，通过这个数据可以寻找潜力商品。

（5）Most Wished For，愿望清单，买家想买但是还没买的商品，一旦愿望清单里的商品降价了，平台就会主动发通知给买家。

（6）Gift Ideas，最受欢迎的礼品，如果你的产品具有礼品的属性，可以关注这块信息，这些数据每日都会及时更新。

针对不同国家的市场，热销商品会有所不同，下面是亚马逊在不同国家站点的链接。

❑ https://www.amazon.com/美亚

❑ https://www.amazon.co.jp/日亚

❑ https://www.amazon.co.uk/英亚

（二）速卖通平台数据

"Best Selling"频道收集了最新热门商品和每周热销商品，可以按照经营类目查看热门商品排行。

可以参考同行卖家的商品。在买家首页搜索想了解的商品，比如 high heels，以订单降序排列，查看目前平台上高跟鞋类目下销量大的产品信息。

二、常用数据分析平台

除了从跨境电子商务平台买家页面观察，还可以通过跨境电子商务平台卖家后台所提供的数据，或者第三方数据分析平台提供的数据了解产品的相关市场信息。

（一）Google Trends

Google 搜索对于跨境电子商务卖家来说是很实用的工具。在 Google Trends 里可以看到每个关键词的搜索趋势，可以根据关键词被搜索频率的高低来判断产品最近的销售情况。

（二）Google Global Market Finder

Google Global Market Finder 可以提供来自全球互联网搜索的数据；按照总的搜索量、建议出价和竞争状况对每个市场的商机进行排序；可以从全球范围收集关键词在各地区的表现情况。

输入能够描述产品的关键词，然后选择一个区域。还可以在多个市场中（Filter）进行选择，包括 G20、欧盟、新兴市场、亚洲或整个世界。通过 Google 全球商机洞察的使用，可以解决诸如"这个市场的竞争状况如何""该地区对产品的需求与另外一个区域相比如何""在这个新市场进行广告宣传需要多少成本"等问题。

（三）WatchCount 和 Watched Item 网站

WatchCount 和 Watched Item 是 eBay 的两个搜索分析网站，通过这两个网站可以查看在 eBay 平台上受欢迎的商品。

（四）Terapeak

在 Terapeak 上可以查找到关于 eBay 平台的商品销售数据。首先，可以了解热销商品的类目情况。单击"热门调研（Hot Research）"，列表中会出现被热搜的关键词，以及关键词所在的类目和销售数据。从这些数据中可以找到热销商品与热销类目。

其次，进一步了解自己经营的类目情况。搜索关键词"dress"，列表中出现涵盖关键词"dress"的搜索情况以及销售数据，在这里可以看到不同的物品类别名称在成交率、均价、销量上的数据明细。eBay 针对不同国家有多个站点，可以分站点查看不同地区的搜索情况。

最后，进行具体的产品调研。单击"Research"选择"Product Research"，输入要查询的关键词"wedding dress"，同时选择要查询的时间段。根据上面的查询条件显示出结果。

（五）速卖通平台后台数据

在速卖通平台的卖家后台，可以通过"行业情报"和"选品专家"数据工具进行系统的选品分析。

知识拓展

浅析由点及面的亚马逊选品市场调研方法

三、观察流行趋势

（一）观察其他国家的本土电子商务网站

1. 美国电子商务网站

除了本书中讨论的几大电子商务平台外，美国的一些以线下大型实体店为基础向电子商务发展的平台，也是美国买家的主要网购平台。

（1）Walmart（沃尔玛百货），美国最大的线下零售商，是经营连锁折扣店和仓储式商店的美国跨国零售公司。

（2）Best Buy（百思买，http://www.bestbuy.com），美国跨国消费电子公司，专注消费类电子产品。

（3）Macy's（梅西百货，https://www.macys.com），美国中档连锁百货公司，以消费类产品为主，产品涵盖种类丰富。

（4）Sears（西尔斯，http://www.sears.com），美国著名的连锁百货公司，和梅西百货类似。

2. 俄罗斯电子商务网站

（1）Ulmart，俄罗斯最大的电子商务平台，成立于 2008 年，销售 12 万种商品，囊括家电、手机、计算机、汽车配件、服装、母婴用品、家装、图书等品类。

（2）Ozon，俄罗斯老牌电子商务平台，1998 年上线，主营业务为在线销售图书、电子产品、音乐和电影作品等。

（3）Wildberries，时尚类电子商务平台，成立于 2004 年，是俄罗斯本土的鞋、服装及饰品在线销售平台。

（4）Citilink，3C 家电电子商务平台，成立于 2008 年，为客户提供数码下载、计算机、3C 家电等产品。

（5）Lamoda，时尚服装电子商务平台。

3. 巴西电子商务网站

（1）Mercadolivre.com.br，巴西本土最大的电子商务 C2C 平台，利用好这个平台有利于了解巴西各类物价指数、消费趋势、付款习惯等市场信息。

（2）Americanas.com.br，巴西本土的连锁零售商店，1929 年成立于里约热内卢，目前该公司在巴西的 25 个州及首都巴西利亚拥有 860 家实体商店。

4. 西班牙电子商务网站

Elcorteingles，西班牙最大的百货集团，同时也有电子商务平台，在这里可以看到一些西班牙本土品牌的产品。

5. 法国电子商务网站

（1）Cdiscount，法国排名靠前的购物网站，拥有 1600 万买家，平台经销范围涉及文化产品、食品、IT 产品等诸多品类，商品销往南美、欧洲、非洲等地。

（2）Fnac，法国老牌的图书和电子产品零售商，拥有数百家实体店。

（3）PriceMinister，欧洲地区流量较大的电子商务平台，总部在法国，主营3C、时尚及家居品类。

（4）La Redoute（乐都特），法国时尚品牌，1995年开始从事网络销售，现覆盖120多个国家，拥有 70 多个品牌。

（二）通过 SNS 平台了解流行趋势

SNS（社交网络服务）网站通常是信息发源地，各领域的最新信息和流行趋势都会最先在该网站开始传播，卖家可以通过国外流行的 SNS 网站关注行业相关意见、领袖和热门话题，通过观察发掘潜在商机。比如时尚达人经常会分享最新的设计款式，这些设计款式可能会在未来的三个月到两年时间内逐渐在不同国家流行，卖家通过判断可以提前预备相关产品。下面介绍三种可能会出现销售商机的流行趋势。

1. 电影流行趋势

关注院线未来一年的上映计划，尤其是好莱坞出品的影视作品，选出观众期待较高的电影，这些电影很可能会带动一股文化潮流，卖家可以针对这些电影里的热门元素提前开发周边产品。但是在开发电影周边产品时要非常注意不可产生侵权行为。

2. 时尚博主流行趋势

做时尚产品的卖家要多关注 Instagram 和 Pinterest 等网站，寻找符合自己品牌风格的时尚博主、影视明星，聚焦其穿着或者关注的话题，因为它们很可能会引起普通消费者的跟风潮流。

3. 大型文体活动引发流行趋势

体育比赛和走秀节目都可能带来购买热潮，以下推荐几个值得卖家关注的大型活动。

（1）全球性体育赛事都会引起阶段性的流行趋势，比如奥运会和世界杯足球赛。四年一次的世界杯是全球球迷狂欢的日子，这个时期球赛周边产品销量直线上升，比如 2010 年南非世界杯期间中国产的"呜呜祖啦"（南非球迷用于助威的大喇叭）热卖。

（2）美国超级碗（Super Bowl）。它是美国国家橄榄球联盟的年度冠军赛，被称为美国的"春晚"，大牌的演艺明星都会在超级碗演出，是美国收视率最高的电视节目。

（3）明星演唱会。美国每年都会举办很多场，也会带动周边纪念品的销售。

第二节　跨境电子商务市场选品

一、跨境电子商务选品的概述

跨境电子商务的选品是指卖家从供应市场中选择适合目标市场需求的产品，即卖家在把握买家需求的同时，要从众多供应市场中选出质量、价格和外观最符合目标市场需求的产品。由于需求和供应都在不断地变化，所以选品也是一个无休止的过程。

首先要选择适宜跨境销售的商品。适宜跨境销售的商品往往符合如下基本条件。一是体积较小。体积小方便以快递方式运输，可降低国际物流成本。二是附加值较高、价值低过运费的单件商品不适合单件销售，可以打包出售，降低物流成本占比。三是具备独特性。在线交易业绩佳的商品需要独具特色，只有这样才能不断刺激买家购买。四是价格较合理。在线交易价格若高于产品在当地的市场价，就无法吸引买家在线下单。

一般来说，通过店铺定位就可以确定跨境店铺所在行业，但是选品可以帮助店铺找到最适合的产品。在跨境店铺开设完成之前，主要的选品方式为站外选品，站外选品主要分为主动选品和被动选品。

（一）主动选品

主动选品是通过对目标市场的了解或者对某个行业的了解，主观地去开发产品。以下为主动选品的步骤。

1. 目标市场分析

在跨境电子商务平台上经营店铺的时候，平时可以多去了解目标市场的四季气候变化情况，目标市场人群的饮食习惯、业余爱好及消费习惯等。

2. 节假日分析

在圣诞节来临之前，商家都在挖掘圣诞相关产品，因为圣诞之前西方国家的人群都会大量地采购圣诞产品来装饰家、商超、餐饮店等。商家在万圣节来临前可以开发一些恐怖面具、服装、道具等。节假日产品大多会选择提前一个月开发及上架，因为买家需要提前准备，还有就是物流需要时间，当然也要抢占先机。针对这些因素，选品方向会更加明确。

3. 季节分析

冬季来临前，商家就要开发保暖产品，如帽子、手套、围巾等；夏季来临前可开发降温产品，如迷你风扇、笔记本冰垫、散热器等。

4. 生活习惯分析

根据目标市场人群的生活习惯来开发，比如在美国，年龄在 18～65 岁的成年人 60% 属于户外用品买家，针对这一广大群体，可以开发诸如泳衣、球网、护目镜、手电筒、帐篷灯等产品。同时还要考虑目标客户的特殊需求，比如做服装，需要对目标国家的气候、客户喜好、衣服尺码都非常熟悉，并且能够熟知各个国家的尺码的换算。主动选品还可以使用大量的站外工具。由于条件的限制，大部分跨境电子商务企业和卖家无法做到出国考察。这时候进行海外市场分析主要依靠数据分析，可以灵活运用各个分析工具，全面掌握销售趋势的发展情况。

（二）被动选品

被动选品是指深入研究并分析目前跨境电子商务平台上的在销产品的特点，借此确定自己销售的产品的特性。主要体现在，首先参考其他大卖家的畅销产品，然后从自己所了解的供应市场上找同样的产品，订样回来拍图并完成产品的相关信息资料的上传。

卖家可以通过首页的分类，进入其感兴趣或者较熟悉的产品类目的页面，这时可以看到该类别下的很多款式，这个页面可以显示产品的销量或者评论数量，选择销量或者评论数量较高的点击进去。同时，如果该页面显示的销量或者评论数非常高，可以初步断定该店铺是大卖家，可以进入其店铺，参考店铺内各个分类销量靠前的产品。分析其产品名称和描述，同时为了避免品牌投诉，要看产品上是否有品牌 logo，如果有就可以找到相应的供应商，从供应商处了解详情，或者通过搜索引擎，搜索该产品的信息。如果是品牌产品，且能够从厂商拿到授权，销售该产品自然就不会受到限制。如果不是品牌产品，就可以从本地或者网络上寻找合适的同类产品的供应商。同时，当发现一款很有潜力的产品时，还可以搜索相关/近的关键词，延伸出一些相关产品，由点及线，由线及面。

跨境店铺的选品并没有一定的规则，也没有永远的热销产品。"人无我有，人有我优，人优我专"是卖家应该谨记的一条准则。很多情况下，当别人的产品类型与你的产品类型一致时，除了打价格战，还可以选择提升产品的整个格调与质量，达到买家心里最期待的性价比。而当产品竞争已经白热化到将利润空间挤压到几乎为零时，那么"恋战"就显得并不明智，卖家反而可以另寻他路，寻找新的利润增长点。

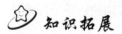 知识拓展

跨境电子商务选品中的赠品该怎么搭配才能为运营加分？

二、跨境电子商务店铺定位

跨境店铺的定位是一个最容易被新人忽视的市场策略，作为跨境卖家，应该非常清楚买家的需求是什么、竞争对手的不足在哪里、店铺的特色在哪里，以及自身优势在哪里。跨境店铺就是要解决上述问题。

定位理论由美国著名营销专家艾·里斯（Al Ries）与杰克·特劳特（Jack Trout）于 20世纪 70 年代提出。他们认为，定位使得店铺和产品与众不同，从而建立鲜明的品牌特征，成为某个类别或者某种特征的代表品牌。他们认为，定位包含三个方面的内容：首先是目

标定位，按照市场需求处理好自身与竞争对手在目标市场的位置关系；其次是产品定位，从产品属性入手，处理好企业与竞争对手的现有产品在目标市场上的各自位置关系；最后是竞争定位，为了占领更大的目标市场，卖家自身应该明白提供何种具有特色的产品和服务，以击败竞争者，使企业立于不败之地。

　　跨境店铺的定位应该在相同的细分市场中，通过挖掘买家的核心需求、审视竞争对手的劣势和明确自身优势这三个要素进行定位，将自身提供的价值放在这三个圈的交集中，选择突出的、与众不同的产品或服务，从而塑造产品或服务形象，再把这种形象有效地传递给买家，如图 3-1 所示。

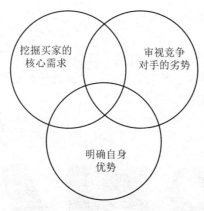

图 3-1　跨境店铺定位的三要素

（一）挖掘买家的核心需求

　　在互联网的大背景下，买家需求呈现出差异化、分散化的趋势。网络买家在线购买时的心态大致有两类。第一类买家由于工作压力大、生活节奏快，为节约时间和成本，对产品差别要求不大，但是对于价格变动相对敏感，如需在网上订购日常生活用品。第二类买家休闲时间在网上冲浪，希望通过购物获得乐趣，以满足求新心理。他们对价格不敏感，购买的都是一些与自己的兴趣爱好相一致的个性化潮流产品。电子商务环境下的买家较传统买家而言更易于接受新的思想和潮流，特别是跨境电子商务中的买家来自全球不同地区，其文化背景、消费习惯的不同，使得他们在购买过程中越来越注意产品的差异性，要求所购买的产品与其消费习惯和爱好保持一致，强调特性、突出个性，尤其是在本地市场中暂时还无法购买或者不容易买到的产品，以展示自己的个性和与众不同的品位。与传统市场消费的集中性不同，网络消费较分散，在网络消费过程中，消费的决策时间短，需求差异大，购买次数多，但每次购买的金额相对较小，购买的选择性强，需求品的替代性较大，需求弹性大。这些也是网络消费与传统消费的差异。

（二）审视竞争对手的劣势

　　定位观念最大的误解在于卖家以为是给自己定位，其实不是。定位的目的是创造竞争优势。所谓竞争优势，简单来说就是卖家比竞争对手使用更为有效率的方法为顾客创造价值，而不是从使用高成本设置超出自身能力的角度去为顾客创造更多价值。

在跨境电子商务中，由于买家是通过电子商务平台接触、了解产品的，店铺的设计和内容对用户的情感影响较为深刻。由于网络的开放性，我们可以非常容易地在几大跨境电子商务平台上搜索到所在行业的大卖家，认真分析这些大卖家的优势和劣势。大卖家忽略的领域就是我们可以大有作为的市场。找到同类产品中竞争对手的劣势，再针对其劣势反其道而行之，这样提炼出来的卖点和优势自然事半功倍。

（三）明确自身优势

一家跨境电子商务店铺想从平台中的众多店铺中脱颖而出，必须有自己的优势。这些优势可以体现在如下几方面。

1. 价格优势

以价格为出发点进行定位，靠价格打动、吸引顾客。用一些低价商品引流，以低价商品拉动高价商品的销售。如图 3-2 所示的闪电交易，以低价作为跨境电子商务店铺的卖点，吸引那些对价格非常敏感的买家。

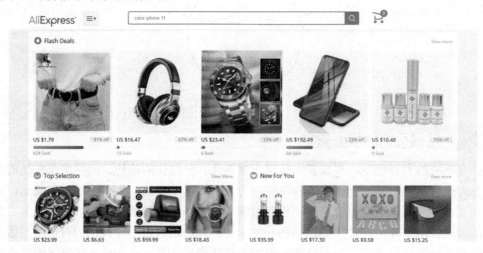

图 3-2　跨境电子商务店铺的价格优势

2. 专业优势

以优质、专业的服务为出发点进行定位，用自己的专业和耐心留住顾客。如果以专业优势作为店铺的卖点，通常情况下，店铺的经营产品要集中在某一个领域，充分利用页面展示其专业性。比如，真皮革、无人机等这类高客单价的商品，不体现出店铺的专业性，就不能取信于买家，所以体现专业性可以为客户提供可延续的、品质稳定的商品。可以在产品标题中展示这种专业特征，便于客户搜索。

同时，跨境电子商务店铺的专业性还体现在店铺本身是工贸一体的，有工厂支持。在店铺中可以展示工厂的设计能力、加工能力、加工条件等。

3. 特色优势

从商品的特色出发，吸引对此商品感兴趣的群体，激发他们的购买欲望。如果以特色优势作为自己的定位点，商家需要将自己的产品的差异性展现给买家，从而吸引这批追求新、奇、特产品的买家。

4.附加优势

以情感需求为出发点，发掘顾客的情感需求，跟顾客做朋友，吸引顾客二次购买。同时可以通过提升服务提高附加值，通过强调商品品牌增加附加值，跟顾客打感情牌，表明自己是把顾客的利益放在第一位的。

通过对上述定位三要素的分析，卖家就可以确定自己的跨境电子商务店铺的基本定位情况，明确自己店铺所针对的目标市场，分析目标市场的买家的购买习惯，从而明确店铺的定位，确定到底做什么行业，以及主打产品的品质和价格。确定目标市场后，还需要考察目标市场客户的消费习惯，从而确定所售的产品。

三、跨境电子商务订货渠道

（一）线下批发市场

根据卖家所在的地区，从当地或周边区域的批发市场进货。批发市场的商品较多，品种齐全，有很大的挑选余地，可以做到货比多家。线下批发市场这种方式适合零基础和想试水外贸的卖家。如果想成为单一品类的卖家，那么可以在周边找专业性较强的批发市场。如果想要多品类经营，可以在周边找大的多品类批发集散地。

从线下批发市场进货最明显的优点就是可以货比三家，面对面地讨价还价，并且这种进货方式很安全，大家可以看到实物，拿货容易，货源稳定。这种进货方式的缺点是进货价格比其他两种方式高，因为这些批发商往往是商品流通渠道中的中间环节，并且如果需要大批量进货，线下批发市场很可能无法满足这种需求。

（二）线上批发市场

这种方式就是从购物网站采购，主要适用于淘宝、1688等综合网站，也适用于单一行业的批发网站。这种方式适合兼职的卖家。其优点是足不出户就可以完成进货，操作灵活，不受时间、地域、产地等方面的限制。其缺点是不能见到实物，很难从图片中看出实际产品的质量，退换起来比较麻烦，并且在物流过程中容易出现破损情况，不适合进那些易损产品。

（三）与工厂合作

这种方式主要是从工厂进货，与工厂建立合作关系。可以在当地寻找工厂进行合作，也可以从信息类网站寻找工厂信息。用这种方式寻找货源时，最好进行实地考察。与工厂合作这种方式适合有一定的贸易基础、希望长远发展并且对产品需求量大的卖家。

其优点主要是有价格优势。另外，工厂可以根据特殊要求进行定制。如果和工厂建立起稳固的合作关系，货源的稳定性也将会有保障。

其缺点是个人卖家初期因为需求量小，很难达成和工厂的合作关系。如果直接和厂家合作比较困难，可以先和一些一级代理商进行固定的合作，争取到一个好的进货价格。

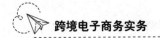

第三节 跨境电子商务产品定价与核算

一、产品定价

（一）价格构成

跨境电子商务店铺的产品价格包含三个方面：采购价、各种费用和利润，用公式表示为

$$价格=(采购价+费用+利润)/银行外汇买入价$$

其中，采购价是从产品供应平台或从工厂采购（批发或者零售）的成本，可含税（增值税，如能提供增值税发票，可享受退税）。费用主要包括跨境物流费用及国内物流费用、平台交易费用（推广、佣金）、关税（用邮政小包等个人物品申报的零售出口，一般在目的国不变关税）及其他费用（如包装费等）。利润可根据产品的实际情况、竞争者的价格及市场情况确定合理的利润率。

（二）定价方法

1.认真研究市场价格

很多产品的价格已经相当透明，作为卖家，对自己经营的产品价格要敏感。卖家可以通过对比平台相同产品的价格来定价；完全没有相同的产品时，可以寻找类似产品，比如相同材质或者相同款式的，参考其价格；如果在平台上完全找不到同类产品，建议将利润率控制在20%左右。全球速卖通平台的价格是美元，没有做过外贸的卖家对汇率换算很头疼。

2.根据买家特点定价

跨境电子商务平台的买家大多数是经营网店或者实体店的中小批发商，特点是库存量小、产品订购频繁、产品专业性不强，一般都是几条产品线同时经营，比较看重转售利润空间，在意卖家的专业性和售后服务。根据这类买家的特点，小巧轻便的产品可以打包销售，免运费。跨境电子商务平台卖家的批发定价一般比国外市场单价至少低30%，这30%既包括买家转售的利润空间，又包括买家在国外转售产品的基本成本。

3.借鉴平台同类产品的价格

这种方式最直接、简单，但它的弊端是不同质量的产品具有一样的价格，如同样的玩具，材质不同，价格相差很多，买家购买后容易产生纠纷。因此，卖家需要了解某类不同档次的产品在市场上的价格，通过搜索选项找出该产品价格从高到低的排序。当设置多个SKU（库存进出计量的基本单元，可以件、盒等为单位）产品时，可以把出单最少的设为最低价。出单少，略微亏，但是当买家按价格从低到高排序时，最低价就有可能进入买家的排序列表，成为店铺的引流款。

✿ **知识拓展**

亚马逊新规则下卖家应如何给产品定价？

二、产品成本核算（核算+折扣+利润）

（一）商品价格核算

1. 商品价格核算的误区

产品选好之后，要做的第一件事就是进入不同的平台，去看同类产品卖家的价格情况。很明显，看到的价格绝对是五花八门，高的高得吓人，低的低得令人难以想象。那么，怎样定价才能保证有合理的利润呢？首先，要根除三大定价误区。

1）产品价格越低销量就越大

中国有句古话："一个便宜三个爱。"那么是不是每一位顾客都喜欢价格便宜的产品呢？是不是产品价格越便宜，该产品的销量就越好呢？是不是价格越便宜的产品销量就越大呢？不是，并不是低价就一定有市场、销量大，高价就一定没有市场、销量小。因此，在定价的时候，一定要熟悉自己的产品，知道自己的产品在同行业中有什么优势、劣势，处于一种什么样的地位，自己产品的目标客户是谁，等等。只有弄清楚这些情况，做到知己知彼，才能定好价，从而获得更大的利润空间，在与老客户沟通的过程中，才有更好的沟通空间，而不是一味地为了获得客户的好评和订单定低价。

2）产品价格高肯定是劣势

价格是生意的核心，有些客户一来就问价格，一听价格高，马上转身就走，完全不听解释。事实上，这些客户并不是真正的客户，或者说不是比较成熟的客户，他们只是比价格，最看重的是价格，而最终也会因为价格而受到伤害。选来选去，最后还是在关注价格的基础上，更关注质量。所以，只要客户愿意坐下来听你讲产品的优势，大多数时候，还是可以拿下这些客户的，即使价格比别人的贵一点，甚至是了解的价格中最贵的。

相反的，有些客户虽也看价格，但是在他们的理念中，就相信一分价钱一分货，敢要这么高的价，就有兴趣看你的货，甚至价格越高，越有兴趣了解产品。这样一来，客户会坐下来跟你谈货，谈着谈着，订单就会被你拿下了。有时即使你的产品价格是最高的，这些客户也乐意享受高价给他们带来的荣耀感。因此，高定价也是吸引优质客户、吓退假客户的一种方式。

3）最便宜的产品要陈列在最显眼的位置

为了吸引客户眼球，提高产品曝光率，很多电子商务平台通常的做法是，把标着最低价格的产品摆在最显眼的位置，吸引眼球，获取较高的点击率。从某种意义上说，这种做法会吸引一部分贪图便宜的客户，但是最终的销售量肯定还是有限的，而且后期的投诉、退货等麻烦也会接连不断。毕竟成本在那里，客户买回去后，经过比较和使用，自然就会知道这只是一种宣传的噱头，要想买到质量好的产品，不能只看图片漂亮，价格低，还必须看质量。所以，如果在降低生产成本的基础上抢占价格优势，就会为商家带来巨大的利润。

2. 定价策略

跨境电子商务平台上的产品价格可以分为上架价格、销售价格和成交价格。

上架价格（listing price，LP）是指产品在上传时所填的价格。

销售价格（discount price，DP）是指产品在店铺折扣下显示的价格。

成交价格（order price，OP）是指用户在最终下单后所支付的价格。上述价格间的联系如下。

$$上架价格=采购价+费用+利润$$
$$销售价格=上架价格×折扣率$$
$$成交价格=销售价格-营销优惠（满立减、优惠券、卖家手动优惠）$$

我们要做好定价的策略，具体来说，定价策略主要包括以下几个方面。

1）狂人策略

狂人策略是指卖家研究同行业卖家、同质产品销售价格，确定行业最低价，以最低价减去 5%～15% 为产品销售价格。用销售价格倒推上架价格，不计得失确定成交价。

（1）上架价格=销售价格 / (1-15%)。此策略费钱，可以用重金打造爆款，简单、粗暴、有效，但不可持续，风险较大。

（2）上架价格=销售价格 / (1-30%)。此策略略微保守一些，可以通过后期调整折扣让销售价格回到正常水平。

两种定价思路都可以在 15% 折扣下平出或者略亏，可以作为引流爆款。

2）稳重策略

稳重策略通过计算产品的成本价，根据成本价+利润来确定产品的销售价格。产品的销售价格确定后，根据店铺营销的安排，确定上架价格。

3）成本差异化定价策略

成本差异定价的好处是，卖家非常了解自己的成本，加上预期的利润，在数据上非常准确，能够在谈判的过程中做到游刃有余，张弛有度，能在控制好利润的前提下有效抓住客户心理，获得客户的订单。不足之处是，没有很好地考虑到市场需求对价格的影响，市场需求量大，依据利润率决定的价格相对来说就会较低，从而影响总的营业额；相反，市场需求量小，价格就会高出市场价格，势必引起客户的反感，从而错失很多良好的客户。

4）数量差异化定价策略

数量差异化定价就是根据客户所定数量来定价。比如，10 个以下什么价格，10 个以上什么价格，100 个以上什么价格，等等。这种定价法的好处是，能通过调整价格提升销售量，达到提高总营业额的目的。

5）市场差异化定价策略

市场差异化定价就是以历史价格为基础，根据不同的市场需求、顾客的需求和消费能力来定价。它的优点是产销平衡，符合经济学供求原理，贴近市场的实际需求，有时可能同一产品，由于地点不一样，供需情况不一样，价格也不一样。缺点是，市场实际需求的数据难以采集，而且采集的成本过高，数据凌乱，处理起来费时费力，甚至会影响销售。

6）顾客承受能力定价策略

顾客承受能力定价，就是根据顾客对该产品的价格承受能力，结合卖家对利润的追求定价。在市场上，有些产品的价格不固定，会因为各种因素而变动。在选择某些产品的时候，经济能力不同的顾客的承受能力就能影响价格，比如化妆品类、化工品类、生物制品类的产品。在这种情况下，一定要多跟客户交流，揣摩他们的心理，了解他们的生活状况、经济能力、消费习惯，从而确定一个他们能承受的价格。当然，这种定价的营业额总量肯定会比固定价格的方式高，同时又能提升营销人员的能力，增加他们的收入，为整个公司的长远运作储备人员的培养打下良好的基础。

7）套餐定价策略

在选品的时候，卖家应注意：选品不能只选单品。不然，即使产品质量再好，价格再优惠，顾客也会因为买不到全套的产品而选择别的电子商务平台。因此，在选择成套产品的时候，也要考虑套餐价格。

套餐价格就是在顾客购买某种商品的时候，他还会考虑购买其他与此产品相搭配的其他产品，比如服饰、电子产品。此时，如果考虑到客户不同的喜好进行成套搭配，并给予一定的价格优惠，客户因为一方面能购买到全套产品，另一方面能享受到价格优惠，再考虑到邮费，肯定会选择套装产品。

8）竞拍定价策略

竞拍定价，就是电子商务平台确定好一个基础价格，由顾客通过竞争的方式，最终确定价格的定价方式。顾客根据相应的竞拍规则，由自己对商品价值的评估和该商品对自己的意义确定最终价格。当然，对于电子商务平台来说，这个价格往往要高于定价，而且省时省力，收益高。顾客也非常喜欢这种方式带来的成就感，也能根据其承受能力选择适合的产品，甚至有些产品对顾客来说意义非凡，那就不仅仅是价格问题了。

3.与客户讨价还价的因素

在定价的时候，应该考虑跟客户讨价还价时的主、客观因素。

1）主观因素

（1）如果客户是大客户，而且购买力较强，还能进行长期购买，可适当根据具体情况把价格报高一点，为后期因为其他情况的变化，跟客户谈判时留有余地。如果客户的情况与此相反，那就应该把价格报低一点。

（2）如果客户对该产品和价格都非常熟悉，那么就应该用专业的"对比法"。在谈判时，通过突出产品的优点、显现同行的缺点掌握谈判的主动权。通常通过这种方式与客户交流，能够长期稳固地"逮"住顾客，形成稳定的供需关系。

（3）如果客户性格比较直爽，不喜欢跟你兜圈子讨价还价，通常这种客户是了解该产品和价格的,最好还是一开始就亮出底牌,以免报出高价一下子把客户吓跑。

(4)如果客户对产品不是很熟悉,那么就应该多介绍一些该产品的用途及优点,通过对该产品品质和特点的介绍,让客户了解该类产品的价格定位。此时,价格也可以报高一点,而且还可以通过后续的技术跟踪,牢牢抓住该客户。

(5)如果有些客户对价格特别敏感,每分每厘都要争,又很中意产品,这说明客户对产品的特性是了解的。此时,可以试图跟客户交朋友,更专业地给他讲产品的优势,跟客户磨耐心,准备跟他打一场持久的心理战。当然,在这个过程中,也可以询问或揣摩客户的目标价格、消费习惯,从产品的特性上争取主动权。在具体跟客户讲价格的时候,可以采取"先让多后让少"的策略。比如,了解到客户的目标价格是22元,而卖家的心理价格是20元,此时最好报28元。在还价时,直接让到24元,让客户看到希望,看到卖家的诚意。接着经过软磨硬泡让一元,最后再让一元。千万不可一步到位,而应步步为营,既要让客户慢慢尝到甜头,又要让对方通过艰苦努力,最后获得一种赢了的感觉。通过这种方式获得的客户,通常会成为好朋友,甚至能带来更多客户。

2)客观因素

产品价格的高低跟其质量和供求关系等息息相关。报价之前,卖家必须对自己产品的特征、目标价位及主要目标市场等信息与目标市场上同类产品做一个充分的对比,做到知己知彼。一般情况下,应该把握以下原则。

(1)根据价格和价值通常相等的原则,如果产品质量相对更好,报价肯定要更高。

(2)根据供求关系影响价格的原则,如果产品在市场上供不应求,当然也可以报更高的价格。

(3)根据客户比较喜欢新鲜事物的特点,如果产品是新产品,款式又比较新颖,通常报价比成熟的产品要高些。

(4)综合考虑各方面因素定价,即使同一种产品,在不同的阶段,受市场因素和政府控制等因素影响,报价也不尽相同。所以,一定要进入所售产品的领域和行业,多方了解信息,锻炼出敏锐的嗅觉,实时对价格做出调整。请记住,价格一直是买卖双方最关心的问题,一定要给自己留出余地,不要一开始就直接给客户最低的报价,防止手中的底牌被客户摸清,最终无路可退,只能被客户牵着鼻子走。总之,在定价时,一定要考虑多种定价策略,考虑主、客观因素,综合定价,为定价争取主动权,获得较高的利润。

(二)折扣与利润率

为了提高曝光率,从而提升转化率,很多商家不得不采取打折的方式。对此必须有个度,不然就会形成"鹬蚌相争、渔翁得利"的两败俱伤的局面。具体来说有如下几个策略。

1. 研究同行业、同质产品

研究同行业、同质产品的价格及销售情况,弄清行业最低价格,然后以行业最低价格减价5%~15%作为商家产品的价格。这种折扣方式的特点是,商家必须有一定的实力,用这种方式打造自己的爆款,吸引客户眼球,引进来之后再根据具体情况跟客户商谈价格。因此,这种方式有一定的风险,不能持续时间太长,否则会对总销售额有一定的损害。

2.利用产品上架价格为基础价格进行打折让利

直接利用产品上架价格为基础价格，进行打折让利，但是这个折扣必须是在利润率的控制范围之内的，比如5%。这种打折方式最大的特点是，客户能直接感受到商家的折扣诚意，但是也会遭到一些精明的客户的质疑，因此一定要做到诚心诚意，只有这样才能获得更多客户的青睐。

3.利用成交价格为基础价格进行打折

利用成交价格为基础价格进行打折，具体做法是，在销售价格的基础上减去营销优惠价，再进行打折。营销优惠方式有满立减、优惠券、卖家手动优惠、买家好评后返现等。这种打折方式的好处在于，能充分调动客户的积极性，为商家各项数据的提升提供最直接、最可靠的保证。

值得注意的是，所有的折扣都应该是在有一定的利润的范围之内的，都是为了提高曝光量、提升转化率所做的努力。一定要在商家能力所能承受的范围之内打折，不能是仅仅为了获得短期转换率而做的赔本行为。

第四节　跨境电子商务产品发布与刊登

一、跨境电子商务产品发布流程

不同跨境电子商务平台的产品发布操作方法不尽相同，但都需要进入上传产品页面、进行产品类目选择、填写产品基本属性、设置产品标题、选择关键词、上传产品图片、填写产品定价等信息、制作商品详情页、设置商品包装及运费信息这些操作，如图3-3所示。

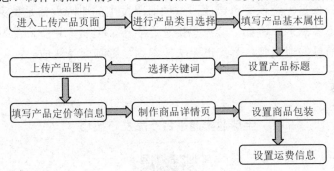

图3-3　跨境电子商务产品发布流程

二、选择正确类目

类目是跨境电子商务平台上店铺的主要流量来源之一，国外的买家可以通过首页的类目进行产品的筛选。比如，客户想挑选一件连衣裙，就可以通过首页的类目"女装—连衣裙"进行筛选，如图3-4所示。

图 3-4　女装类目

为商品选择正确的类目，以下为具体操作步骤。

（1）要对各个平台的各个行业、各层类目有所了解，知道所售商品从物理属性上来讲应该放到哪个大类目下，如手机壳应属于手机大类。

（2）可在线上通过商品关键词查看此类商品的展示类目，作为参考。

（3）根据所要发布的商品逐层查看推荐类目层级，也可以参考使用商品关键词搜索推荐类目，从而在类目推荐列表中选择最准确的类目，发布同时要注意正确填写商品重要属性。

实际运作中经常出现类目错放的情况。一般情况下，类目错放有两种情况。一种是有意类目错放，是指在发布商品时有意选择与商品实际类目不符的类目，以骗取曝光，这种行为叫作类目错放搜索作弊行为。为了保障卖家间公平竞争，平台将对这种恶意行为进行打击和处罚。另一种是无意识类目错放，这种情况发生的原因大体是卖家对使用的平台和类目结构了解得不够深入。例如，客户想挑选连衣裙，但卖家错把商品发布到了男装的类目下，不管其他信息如何完善，客户也无法搜索到，影响交易达成。

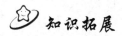 知识拓展

全球速卖通平台产品发布技巧

三、填写完整类目

（一）产品属性的重要性

（1）可以多方位、多角度地提高买家浏览量，提升产品售出率。60%的买家会利用属

性及属性值缩小其想要的产品范围。因此，选填专业、完备的属性、属性值将有机会获得这60%的买家流量。

（2）获取平台主题推广流量。例如，上传产品时选择节日属性Halloween。在万圣节来临时，平台会整体促销万圣节主题产品，包含相关服装、首饰、宠物衣服、家庭装饰用品等，这样平台会通过万圣节这一属性来集合相关产品。只有填写了相对应属性的产品才有机会获得此类推广页面流量。

（3）可以减少沟通成本，降低纠纷退款率。以鞋为例，在上传产品时如果不填写尺寸这一属性，买家购买时，看中款式就下单，将会导致卖家无法发货，需要进行多次沟通。通常会出现线上沟通不畅或者时间拖延的问题，导致纠纷退款等情况。设置完备的购买属性，将有效地避免这个问题。

（二）产品属性的填写

大多数跨境电子商务平台（如速卖通）的后台产品属性包含两个方面，即系统定义的属性和自定义属性，系统定义的属性根据行业类目的不同而不同。为了产品的优化，系统属性填写率最好为100%，否则会影响产品的曝光率。绿色叹号标记的为关键属性，红色星号标记的为必填属性。

同时，以速卖通平台为例，允许添加10个自定义属性，可以设置产品的属性，比如颜色、尺寸等。属性和属性值会显示在产品最终页，方便买家更好地了解产品信息。完整、正确地填写产品属性可以大大提高搜索时的命中率和曝光率，买家可以借此第一时间全面地了解产品，也可以根据某些属性对产品进行筛选。

需要注意的是，在填写时，用红色标注的属性是必填的。在选择品牌时，应仔细核对产品的品牌，以避免出现侵权问题。自定义属性最好与系统属性不同，这样可以增加属性的搜索率和曝光率。

卖家所添加的自定义属性是产品特征的补充说明，对产品的说明越详尽，越有利于买家下单。自定义属性同样会展示到产品最终页。这样，可以减少交易中不必要的沟通时间，有利于交易顺利完成。

四、编写标题和关键词

（一）标题和关键词设置原则

（1）关键词要与类目属性相关，关键词要与商品标题相关。

（2）关键词的选择策略。长尾关键词中包含二级关键词，二级关键词中包含顶级关键词。

（3）标题的制定策略：营销关键词+意向关键词+属性卖点词+主关键词+长尾关键词。

（二）标题的设置技巧

（1）通常标题主要由三部分组成：核心词、属性词和流量词。其中，核心词是行业热门词，影响排行，影响点击。属性词包括长度、颜色、材质、功能、配置、款式等，而流量词则是实际带来流量的词。

（2）标题的设置要符合买家的搜索习惯。设置标题的目的就是让买家发现，所以买家习惯搜索的词，就是卖家需要的词，这些词就是标题的重要组成部分，也就是常提到的关键词。

（3）标题要简洁、清晰、完整。填写标题时切忌中心词的罗列堆叠，可以多设置热搜属性词；标题尽量不用符号分割；品类词尽量靠后，最重要的关键词放在品类词前面，标题中同一个单词只能用一次。速卖通的产品标题可以设置 128 个字符，而敦煌网的产品标题可以设置 140 个字符。

（4）标题慎用"Free Shipping"。店铺设置全球免邮费时，标题中可以出现"Free Shipping"字样，如果店铺只对部分国家免邮费，则不建议填写免邮费，否则会被判定为"运费作弊"。

五、上传商品

（一）准备产品图片

图片对于电子商务的重要性不言而喻，而衡量图片优劣的关键在于点击率和转化率。

很多卖家通常会直接从网上下载图片作为自己的产品图片。但网上找来的图一般有水印，而且很多图片会禁止下载和外链。此外，还有可能涉及侵权的问题，一旦由于"盗用图片"的事件被投诉到平台，卖家就有可能受到扣分或者降权等处罚。所以，有些卖家也会找来数码相机精心拍摄，用 Photoshop 处理细节、包装和效果图，这样往往更能赢得买家的青睐。单张图片的大小要控制在 200 KB 以下，最好使用统一的图片尺寸，600×450 像素的产品图片就足以吸引买家的眼球，但不同平台对图片尺寸的要求也会略有差别，如速卖通中对主图的格式要求为 JPEG，文件大小在 5 MB 以内，像素最好设置为 800×800。

（二）确定图片数量

一般来说，不同平台对图片数量的要求也会不同，如速卖通允许一件商品可以有 6 张产品图片，敦煌网允许上传 8 张产品图片。在图片银行功能推出后，卖家可以将产品图片同时引用到产品详细描述中，这样国外的买家在查看卖家的产品文字描述时，也能同时对照图片查看产品的细节部分；将产品图片引用到产品详细描述中的另一个好处是，买家无须逐一点击图片，直接通过鼠标下滑即可看到所有图片，方便操作。

（三）确定图片排列方式

产品图片描述要遵守整体功能描述、细节展示、使用效果图和包装图的顺序。这个顺序符合买家的浏览习惯，看起来也比较舒服。首图尽量让产品展示得充分、美观、有质感，展示产品的正面、反面、侧面。图片背景最好为纯色，简洁明了。除首图外，其余主图可以作为产品细节图，以便买家更清晰地了解产品。

六、制作详情页

详情页由文字、图片、视频构成，向买家介绍商品属性、使用方法等详细情况。其最主要的作用就是完成订单、实现转化。产品详情页包括广告区、关联营销区和产品广告图区、产品实拍图区、店铺信息图区。

优质的详情页是由一系列图片构成的，非常看重视觉营销，目的是让买家下单。简单来说，好的详情页就是转化率高的详情页。买家希望关于产品的一切信息都能够在详情页中找到，要让买家拿出看悬疑剧的好奇心来看详情页，而且要让买家欲罢不能。好的详情页能让买家不用咨询客服、没有任何顾虑下单完成转化。

衡量详情页的优劣有三个标准：转化率、页面停留时间和访问深度。

下面就各组成部分的制作进行介绍。

（一）广告区

在广告区可以上传视频，以宣传产品，视频可以从多个维度向买家展示产品的特性。

（二）关联营销区

详情页的最上面是放置关联营销产品信息的"模块"，也就是说，买家进入详情页后，在其浏览该产品前，先向其推荐本店其他产品，增加其进入其他页面的可能性，引导流量。防止其因为看了产品后没有兴趣，立刻关闭页面离开店铺。

在这个区域，可以放置一些美观的广告图、海报图；放置一些重要的想告诉买家的信息，比如过年会延迟发货，这样的信息同样可以在这里以红色标出，告知买家。同时，这里还可以放置关联营销图，比如，在这里放置买家可能感兴趣的三个产品。最后，可以放置一张引导买家去店铺首页的图片。

（三）产品广告图

放置产品的广告图，如 SKU 介绍、产品属性、产品卖点、真假对比等。这个部分和第一部分的区别在于，第一部分是对店铺打广告，这个部分主要是对产品打广告。比如一款产品有不同的颜色，可以展示产品不同的颜色、产品的主要参数，用美观的大图依次展示其品目。

（四）产品实拍图区

产品实拍图区可以放置产品的实拍图、细节图。如果是首饰、衣服，则可以放置佩戴图、使用图、买家分享图等。总之，就是要在真实的基础上做到美观、有吸引力。视觉不是越漂亮越好，而是应该有一个限度。如果为了增加订单，刻意把图做得极其吸引人，超过了产品本身的效果，物极必反，就会影响好评率，因小失大。

（五）店铺信息图区

可以放置一些和产品本身关系不大，但是和交易有关的信息。比如是否附送小礼品、

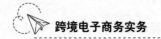

支持哪些付款方式、支持哪些物流方式、公司介绍、公司实拍图、FAQ等。

第五节　主要平台选品与刊登管理

一、平台商品采集与刊登

（一）商品采集

在产品刊登前，需要先对产品进行采集，现在系统支持单品采集和店铺采集，单品采集功能支持：淘宝、速卖通、1688、天猫、京东、eBay（主站）、亚马逊（美国站）、Wish；店铺采集功能支持：淘宝、速卖通、1688、天猫、京东、eBay（主站）、亚马逊（美国站）。

（二）商品目录

新建产品目录，给产品明确进行分门别类，可以设置二级或三级目录。这个和产品目录是分别开的，用于刊登模块。

（三）商品采集

商品采集有两种方式。

方法一：将要采集的商品链接粘贴到"商品采集"文本框中，一个采集链接占一行，可多个商品、多个平台一起采集，若采集成功则会出现"采集成功"字样。

方法二：安装采集插件，在要采集的商品页面点击鼠标右键，选择采集此产品即可。若成功则会出现"采集成功"字样。系统默认根据商品采集。

（四）根据店铺采集

用户可以根据店铺采集去采集一个店铺下某一类目录下的产品，这样可以更快速地进行采集，同样可以使用输入网址和采集插件进行采集。

先选择"商品分组"，再点击"根据店铺分类采集"，然后输入采集店铺商品分类的网址。

（五）采集箱

采集下来的商品会进入采集箱，这些商品可以进行认领和转为本地。"认领"表示直接认领到各个平台，可以认领到多个平台、多个店铺，认领后的商品会进入"待发布库"；"转为本地"表示直接转成本地产品，作为本地产品进行维护，转为本地后的产品会进入"本地产品"。

二、Wish平台产品发布

（一）词库管理和刊登模板库

为了避免Wish关联，系统做了词库管理和刊登模板库，能够有效地避免刊登导致关联现象。客户可以在"词库管理"中对标题、描述、标签建立词集，词集不能为中文，且每两个词之间用英文的逗号隔开。

进入刊登模板库编辑产品，产品来源可以有以下几种：新增、从本地产品选择、导入。下面以新增为例说明。

Wish 平台的产品可以编写"产品标签"（不能大于 10 个），含"*"为必填。

其中父 SKU 可以自动生成，用户可以自己设置规则，系统会根据规则生成 SKU，一般由以下四部分组成：目录编码、SKU 连接符、自增长长度和业务员编码。

在刊登模板库中编辑好了信息，便可以刊登到多店铺，选择词库及主图、父 SKU 等规则生成到待发布库。其中，建议售价、零售价、运费、库存都是可以设置浮动值的。

（二）待发布库

从刊登模板库进入待发布的产品，会在"待发布"中显示，并且主图、SKU 等会按照规则生成。

待发布状态的产品可以二次编辑和复制到草稿箱，编辑完成的产品就可以批量刊登了，若刊登成功，会进入"已刊登"；如失败，则会进入"发布失败"页面，发布失败的产品，可以根据错误提示再次编辑，进行发布。

（三）线上商品

已经刊登至 Wish 店铺的商品，可以同步进 ERP 进行查看和部分信息修改，现在支持对单个产品信息的修改（除 SKU）和批量启用、禁用、修改库存、修改价格、删除和移动目录等操作。目前系统能够同步"已审核""审核中""审核不通过"的产品。

 复习与思考

1. 名词解释

（1）跨境电子商务选品

（2）上架价格

（3）成交价格

（4）狂人策略

（5）稳重策略

2. 简答题

（1）常用数据分析平台有哪些？

（2）主动选品可以从哪几个方面进行？

（3）一家跨境电子商务店铺要在平台中的众多店铺中脱颖而出，必须有哪些优势？

（4）跨境电子商务订货渠道有哪些？

（5）定价方法有哪些？

第四章　跨境电子商务支付与结算

 **知识目标**

- ☐ 了解跨境电子商务支付与结算定义；
- ☐ 了解跨境电子商务支付与结算现状；
- ☐ 掌握国内支付与结算平台；
- ☐ 了解收款账号认证流程。

 重点及难点

重点：

- ☐ 跨境电子商务支付结算方式；
- ☐ 国外支付与结算平台；
- ☐ 支付宝账号的操作。

难点：

- ☐ 了解跨境电子商务第三方支付系统；
- ☐ 操作支付宝账户；
- ☐ 创建美元收款账号；
- ☐ 提取收款。

 **案例导入**

首批跨境支付"持牌者"出炉，部分机构业务范围缩小

2019年以来，跨境电子商务支付行业治理成果正在加速落地，多年试点期结束后，一些机构正陆续拿到正式"上岗证"。

据《中国经营报》记者多方了解，至少已有杭州连连支付、三家北京支付机构和两家上海支付机构于2019年12月陆续获得开展跨境电子商务支付业务的批复，成为首批跨境电子商务支付领域"持牌者"。北京一家获得资质批复的支付机构人士向记者透露，上述批复是对国家外汇管理局2019年发布的《支付机构外汇业务管理办法》（〔2019〕13号文）执行的具体结果，也是对此前试点机构展业情况的一次"阶段性考核"。

从试点期到具有正式资质，展业方式没有变化，但根据机构此前几年的表现，具体业务范围有所增减，也不排除一些试点机构不会再继续保留相关资格。

1. 监管强调规范展业

2019 年 4 月 30 日，国家外汇管理局发布 13 号文，废止了 2015 年开始试点的《国家外汇管理局关于开展支付机构跨境外汇支付业务试点的通知》（汇发〔2015〕7 号），并提出新的名录登记要求。这被市场认为是跨境电子商务支付由"试点"走向获得"正式资质"的"大考"。

上述"试点转正"的背景在于，试点扩展推进以来，市场主体对跨境电子商务外汇支付及结算提出了更多需求，需要调整满足。此外，个别支付机构存在真实性审核职责履行不到位的问题，近年来几次千万级别大额罚单中屡现跨境电子商务支付身影。因此需要通过完善支付机构外汇业务管理，进一步便利跨境电子商务结算，防范跨境资金流动风险。

而在上述试点期结束后，经营跨境电子商务支付业务的支付机构也将进入相对正式的"持牌期"。据记者向机构人士了解，虽然展业资质仅仅是一份"红头文件批复"，不是类似于第三方支付牌照的"许可证"，但由于拥有明确的经营有效期、展业要求等，被业界认为具有了"持证上岗"的意义。

记者梳理了解，自 2013 年起，国家外汇管理局开始在北京等 5 个地区启动支付机构跨境电子商务外汇支付试点，并于 2015 年将试点扩大至全国，包括首信易支付、汇付天下、通联支付、富友支付、连连支付、银联电子等 30 家第三方支付机构获得了这一试点资格。不过，在获得试点资格后，这些机构中的大多数并未在跨境电子商务支付业务上大力投入或积极"走出去"到境外持牌。

来自华东一家跨境支付试点机构的人士曾向记者透露，彼时国内互联网金融发展正盛，抱紧网贷行业就可以"躺着赚钱"，加之备付金有利息收入，机构发展跨境电子商务支付的动力非常有限。直到近年来支付行业模式大变，跨境电子商务支付才被认为是可以提供新增量的市场。

有机构人士向记者透露，在 13 号文下发之后，为了达到监管要求的报送条件，彼时一些支付机构紧急向外采购相关系统，可见此前业务开展之松散。

正因如此，13 号文要求申请名录登记的机构具备：相关支付业务合法资质；开展外汇业务的内部管理制度和相应技术条件；申请外汇业务的必要性和可行性；交易真实性、合法性审核能力和风险控制能力；至少 5 名熟悉外汇业务的人员；与符合第十一条要求的银行合作；等等。

2. 持牌机构仍面临内功挑战

据上述北京支付机构人士透露，此次名录登记后，一些机构的业务范围被缩减了，一些没有实质开展业务或业务风险较大的试点机构不会拿到继续展业的资质。记者查阅相关政策文件了解到，此前跨境电子商务支付试点业务范围主要包括十大行业：货物贸易、酒店住宿、留学教育、航空机票、国际展览、旅游服务、软件服务、国际运输、国际会议、通信服务。

但此前参与试点支付机构的业务资质主要集中在货物贸易（30 家）、酒店住宿（24 家）、留学教育（24 家）和机票航空（24 家）几个领域。

值得注意的是，在近年来消费升级背景下，跨境电子商务支付的竞争重点集中到了小额、高频的场景——以出口跨境电子商务为代表的货物贸易领域。

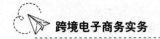

由于这一领域商家此前在银行电汇主导的市场中属于弱势群体，给各种支付机构留下了开垦空间。特别是境内无证机构和外资机构反而成为这一领域的主角。上述华东支付机构人士曾向记者透露，其所在机构最早就担负PayPal、WorldFirst、Payoneer等外资支付机构在中国境内结汇和人民币分发任务。"但这种方式始终在交易链下游充当资金通道，锻炼不了真正服务客户的核心能力，后来我们开始到境外持牌，深入交易全链路。"

上述北京支付机构人士亦认为，目前不少具有跨境电子商务支付资质的公司很多还需要和PingPong、Airwallex、Payoneer等无境内牌照的机构合作，自身能力提升还面临较大压力。一旦上述公司获得牌照，当前持牌机构则极其被动。

（资料来源于网络，并经作者加工整理）

第一节　跨境电子商务支付与结算概述

一、跨境支付与结算认知

（一）跨境支付与结算定义

跨境支付与结算是指在国际经济活动中的当事人以一定的支付工具和方式，清偿因各种经济活动而产生的国际债权债务，并产生资金转移汇兑的行为。它通常是国际贸易中所发生的、由履行金钱给付义务当事人履行义务的一种行为。

（二）跨境支付与结算的特征

跨境支付与结算伴随着商品进出口而发生，它有以下特点。

（1）跨境支付与结算产生的原因是因国际经济活动而引起的债权债务关系。

（2）跨境支付与结算的主体是国际经济活动中的当事人。国际经济活动中的当事人含义依据不同的活动而定。如在货物买卖中，当事人是指双方营业地处在不同国家（或地区）的人，且有银行参与。

（3）跨境支付与结算是以一定的工具进行支付的。跨境支付与结算的工具一般为货币与票据。一方面，由于国际支付当事人一般是跨国（或地区）之间的自然人、法人，而各国（或地区）所使用的货币不同，这就涉及货币的选择、外汇的使用，以及与此有关的外汇汇率变动带来的风险问题；另一方面，为了避免直接运送大量货币所引起的各种风险和不便，就涉及票据或凭证的使用问题，与此相关的是各国（或地区）有关票据或凭证流转的一系列复杂的法律问题。

（4）跨境支付与结算是以一定的支付方式来保障交易的安全的。在国际贸易中，买卖双方通常从自身利益考虑，总是力求在货款收付方面能得到较大的安全保障，尽量避免遭受钱货两空的损失，并想在资金周转方面得到某种融通。这就涉及如何根据不同情况，采用国际上长期形成的汇付、托收、信用证、PayPal等不同的支付方式，处理好货款收付中的安全保障和资金融通向题。

（5）跨境支付与结算的收付双方通常处在不同的货币圈，是异地结算中的特殊情况。

（6）由于收付双方处在不同的法律制度下，受到相关法律的限制，不能把一方的通行情况施之于对方，而只能以国际结算的统一惯例为准则，协调双方的关系，并相互约束。

（7）国际支付与结算必须以收付双方都能接受的货币为支付结算货币，为了支付方便和安全，一般采用国际通行的结算货币，如美元、欧元、英镑等，特殊情况也有例外。

（8）跨境支付与结算主要以银行为中间人进行支付结算，以确保支付过程安全、快捷、准确、保险及便利。

（9）由于跨境支付与结算一般以不同于支付双方本国（或本地区）的货币为支付结算货币，所以结算过程有一定的汇兑风险。

二、跨境电子商务支付结算前景

（一）跨境电子商务支付与结算现状分析

（1）传统跨境贸易更多选用直接支付方式。

（2）第三方支付机构众多。

（3）自营 B2C 跨境电子商务平台主要采用国内持牌第三方支付机构为平台换汇。

（4）小额跨境 B2B 贸易直面众多海外小商家，跨境支付与结算成本大大节约。

（5）第三方跨境支付机构普遍持有外汇和人民币支付牌照。

（6）第三方支付机构更加适应新兴跨境电子商务小额、高频的需求。

（7）手续费和支付解决方案是第三方跨境支付机构的主要收入来源。

（二）跨境电子商务支付与结算前景分析

1. 第三方跨境支付结算服务将逐渐摆脱单一通道模式

第三方跨境支付经过近年来的发展，特别是国家外汇管理局和中国人民银行发牌以后，正在逐步打通市场渠道，从单一的基础通道服务，逐渐满足跨境电子商务贸易平台中更多的需求，部分厂家开始和跨境产业链中的服务机构合作，从出口退税，到报关的三单合一，再到跨境仓储物流解决方案，争取解决跨境电子商务贸易中存在的普遍性难题。

2. 行业规范化加速，第三方跨境电子商务支付结算行业发展潜力巨大

（1）平台层。经过多年的发展，跨境电子商务平台逐渐朝着正规化发展，交易规模不断扩大，在培养起稳定消费群体的同时，平台运营日趋成熟。第三方跨境电子商务支付结算流程如图 4-1 所示。

（2）政策层。监管部门不间断地对国内跨境电子商务贸易进行调研，其中，有关最关键的支付和物流的更加细致合理的支持政策或将在近期密集出台，行业规范化将会继续加速。

（3）消费层。在消费升级的带动下，国内消费者对跨境商品的需求日渐增加，海淘规模、跨境旅游/购物规模、出国留学人数连创新高。

（4）机构层。第三方支付机构经过前期的市场培育阶段，正在逐渐摆脱仅作为支付通道的行业价格战阶段，各家开始打造专属的行业解决方案，在逐渐掌握更多客户的基础上，进行差异化运营。

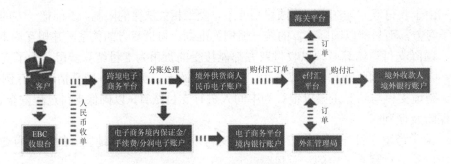

图 4-1　第三方跨境电子商务支付结算流程

3. 小额 B2B 跨境电子商务支付结算或将成为下一个行业"蓝海"

传统集装箱跨境电子商务贸易由于积压资金多、风控压力大，正在被以在线交易为核心、便捷、及时的跨境电子商务小额批发及零售业务取代。第三方支付基于大数据云计算，更加适应小额 B2B 贸易要求的小额、快捷、灵活的支付模式和风控需求。

4. 传统跨境支付与结算方式和跨境电子商务支付与结算方式互补共存

传统国际贸易 B2B 的市场主导地位暂时不会改变，同样，传统跨境支付与结算方式仍会在市场中占据重要地位。新的跨境电子商务模式和平台的出现，会促使传统跨境电子商务支付与结算方式进行改革。市场中，传统跨境支付与结算方式和跨境电子商务支付与结算方式将互补共存。

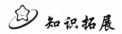知识拓展

微信"香港钱包"获批开通港澳跨境电子商务支付服务

三、跨境电子商务支付结算方式（国际电汇+国际信用卡+国际信用证）

（一）国际信用卡支付

1. 国际信用卡概念

国际信用卡是一种银行联合国际信用卡组织签发给那些资信良好的人士，并可以在全球范围内进行透支消费的卡片，同时该卡也被用于在国际网络上确认用户的身份。

许多银行都有有其特色的国际信用卡，但要注意申请信用卡前应该先了解银行的信用卡风险条款，若信用卡出现丢失、被盗等情况应该立即联系银行挂失。

2. 信用卡简述

国际发卡组织的会员（银行）发行的卡在该组织的特约商内都可以签账。这种卡都称

为国际卡。众所周知，三大国际发卡组织为 Visa、MasterCard、JCB，其中以 Visa 的市场占有率最高，其次为 MasterCard、JCB。但是 JCB 卡在日本很好用，在其他地方就不一定了。虽然 JCB 也是国际卡，但是有些网购是不接受使用 JCB 卡支付的。

通常国际信用卡以美元为结算货币，国际信用卡可以进行透支消费（先消费后还款），国内的各大商业银行也均开办有国际信用卡业务，用户可以很方便地在银行柜台申请办理信用卡。须知，在国际信用卡内存款没有利息。

3. Visa 简介

Visa 是全球支付技术公司，连接着全世界 200 多个国家和地区的消费者、企业、金融机构和政府，促进人们更方便地使用数字货币，代替现金或支票。Visa 拥有并管理 Visa 的品牌及基于 Visa 品牌的一切支付产品——Visa 品牌的卡片。

同时，作为全球市场占有率最高的信用卡，Visa 卡可在世界各地 2900 多万个商户交易点受理，并能够在 180 万台自动提款机提现，非常方便。全球流通的 Visa 卡超过 18.5 亿张，足以证明 Visa 是最受欢迎的支付品牌。Visa 提供种类繁多的信用和借记产品，满足各种付款和生活所需。

（二）网上信用证支付

信用证结算方式是银行信用介入国际货物买卖货款结算的产物。信用证支付方式将进口商履行的付款责任转为由银行来履行，以此保证出口商可以安全迅速地收到货款；信用证还可以保障进口商在支付货款时即可得到代表货物所有权的货运单据。它在一定程度上解决了进出口商之间互不信任的矛盾，同时也为进出口商双方提供了资金融通的便利。因此，信用证被广泛应用于国际贸易之中，以至于成为当今国际贸易中的一种主要的结算方式。

信用证是指银行根据进口人（买方）的请求，开给出口人（卖方）的一种保证承担支付货款责任的书面凭证。在信用证内，银行授权出口人在符合信用证所规定的条件下，以该行或其指定的银行为付款人，开具不得超过规定金额的汇票，并按规定随附装运单据，按期在指定地点收取货款。

1. 信用证支付的一般程序

（1）进出口双方当事人应在买卖合同中明确规定采用信用证方式付款。

（2）进口人向其所在地银行提出开证申请，填具开证申请书，并交纳一定的开证押金或提供其他保证，请银行（开证银行）向出口人开出信用证。

（3）开证银行按申请书的内容开立以出口人为受益人的信用证，并通过其在出口人所在地的代理行或往来行（统称通知行）把信用证通知出口人。

（4）出口人在发运货物，取得信用证所要求的装运单据后，按信用证规定向其所在地行（可以是通知行，也可以是其他银行）议付货款。

（5）议付行议付货款后即在信用证背面注明议付金额。

2. 网上信用证相关当事人

信用证所涉及的当事人较复杂，主要包括以下几个当事人。

1）开证申请人

开证申请人（applicant）又称开证人（opener），是指向银行申请开立信用证的人，即进口商或实际买主。如由银行自己主动开立信用证，则没有开证申请人。

2）开证行

开证行（opening bank，issuing bank），是指接受开证人委托开立信用证的银行，一般为进口地的银行。

3）受益人

受益人（beneficiary），是指信用证中所指定的有权使用该证的人，一般为出口商或实际供货人。通常，受益人是信用证项下货票的出票人、货物运输单据的托运人。

4）通知行

通知行（advising bank，notifying bank），是指受开证行委托，将信用证或信用证修改书通知受益人的银行。通知行通常是出口地银行，是开证行在出口国的代理人。它只证明信用证的真实性，并不承担其他义务。

5）保兑行

保兑行（confirming bank），是指根据开证行请求在信用证上加具保兑的银行。保兑行在信用证上加具保兑后，即对信用证独立负责，承担必须付款或议付的责任。

6）议付行

议付行（negotiating bank），是指买入或贴现受益人按信用证限定提交的汇票或单据的银行。信用证中指定特定银行为议付行的，称为限制议付信用证；可由任何银行议付的信用证为公开议付信用证，或称自由议付信用证。在信用证业务中，议付行通常以受益人的指定人或汇票的善意持有人的身份出现。因此，当付款人拒付时，议付行对出票人（出口商）享有追索权。

7）付款行

付款行（paying bank，drawee bank），是指信用证上规定的汇票付款人，在多数情况下，就是开证行。付款行也可以是接受开证行委托代为付款的另一家银行。信用证支付流程如图4-2所示。

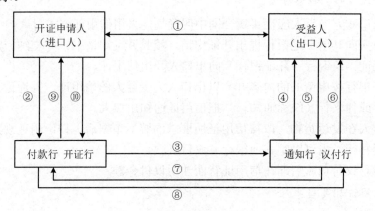

图4-2 信用证支付流程

（三）国际电汇

1. 国际电汇概述

国际电汇是汇出行应汇款人的申请，拍发加押电报或电传给在另一国家的分行或代理行（汇入行），指示其能付一定金额给收款人的一种汇款方式。

2. 国际电汇方式的基本程序和手续

（1）汇款人填写电汇申请书，付费给汇出行，取得电汇回执。

（2）汇出行发给汇入行加押电报或电传，并将电报证实书寄给汇入行，以便核对电文。

（3）汇入行收到电报，核对密押相符后，缮制电汇通知书，通知收款人取款。

（4）收款人持通知书一式两联到汇入行取款，须在收款人收据上盖章，交给汇入行，汇入行凭以解付汇款。

（5）汇入行将付讫借记通知寄给汇出行，完成一笔电汇汇款。

国际电汇方式收款较快，但手续费较高，因此只有在金额较大时或比较紧急的情况下，才使用国际电汇。此外，用电报通知时，资金在途时间很短，汇出银行能占用资金的时间很短，有时甚至根本不能占用资金。

3. 国际电汇所需时间及其操作流程

1）国际电汇所需时间

国内只有内部全国联网的银行才可以实时划账。各个银行收取的手续费不同，工行 1%，最高不超过 50 元，农行 0.5%，最高不超过 50 元，跨行不另收费。最好是同行电汇且联网的银行电汇，不同行需要好几天，具体几天可以在汇款时询问银行。时间长短还与汇款时选择普通或加急等有关系（当然手续费也有所差别）。

2）国际电汇操作流程

电汇时，由汇款人填写汇款申请书，并在申请书中注明采用电汇（T/T）方式。同时，将所汇款项及所需费用交汇出行，取得电汇回执。汇出行接到汇款申请书后，为防止因申请书中出现的差错而耽误付款或引起汇出资金的意外损失，汇出行应仔细审核申请书，不清楚的地方要与汇款人及时联系。

汇出行办理电汇时，根据汇款申请书内容以电报或电传方式向汇入行发出解付指示。电文内容主要有：汇款金额及币种，收款人名称、地址或账号，汇款人名称、地址，附言，头寸拨付办法，汇出行名称或 SWIFT 系统地址，等等。为了使汇入行证实电文内容确实是由汇出行发出的，汇出行在正文前要加列双方银行所约定使用的密押（testkey）。

汇入行收到电报或电传后，即核对密押是不是相符，若不符，应立即拟电文向汇出行查询；若相符，即缮制电汇通知书，通知收款人取款。收款人持通知书一式两联向汇入行取款，在收款人收据上签章后，汇入行即凭以解付汇款。实务中，如果收款人在汇入行开有账户，汇入行往往不缮制汇款通知书，仅凭电文将款项收入收款人收户，然后给收款人一收账通知单，也不需要收款人签具收据。

最后，汇入行将付讫借记通知书（debit advice）寄给汇出行。

电汇中的电报费用由汇款人承担，银行对电汇业务一般均当天处理，不占用邮递过程的汇款资金，所以，对于金额较大的汇款或通过 SWIFT 汇款或银行间的汇划，多采用电汇方式。

第二节　跨境电子商务支付结算平台

一、国内支付与结算平台

（一）支付宝的跨境电子商务支付与结算

1. 支付宝跨境电子商务支付与结算的优势

（1）方便快捷。无论是境内消费者在境外消费，还是境内消费者在跨境电子商务平台上购买境外商品，都可以通过支付宝付款。即便是境内用户跨境付款给境外商家、朋友或境外用户跨境支付给境内商家、朋友，也可以通过支付宝国际汇款实现，非常方便快捷。

（2）覆盖面广。截至 2018 年 3 月，中国境内游客能在境外 36 个国家和地区的数十万家商户里支付宝付款并即时退税。境内消费者也能在众多的境外跨境电子商务平台上用支付宝购物。支付宝国际汇款也已经支持 10 种主流外币的国际汇款。

（3）资金到账快。境外实体店支付宝扫码付款、境外跨境电子商务平台支付宝购物付款都可以实现实时到账，即便是支付宝国际汇款，也能够实现短时间到账，几乎等同于实时到账。在境外购物后的退税上，也能实现快速退税。

（4）安全。大部分中老年游客习惯使用现金，但现金的使用存在诸多问题。首先，我国境内兑换外币有一定的限额，难以满足所有消费需求。其次，消费者无论是在境内还是在境外兑换外币都将承担一定的手续费，从而提高了旅游的消费成本，消费积极性在一定程度上受到抑制。此外，出门带大量现金很不安全。相对于现金，刷卡消费虽然更为安全，但跨境刷卡消费需承担一定的手续费，并且需要输入密码和签字，交易程序相对复杂。在网上通过银行卡结算时往往还需通过手机接收验证码来完成支付，这就需要消费者开通与银行卡绑定的手机号的境外通信功能，而很多消费者在出境旅游前并未考虑到这一点，且开通此项功能也需要一定的成本，因此也给境外在线支付造成了困难。

传统支付手段给商业交易带来的种种壁垒需要通过创新加以解决。而支付宝作为第三方支付平台，其扫码支付功能及指纹密码锁功能为用户提供了安全快捷的支付解决方案，可减少境内游客在境外旅游消费的成本，使交易更加便利可靠。支付宝界面如图 4-3 所示。

图 4-3　支付宝界面

2. 支付宝跨境电子商务支付与结算的风险

（1）法律风险。支付宝移动支付是近年来新兴的支付方式，在这一领域的国内法律法规及国际公约还不够完善，跨境的移动支付更将面临一系列法律风险，其中一个重要的问题就是账户资金安全的法律风险由谁承担。针对不同的安全问题，其相应的安全保障责任分配也不尽相同，适用的法律管辖权也将有所差异。

（2）黑客风险。支付宝移动支付是依托移动网络和智能手机共同完成的，其本身的账户资金安全并不能得到百分之百的保证，因为移动网络仍然可能遭受黑客入侵，从而导致资金被盗。

（3）用户个人风险。支付宝跨境支付的场景往往是境内用户在境外旅游消费或在境内付款给境外商家，这种支付场景相对匆忙，用户对自己的身份证、账户密码及智能手机保管不善也容易造成账户资金被盗。

（二）微信支付概述

1. 微信跨境电子商务支付与结算的费用

一般来说，用户在境外支持微信付款的商户消费以及用户在跨境电子商务平台上购物时，都没有手续费，或者收取少量手续费，汇率按照实时汇率计算。

2. 微信跨境电子商务支付与结算的流程

用户在境外支持微信付款的商户消费时，只需要登录微信并出示付款二维码，商家扫码即可完成付款，以下为具体流程。

（1）下载手机微信，点击"打开"，如图 4-4 所示。

（2）点击右上角的加号，点击收付款，如图 4-5 所示。随后便会出现向商家付款的二维码，出示给商家扫描即可完成付款。

图 4-4　下载微信并打开

图 4-5　微信收付款

二、国外支付与结算平台

（一）PayPal 平台概述

1. PayPal 平台简介

PayPal（纳斯达克股票代码：PYPL）于 1998 年 12 月由 Peter Thiel 及 Max Levchin 建立，是一个总部在美国加利福尼亚州圣荷塞市的在线支付服务商。

PayPal 也和一些电子商务网站合作，成为它们的货款支付方式之一。但是用这种支付方式转账时，PayPal 收取一定数额的手续费。2018 年 12 月，世界品牌实验室发布《2018 世界品牌 500 强》榜单，PayPal 排名第 402。

2. PayPal 跨境电子商务支付与结算的优缺点

1）优点

（1）全球用户。PayPal 在全球 202 个国家和地区拥有 2.2 亿多名用户，已实现在 24 种货币间进行交易。

（2）品牌效应强。PayPal 在欧美的普及率极高，是全球在线支付的代名词，强大的品牌优势能让网站轻松吸引众多的境外客户。

（3）资金周转快。PayPal 独有的即时支付、即时到账的特点，让用户能够实时收到境外客户发送的款项，同时最短仅需 3 天即可将账户内的款项转账至境内的银行账户，及时、高效地帮助商家开拓境外市场。

（4）安全保障高。完善的安全保障体系，丰富的防欺诈经验，业界最低的风险损失率（仅 0.27%，不到使用传统交易方式的 1/6），确保了用户的交易顺利进行。

（5）小额业务成本低。在小额收付款业务上的成本优势明显，无注册费用、无年费，手续费仅为传统收款方式的 1/2。

2）缺点

（1）大额业务成本高。当进行大额业务时，如 1 万美元以上，则通过 PayPal 付款的手续费较高。

（2）欺诈风险。如果客户收到的东西不理想，就可以要求退款，少部分人会利用这个规则进行欺诈，卖家面临的风险损失较大。

（3）资金冻结。PayPal 支付容易产生资金冻结的问题，给商家带来不便。这和 PayPal 相对偏袒买家利益是分不开的。

（4）不易登录。中国用户在登录 PayPal 时，大多时候比较容易登录，但有时也比较难登录，这和 PayPal 的服务器在美国有一定的关系。

3. PayPal 与支付宝的差异

（1）PayPal 是全球性的，通用货币为加元、欧元、英镑、美元、日元、澳元这 6 种货币。支付宝主要是中国人使用，以人民币结算。

（2）PayPal 是一个将会员分等级的机构，对高级账户会收取手续费，当然利益保障也更牢靠，而支付宝则不存在这一机制。

（3）PayPal 的资金在美国可以提现至银行，在中国可以电汇至银行，都是要手续费的。支付宝直接提现至银行，免手续费。

4. PayPal 费率

（1）PayPal 现有的收费体系是为了鼓励卖家使用 PayPal，随着卖家交易额的增大，会给卖家一定的返利。

（2）PayPal 最新更新的标准收费是 1.5%+0.3 美元（中国境内的交易），3.4%-4.4%+0.3 美元（跨境交易）。中国用户如果使用集中付款方式，则收费最多为 1 美元。只有高级用户才可以使用集中付款方式。

（3）针对不同商家账户，PayPal 将设置不同的收费标准（根据交易额）。PayPal 的标准收费并没有上涨，所有每月通过 PayPal 收到 3000 美元以上的 PayPal 用户，都可以申请成为 PayPal 的商家用户。

（4）享受商家收费标准的用户仍可以享受高级用户的收费标准，也可以申请新的收费标准。

（5）用户享受何种优惠收费标准将根据每月的交易额而定。

（6）在获得认证后，单笔付款的最高限额为 10 000 美元。另外，单笔付款的最低限额为 0.01 美元。

5. PayPal 支付与结算的流程

1）平台开通流程

第一步，登录 PayPal 平台，点击"注册"按钮，选择"商家账户（个体/企业）"选项，如图 4-6 所示。

图 4-6　选择注册的 PayPal 账户类型

第二步，填写注册信息后，点击"同意并创建账户"按钮，如图 4-7 所示。

第三步，输入需要注册的邮箱地址，点击"下一步"按钮，如图 4-8 所示。

图 4-7　填写注册信息　　　　　　　　　图 4-8　输入需要注册的邮箱地址

第四步，进行信息填写，点击"同意并继续"按钮，如图 4-9 所示。

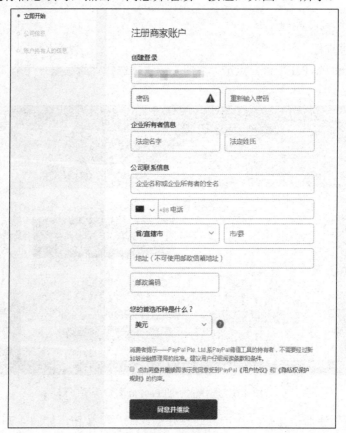

图 4-9　填写公司基本信息

第五步，填写公司的详细信息，如图 4-10 所示。

图 4-10 填写公司的详细信息

第六步，填写账号持有人的信息，点击"提交"按钮，PayPal 注册便成功了，如图 4-11 所示。

图 4-11 填写账号持有人的信息

2）PayPal 的付款设置

PayPal 商家账号注册成功后，接下来就要进行付款设置以保证交易成功进行。在"商家设置"中，有"付款设置"和"账户设置"两大类。

第一步，分别点击"付款设置"按钮和"账户设置"按钮，所显示页面分别如图 4-12 和图 4-13 所示。

图 4-12　点击"付款设置"按钮所显示的页面

图 4-13　点击"账户设置"按钮所显示的页面

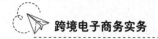
3. 店铺绩效与服务

经过一段时间的经营，店铺绩效与服务的各项数据，例如店铺好评率、DSR（卖家服务评级）、延迟发货率等数据就会显现出来。这些数据越完美，产品被推荐的机会就越大。因此，Wish 卖家在把产品做好的同时，也要把服务做好。

4. 店铺活跃度

店铺活跃度越高，被推送的概率就越大。店铺活跃度包括账号登录频率，买家浏览次数，点击率，店铺整体转化率，产品更新情况、评论情况等。

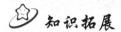 知识拓展

Wish 平台注册

五、eBay 平台

（一）eBay 平台

1995 年，eBay 成立于美国加利福尼亚州，是一个可以让全球民众上网买卖物品的线上拍卖及购物网站。发展至今，eBay 已是全球最大的在线购物网站之一。

作为一个电子商务平台，eBay 已从 C2C 向以 B2C 模式为主的方向转换。eBay 主攻欧美市场，例如美国、英国、德国等市场，不过站点却覆盖全球，分布在美国、英国、澳大利亚、中国、阿根廷、奥地利、比利时、巴西、加拿大、德国、法国、爱尔兰、意大利、马来西亚、墨西哥、荷兰、新西兰、波兰、新加坡、西班牙、瑞典、瑞士、泰国、土耳其、等国家。平台上商品种类繁多，产品涉及各个档次。

eBay 海外仓也在逐渐普及，在为卖家降低贸易成本的同时，也提升了物流服务品质和效益。充分利用 eBay 海外仓，国内卖家可以拓宽产品线，并将价值更高的大件、重件商品便捷地出口到海外市场。

eBay 海峡两岸及港澳 CEO 表示，eBay 未来发展的四大重点为移动业务、线上线下 O2O 融合、大数据技术、全球跨境贸易，为中国卖家提供"一站式"扶持。

（二）eBay 平台规则

eBay 希望卖家能持续不断地提供优质服务以提高买家的满意度，为了让买家拥有更好的购物体验，卖家在刊登物品和提供物流服务时须符合以下准则。

1. 刊登规则

正确描述刊登的物品信息不仅可以提高成交率，也可避免卖家交易过后因物品描述与实际商品不符而产生不必要的交易纠纷，不正确的刊登描述会扰乱 eBay 市场交易秩序。刊

第二步，商家选择通过验证邮箱来激活账户，可以在商家所设置的邮箱中找到验证邮件，点击后账户被激活，如图4-14所示。账户激活后进行付款设置。

图4-14 PayPal账户激活页面

3）PayPal绑定国内银行卡

当用户验证完邮箱并且完成了收付款的设置后，最后一步，需要进行银行卡的绑定，路径如下："设置"—"账户设置"—"资金、银行账户和卡"。

第一步，点击"资金、银行账户和卡"按钮，如图4-15所示。

图4-15 PayPal账户"资金、银行账户和卡"设置页面

第二步，点击"关联银行账户"或"关联卡"按钮，如图4-16和图4-17所示。

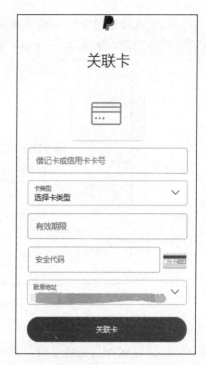

图 4-16　PayPal 账户"关联银行账户"页面　　图 4-17　PayPal 账户"关联卡"页面

第三步，确认所添加的银行账户或银行卡信息后完成银行卡绑定，如图 4-18 所示。

图 4-18　完成银行卡绑定

（二）MoneyGram 平台概述

1. MoneyGram 平台简介

MoneyGram（速汇金）是一种个人间的环球快速汇款业务，可在十余分钟内完成由汇款人到收款人的汇款过程，具有快捷便利的特点。速汇金（见图 4-19）是与西联汇款相似的一家汇款机构。速汇金在国内的合作伙伴是中国银行、中国工商银行、交通银行、中信银行。我国是外汇管制国家，国外公司给国内公司汇款需要有汇款的理由，不能随便汇款，而且速汇金应该是针对个人的。通过速汇金系统办理汇出款业务，目前仅限于美元。

图 4-19　MoneyGram 平台

2017 年 1 月 26 日，速汇金以约 8.8 亿美元的价格被蚂蚁金服并购。

2018 年 1 月 2 日，蚂蚁金服与速汇金表示，美国外资投资委员会（CFIUS）以国家安全为由否决了二者的合并计划。

2. MoneyGram 平台优势

1）汇款速度快

在速汇金代理网点（包括汇出网点和解付网点）能够正常受理业务的情况下，速汇金汇款在汇出后十几分钟即可到达收款人账户。

2）收费合理

（1）速汇金的收费采用的是超额收费标准，在一定的汇款金额内，汇款的费用相对较低。

（2）无其他附加费用和不可知费用：无中间行费用，无电报费用。

（3）可事先通过网站查询手续费：用户打开 MoneyGram 的网站，点击首页左侧的"How to send money"，然后点击右边的"How much"，输入汇款金额即可知道要付多少手续费。

3）手续简单

汇款人无须选择复杂的汇款路径，收款人无须先开立银行账户，即可实现资金划转。

如果汇美元支取人民币，此业务为结汇业务，无论境内个人还是境外个人，无论何种事项的结汇，每人每年凭本人有效身份证件可结汇等值 5 万美元（含），即不再限制单笔结汇金额，只要当年不超过等值 5 万美元即可。

所以当你的客户告诉你给你汇了一笔 MoneyGram 的时候，你只要向客户要：① 汇款密码（reference number，八位数）；② 汇款人名字（sender's first name）；③ 汇款人姓（sender's surname）。然后到相关合作银行的当地支行的专门的 MoneyGram 柜台，在收款表格里填上客户及自己的相关资料，并出示身份证，就可以取到钱了。

速汇金国际有限公司（MIL）负责美洲以外的全球事务，其总部在英国伦敦，在全球主要城市下设超过 20 个区域办公室。

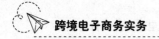

跨境支付再起惊雷　空中云汇卷入千万美元"诈骗案"

三、常见第三方支付与结算平台

（一）互联网金融支付

广义的互联网金融支付是指用户通过计算机、移动终端等设备，依托互联网发起支付指令，实现货币资金转移的行为，主要有电子银行支付和第三方支付等形式。

所谓跨境第三方支付机构，就是和国内外各大银行签约，独立于商户和银行，具备一定实力和信誉保障的，为商户和消费者提供支付结算服务的跨境第三方独立机构。

跨境第三方支付是现代金融服务业的重要组成部分，也是国内外互联网经济高速发展的底层支撑力量和进一步发展的推动力。随着跨境电子商务第三方支付的兴起，一些信息服务企业兴办的支付平台也已经开始崭露头角，跨境第三方支付作为以新技术、新业态、新模式为特点的新兴产业，具有广阔的市场前景。

跨境第三方支付通过在买家、卖家之间引入第三方的模式，为买卖双方提供了支付信用担保，已经在互联网金融支付方面占据了主导地位，比如国内的支付宝、财付通、银联在线、快钱、中金支付等，国外的 PayPal、Western Union 等。

严格意义上的支付组织类型只有两类：金融机构类支付组织及非金融机构类支付组织。金融机构类支付组织主要是指银行，代表支付工具是国内外各家银行的网银。而非金融机构支付组织是指众多的跨境第三方支付公司。

（二）跨境电子商务第三方支付系统

1.跨境电子商务第三方支付及其系统的概念

第三方支付指一些和国内外各大银行签约，并具备一定实力和信誉的第三方独立机构提供与银行支付结算系统接口的支持平台交易的网络支付模式。

第三方支付系统指通过计算机、通信和信息安全技术，在商家和银行之间建立连接，实现消费者、金融机构以及商家之间的货币支付、资金划拨、查询统计服务的系统。

2.跨境电子商务第三方支付系统的基本构成

（1）客户。拥有第三方支付系统账户和银行账户的买方。

（2）商家。拥有银行账户和第三方支付系统账户的卖方。

（3）支付网关。它是银行金融网络系统和互联网网络之间的接口。

（4）支付平台。它是在线支付服务平台，是买卖双方交易过程中的"中间人"，提供信用担保并在交易后提供相应的增值服务。

（5）网络银行系统。以信息技术和互联网技术为依托，通过互联网向用户开展和提供开户、销户、资金转账、查询、对账等金融服务的新型银行机构。

3.跨境电子商务第三方支付系统的功能

第三方支付系统的功能是在互联网安全的系统之上提供在线支付服务，是买卖双方交易中的"资金管家"，向交易双方提供信用担保、资金划拨、交易过程实时查询，以及有效、快速的银行业务服务的功能。

1）信用担保

跨境第三方支付系统为交易双方提供信用担保，在交易的过程中充当资金"管家"，让交易流程能顺利进行，避免网上风险，解决网络交易的信用危机问题；维护双方的权益，防止交易中的抵赖行为。

2）资金划拨

跨境第三方支付系统在交易双方之间建立一个安全、有效、便捷、快速的资金划拨方式，保证物流、资金流和信息流正常流动，提高网上交易成交量。

3）查询实时信息

跨境第三方支付系统向客户和商家都提供动态信息查询服务，并提供对交易信息进行处理等服务。

4）创新银行增值业务

第三方支付系统与多家银行合作，提供统一的应用接口和金融创新业务服务。在支付手段上为客户提供更多选择，使消费者能够随时随地通过互联网享受银行业务服务。

第三节　跨境电子商务支付与结算常用的操作业务

一、收款账号及认证

以国内商家常用的跨境电子商务支付工具支付宝为例，其收款账户的认证流程分为：个人支付宝账户认证流程和企业支付宝账户认证流程。

（一）个人支付宝账户认证流程

进入 www.alipay.com，登录支付宝账户（账户类型为个人账户），在"我的支付宝"页面，点击"申请认证"。进入支付宝实名认证的介绍页面，输入校验码，点击"立即申请"。

仔细阅读支付宝实名认证服务协议后，点击"我已经阅读并同意接受以上协议"按钮，才可以进入支付宝实名认证。有两种进行实名认证的方式可选，选择其中一种，点击"立即申请"。如通过"支付宝卡通"进行实名认证，则点击"立即申请"，并按照提示步骤申请开通。

（二）企业支付宝账户认证流程

登录 www.alipay.com，找到认证入口，填写认证信息，确认后进入填写信息页面。正确填写公司名称、营业执照注册号和校验码，公司名称须与营业执照上完全一致，填写后即进入具体信息提交页面，如申请人不是公司法定代表人，需下载委托书。组织机构代码、企业经营范围、企业注册资金、营业执照有效期等非必填项可以选择填写。需核对提交的信息是否正确。确认无误后，点击"下一步"，进入审核页面，审核次数为两次。审核成功后，需等待客服人员对营业执照信息进行审核。卖家信息审核成功后，平台将在 1~3 个工作日内给卖家的银行卡打款，确认后继续操作。

确认支付宝给你的账户付款的金额，点击"继续"，填写收到的金额，完成此次认证。点击"继续"进入金额款额，查询近期对公银行账户中支付宝打入的小于 1 元的金额。确认金额成功后，即完成整个卖家认证过程。

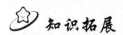

中国银行范耀胜：跨境支付领域，商业银行仍大有可为

二、支付宝账号的操作

（一）之前没有设置支付宝收款账户

如果之前没有设置支付宝收款账户（可以通过创建或登录支付宝的方式进行绑定），以下为具体操作流程。

（1）登录全球速卖通，点击"交易"按钮，进入"收款账户管理"界面，选择"人民币收款账户"。如果还没有支付宝账户，可以点击"创建支付宝账户"；也可以使用已经有的支付宝账户，点击"登录支付宝账户"进行设置。

（2）支付宝账户登录界面。依次填写"支付宝账户名""登录密码"等必填项，填写完毕后点击"登录"按钮。登录成功后，即完成收款账户的绑定，也可以对收款账户进行编辑。

若还没有支付宝账户，可以点击"创建支付宝账户"，填写相应信息，完成支付宝注册。输入注册信息时，需按照页面中的要求如实填写，否则会导致支付宝账户无法正常使用。点击"填写全部"可以补全信息。

（二）以前已经设置过支付宝收款账户

如果以前已经设置过支付宝收款账户，以下为具体操作流程。

（1）登录全球速卖通，点击"交易"进入"收款账户管理"界面，选择"人民币收款账户"。

（2）点击"确认为收款账户"，支付宝账户即成为收款账户，以后的新订单款项都会进入支付宝账户中。以前的个人及公司账户将不再使用，建议及时进行处理。

（三）需要修改已绑定的支付宝收款账户

如果需要修改已绑定的支付宝收款账户，具体操作流程如下：创建收款账户之后可以选择修改账户。

在"收款账户管理"页面，点击"编辑"按钮，即提示登录支付宝账户，输入新的支付宝账户号码。然后点击"登入支付宝"，显示登录支付宝界面，依次填写"支付宝账户姓名""登录密码""校验码"等，点击"登录"。同时需要填写账户修改申请表，由公司法人签字盖章后邮寄至阿里巴巴。阿里巴巴工作人员会在收到邮寄资料之后的两个工作日内完成审核。

三、查询银行的 SWIFT Code

SWIFT Code 其实就是 ISO 9362，也叫 SWIFT-BIC、BIC code、SWIFT ID，由计算机可以识别的 8 位或 11 位英文字母或阿拉伯数字组成，用于在 Sift 电文中区分金融交易中的不同金融机构。

SWIFT Code 的 11 位数字或字母可以拆分为银行代码、国家代码、地区代码和分行代码四部分。以中国银行广东省分行为例，其 SWIFT Code 为 BKCHCNBJ4400，含义为：BKCH（银行代码）、CN（国家代码）、BJ（地区代码）、400（分行代码）。

银行代码：由 4 位英文字母组成，每家银行只有一个银行代码，由其自己决定，通常是该行的名字或缩写，适用于其所有的分支机构。

国家代码：由两位英文字母组成，用以区分用户所在的国家和地理区域。

地区代码：由 0、1 以外的两位数字或两位字母组成，用以区分位于所在国家的地理位置，如时区、省、州、城市等。

分行代码：由 3 位字母或数字组成，用来区分一个国家里某一分行、组织或部门。如果银行的 SWIFT Code 只有 8 位而无分行代码，其初始值为"×××"。

可以拨打银行的服务电话，询问该行 SWIFT Code。以下为各大银行的服务电话。

中国银行：95566

中国工商银行：95588

中国农业银行：95599

中国建设银行：95533

交通银行：95559

招商银行：95555

中国民生银行：95568

华夏银行：95577

也可以登录 SWIFT 国际网站（www.swift.com）查询我国特定城市特定银行的

SWIFT Code。

下面列出了一些国内可以转账的银行的统一代码。

中国银行：BKCHCNBJ

中国工商银行：ICBKCNBJ

中国农业银行：ABOCCNBJ

中国建设银行：PCBCCNBJ

交通银行：COMMCNSH

招商银行：CMBCCNBS

中国民生银行：MSBCCNBJ

华夏银行：HXBKCNBJ

工行国际借记卡：ICBKCNBJICC

四、创建美元收款账号

以阿里巴巴速卖通平台为例，创建美元收款账户可以按以下步骤进行。

（一）新增账户

如果是中国供应商会员，请登录 MyAlibaba，点击"交易"—"资金账户管理"，进入"支付宝国际账户"界面，点击"创建美元收款账户"。

如果是普通会员，则登录"我的速卖通"，点击"交易"—"资金账户管理"，进入"支付宝国际账户"界面，点击"创建美元收款账户"。

点击进入"新建美元账户"之后，可以选择"公司账户"和"个人账户"两种账户类型。

（二）公司账户

不要使用中文填写信息，否则将导致放款失败，从而产生重复放款，损失手续费。设置的公司账户必须是美元账户或是能接收美元的外币账户。在中国（不包括港澳台地区）开设的公司必须有进出口权才能接收美元并结汇。使用公司账户收款的订单，必须办理正式报关手续，才能顺利结汇。

（三）个人账户

不要使用中文填写信息，否则将导致放款失败，从而产生重复的放款，损失手续费。客户创建的个人账户必须能接收海外银行对个人的美元的打款。收汇没有限制，个人账户年提款总额可以超过 5 万美元。但需注意结汇应符合外汇管制条例，每人有 5 万美元结汇限额。选择账户后，依次填写"开户名（中文）""开户名（英文）""开户行""SWIFT Code""银行账号"等必填项。填写完毕后，点击"保存"按钮即可。

五、放款规则

以阿里巴巴速卖通平台为例，目前该平台支持 EMS、DHL、UPS、FedEx、TT、SF、邮政航空包裹 7 种物流运输方式。

（一）总则

若买家确认收到货物或买家确认收货超时，系统会自动核实订单中所填写货运跟踪号（以下简称"运单号"）。系统将核对运单号状态是否正常、妥投地址是否与订单中的收货地址一致等信息。

如运单号通过系统审核，系统会自动将款项支付到卖家的收款账户中。如运单号未通过系统审核，订单将进入服务部人工审核流程。

（二）人工审核规则

所有进入服务部人工审核流程的订单，服务人员都会根据运单号的查询情况进行判断。目前主要有以下几种情况。

（1）地址不一致（运单号妥投地址与买家提供的收货地址不一致），服务人员会联系卖家，请卖家提供发货底单。

（2）未妥投（订单中部分或全部运单号的查询结果未正常显示妥投），服务人员会联系买家，核实买家是否已经收到货物。如买家表示收到货物，则正常放款；如未收到，则请卖家配合向快递公司查询。

（3）运单号无效（运单号无法查询到任何信息），服务人员会联系卖家提供发货底单。

（4）货物被退回（运单号显示货物已经被退回），服务人员会联系卖家核实是否收到货物，并做退款处理。

（三）注意事项

为了保证能够及时收到货款，需注意以下几点。

（1）尽量使用平台支持的货运方式，并在发货期内填写真实有效的运单号。

（2）及时更新运单号。如运单号在货运途中发生变更，需及时更新。

（3）请卖家配合服务人员提供相应的证明。

（4）在买家确认收货或者确认收货超时，且货运信息正常的情况下，卖家会在 3～5 个工作日内收到相应的订单款。

 复习与思考

1. 名词解释

（1）跨境电子商务支付与结算

（2）国际信用卡

（3）信用证

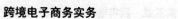

（4）国际电汇

（5）SWIFT Code

2. 简答题

（1）跨境电子商务支付与结算前景怎样？

（2）国际电汇方式的基本程序和手续是怎样的？

（3）支付宝跨境电子商务支付与结算的优势是什么？

（4）PayPal跨境电子商务支付与结算的优点是什么？

（5）阿里巴巴速卖通放款的注意事项是什么？

第五章　跨境电子商务物流与海外仓

 知识目标

- ☐ 了解跨境电子商务物流的概念与特征；
- ☐ 掌握跨境电子商务物流采购的流程；
- ☐ 了解如何选择合适的跨境电子商务物流；
- ☐ 了解海外仓平台规则。

重点及难点

重点：
- ☐ 跨境电子商务物流形式；
- ☐ 跨境电子商务物流的对比；
- ☐ 跨境电子商务物流仓储。

难点：
- ☐ 掌握如何设置物流板块；
- ☐ 设置海外仓运费模块；
- ☐ 操作 FBA；
- ☐ 操作 eBay 亚太物流平台；
- ☐ 掌握物流成本及运费的计算。

 **案例导入**

菜鸟成跨境物流重要力量，占中国跨境包裹量超 6 成

2019 年 11 月 28 日消息，记者获悉，菜鸟总裁万霖表示，菜鸟和全球 200 多家邮政企业、快递物流企业一起搭建的智能包裹网络，已经成为全球跨境物流的重要力量。来自中国市场的全球跨境包裹占比达 38%，其中 6 成是由菜鸟物流网络平台处理的。

万霖进一步表示，这相当于在全球各个国家之间流转的每 5 个包裹中，就有 1 个以上来自菜鸟平台。随着中国持续扩大开放，跨境物流面临新的机遇，菜鸟将与万国邮联各成员国的邮政企业、全球快递物流企业进行深度合作，持续研发技术，让跨境物流惠及全球。

据记者了解，菜鸟物流服务第二财季实现收入 47.59 亿元，2018 年同期为 32.06 亿元，同比增长 48%。该季度，菜鸟裹裹的包裹量同比增长超过 100%。截至 2019 年 8 月 31 日的 12 个月中，菜鸟裹裹应用程序的年度用户超过 1 亿。

菜鸟的技术力量不断壮大，目前数智化技术已经贯穿物流全链路，包括仓库的智能供应

链预测、机器人作业，转运中心的自动化流水线、智能分单，最后一公里的智能语音助手、刷脸扫码秒级取件，跨境包裹的智能合单、秒级通关，等等。

菜鸟数据显示，2019年仅天猫"双十一"一天就产生12.92亿个物流订单，同比增加了2.5亿个物流订单，同时物流速度也大幅提升：1亿个订单发货只需8小时，提速了1小时；2000万个进口订单清关提速5个多小时；1亿个订单签收只需2.4天，提速4小时。

（资料来源于网络，并经作者加工整理）

第一节 跨境电子商务物流概述

一、跨境电子商务物流概念和特征

（一）跨境电子商务物流概念

跨境电子商务物流简称跨境物流，目前尚没有统一的定义。国外有学者认为：跨境物流是指在两个或两个以上国家（或地区）之间进行的物流服务，是物流服务发展到高级阶段的一种表现形式。国内有学者认为：跨境物流是指以海关关境两侧为端点的实物和信息有效流动及存储的计划、实施和控制管理的过程。

本章结合对跨境电子商务、物流概念及业务的理解，将跨境物流做如下定义：跨境物流是供应链的一部分，是为满足不同关境客户需求而对商品、服务及相关信息从供应方向需求方高效率、高效益地正向和反向流动及储存，而进行的计划、实施与控制过程。

跨境物流涉及国际货运代理、航空运输、保税仓储、铁路运输等领域。跨境电子商务活动意味着买卖双方属于不同的国别，资金结算可以通过电子方式实现，但商品必须从供应方国家（或地区）通过物流到达需求方国家（或地区），以实现商品的空间位置转移。商品到达需求方国家（或地区）后还会经过仓储、配送等方式，最终到达客户手中。由此可见，跨境物流的过程可以总结为以下几个部分：供应方国内物流、国际物流、需求方国内物流与配送。国际物流是核心部分也是难点所在，其中会涉及供应方海关和需求方海关，需要对商品进行清关与商检，作业内容较为复杂。跨境物流的主要过程如图5-1所示。

图5-1 跨境物流的主要过程

（二）跨境电子商务物流的特征

跨境电子商务物流是为跨境电子商务服务的，在跨境电子商务业务中承载着货物转移和交付的功能，是跨境电子商务不可或缺的组成部分。离开了物流，跨境电子商务交易将无法实现。因此，跨境电子商务物流具有与跨境电子商务相对应的某些特性。

1. 国际化

跨境电子商务是国际贸易和互联网技术融合发展的结果，是国际贸易的表现形式之一，跨境电子商务物流自然也就是国际物流的一种表现形式。跨境电子商务物流国际化的表现：首先，每一笔跨境电子商务物流流程均需要经过两次通关，即出口和进口通关，因此各国不同通关政策也成为跨境电子商务物流企业面对的核心业务环节之一；其次，跨境电子商务物流的运营通常是由不同的业务主体在不同国境之内开展业务的，即便是这些不同的业务主体属于同一家跨国公司，也有可能会因为处于不同国家而产生业务流程操作规范的差异。

2. 分散化

虽然广义的跨境电子商务包括了 B2B 和 B2C 两种主要的交易模式。但是 B2C 零售模式才是当前跨境电子商务发展的热点，所以狭义的跨境电子商务概念特指 B2C 零售模式。

B2C 模式下的跨境电子商务使得跨境电子商务订单呈现扁平化、碎片化的特征，即来自不同地区、不同国家的买家直接向跨境电子商务商家下订单，越过了传统的批发渠道，而且订单也具有不同的个性特征。扁平化、碎片化的订单使得跨境电子商务物流呈现分散化的特征。由于订单量小而且需要运输至不同的买家手中，跨境电子商务物流中大部分是用快递形式实现的，这与传统国际贸易的集装箱运输模式产生了明显差异。

跨境电子商务领域目前已经提出了"海外仓"的概念。使用海外仓的跨境电子商务物流业务中，虽然前程运输可能会采用传统的大批量运输方式，但是后程运输通常也要采用快递形式来完成。

3. 信息化

跨境电子商务本身就是信息技术革命产生的结果，跨境电子商务物流自然表现出信息化的特性。在跨境电子商务物流的仓储分拣环节，先进的跨境电子商务仓库正在实现自动化的分拣；在出货制单环节，ERP 软件已经较好地解决了单据填制问题，使得网络订单与快递运单实现了自动匹配；在运输环节，客户希望随时能够看到自己购买的商品的实时信息，跨境电子商务物流平台已经能够提供运输过程的相关信息。

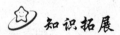

DPD 收购 Lenton 多数股份，提升跨境物流能力

二、跨境电子商务物流形式

（一）国际邮政小包

国际邮政小包指通过万国邮政体系实现商品的进出口，运用个人邮包形式进行发货。邮政小包的覆盖范围相对较广，因此配送区域十分广阔。除此之外，邮政小包手续便捷，投递卖家根据要求在箱身粘贴航空标签、报关单、地址和挂号单号码后，就可以完成投递。商品投递之后包括报关、商检等所有手续均由邮政公司代为完成。邮政小包是一种相对简单快捷的物流方式，加之门槛较低，国际邮政小包在目前的跨境电子商务中使用较多，且占较大比例。

但与此同时，邮政小包的安全性、配送速度却广受诟病，在一定程度上影响了用户体验。由于配送条件的限制，邮政小包不能配送粉末、液体；此外，邮政小包对物流信息的收集和跟踪水平较低，发货者很难及时查询到真实、准确的物流信息，因此在退换货业务和售后服务过程中常常与顾客发生纠纷。而且，邮政小包的价格变动较显著，不同业务、不同时期所采用邮政小包配送货物的成本可能差别很大。伴随着各国通关政策的收紧，国际邮政小包的优势或面临挑战。

（二）国际快递

跨境电子商务使用较多的另一种物流模式为国际快递，指商品通过国际快递公司进行物流与配送。知名的国际快递公司主要有 UPS、FedEx、中外运敦豪（DHL）等。此外，顺丰、申通等我国本土快递公司也逐步涉入跨境物流业务。

顺丰 2014 年推出专门面向境外电子商务客户的"全球顺"服务，其产品价格是原价的 60%～80%。"全球顺"是顺丰在跨境电子商务物流领域的又一次尝试（顺丰旗下还有 SFbuy，服务于海淘转运）。"全球顺"发展初期，通过低价推广中国香港到内地的首重费用为 33 元/千克，续重费用为 21 元/千克；美国到中国的首重费用为 37 元/磅，续重费用为 31 元/磅。除此之外，"全球顺"还会根据客户的发货量调整定价，其中最低折扣达到 7 折。"全球顺"主要是为了适应国际电子商务物流 B2C 市场的变化趋势，满足客户寄递经济型快递的需求。在"全球顺"业务下，中国香港至内地的寄递时间预计为 7～9 天，纽约至中国内地的寄递时间预计为 7～12 天，符合经济型快递的属性。另外，"全球顺"还将提供超范围转寄、偏远地区附加费豁免服务，以及预计派件时间等服务。未来，"全球顺"还将在中国台湾地区、日本、韩国等地陆续上线。

国际快递多由经验丰富、管理规范的国际知名物流企业所运营，这些企业大多拥有完整的配送链条，覆盖范围较广，服务质量较高，对物流信息的收集与跟踪能力较强。国际快递可以针对不同的顾客群体，如国家地域、商品种类、体积大小、商品重量等选取不同的渠道实现商品速递。国际快递具有时效性强、丢包率低等优点。

但这类快递费用十分昂贵，尤其在偏远地区的附加费更高，且含电、特殊类商品无法通过速递运送。

（三）国际物流专线

国际物流专线是针对某一特定国家或地区的跨境专线递送方式，多在广州、深圳等出口城市设有仓库，以供分拣、整理、包装、分配货物，再将去向相同的货物用同一航班统一发出。主要是航空包仓的方式，比如东航物流。另外，目前许多物流公司整合各种资源开发了自己的国际物流专线渠道，例如恒盛通物流公司具有俄罗斯专线、中美专线等国际物流专线，并且提供清关、关税、送货上门等一站式服务。

这类物流渠道成本相对较低，配送效率相对较高。其物流起点、物流终点、运输工具、运输线路、运输时间基本固定。物流时效较国际邮政小包快，物流成本较国际快递低，且在其服务范围内的通关、衔接等业务中表现规范且高效。因此，针对固定路线的跨境电子商务而言是一种较好的物流解决方案。国际物流专线突出的弊端是具有区域局限性。

（四）海外仓

海外仓又称海外仓储，指在跨境电子商务目的国预先租赁或建设仓库，通过国际物流预先把商品送达仓库，然后通过互联网销售商品，当接到顾客订单后从海外仓库进行发货与配送。这样一来，消费者下单后无须等待很长时间就可收到货物，因而大大提升了用户体验。同时，这种物流配送模式也降低了跨境电子商务因配送时滞而承担的风险和成本。由于是前期配货，物流方可以选择海运将商品运送至目的地，运输限制由此减少，电子商务企业的产品线获得极大丰富，因而利于跨境电子商务的横向拓展。

但是，海外建仓初期需要较大资金投入，对海外仓库的管理也需要固定的租赁、人工、设备等成本，租赁、建设与运营也需要专业人员与资金，且在商品预运前要有准确的销售预期，否则会产生商品运后时滞造成的库存与积压。

（五）边境仓

边境仓指在跨境电子商务目的国的邻国边境内租赁或建设仓库，通过物流将商品预先运达仓库，通过互联网接受顾客订单后，从该仓库进行发货。根据所处地域不同，边境仓可分为绝对边境仓和相对边境仓。绝对边境仓指跨境电子商务的交易双方所在国家相邻，将仓库设在卖方所在国与买方所在国相邻的城市，如我国对俄罗斯的跨境电子商务交易，在哈尔滨或中俄边境的中方城市设立仓库。

相对边境仓指跨境电子商务的交易双方不相邻，将仓库设在买方所在国的相邻国的边境城市，如我国对巴西的跨境电子商务交易，是在与巴西相邻的阿根廷、巴拉圭、秘鲁等接壤国家的临近边境城市设立仓库。相对边境仓对买方所在国而言属于边境仓，对卖方所在国而言属于海外仓。海外仓的运营需要成本，商品存在积压风险，送达后的商品很难再退回国内，这些因素推动着边境仓的出现，如对俄罗斯跨境电子商务中，我国在哈尔滨设立的边境仓和临沂（中俄）云仓。一些国家的税收政策和政局不稳定、货币贬值、严重的通货膨胀等因素，也会刺激边境仓的出现，如巴西税收政策十分严格，海外仓成本很高，那么可以在其接壤国家的边境设立边境仓，利用南美自由贸易协定推动对巴西的跨境电子商务。

（六）保税区、自贸区物流

保税区或自由贸易区（以下简称"自贸区"）物流，指先将商品运送到保税区或自贸区仓库，通过互联网获得顾客订单后，在保税区或自贸区仓库进行分拣、打包等，再集中运输并进行物流配送的一种物流方式。这种方式具有集货物流和规模化物流的特点，有利于缩短物流时间和降低物流成本。保税区模式是目前最常用的跨境进口电子商务物流配送模式。保税区的商品暂时不需要向海关缴纳进口关税增值税、消费税等，只有当顾客下单之后，卖家将信息对接清关信息系统，发货处保税区进行配送时才需要缴纳进口税，这可降低企业成本。保税区最显著的特征是通过仓储前置，用位移换时间，然后通过选择更经济的运输方式降低干线运输成本。这是一种提前备货、高效通关，进而通过选择更经济物流完成最后一公里运输的物流运作模式。通过自贸区或保税区仓储，可以有效利用自贸区与保税区的各类政策、综合优势与优惠措施，尤其各保税区和自贸区在物流、通关、商检、收付汇、退税方面的便利，简化跨境电子商务的业务操作，实现促进跨境电子商务交易的目的。

通过这种新型的"保税备货模式"，消费者只需承担商品价格和国内物流费用，其他风险都由卖家承担，消费者购物风险得到极大程度的降低，有利于企业大订单集货，降低商品价格，提升客户满意度，避免了传统模式下的很多不利因素。

（七）集货物流

集货物流指先将商品运输到本地或当地的仓储中心，达到一定数量或形成一定规模后，通过与国际物流公司合作，将商品运到境外买家手中，或者将各地发来的商品先进行聚集，然后再批量配送，或者一些商品类似的跨境电子商务企业建立战略联盟，成立共同的跨境物流运营中心，利用规模优势或优势互补理念，达到降低跨境物流费用的目的。

（八）第三方物流

第三方物流指由买方、卖方以外的第三方专业物流企业，以合同委托模式承担企业的物流服务。目前，在国内电子商务中自建物流已成为一种趋势。但在跨境电子商务中，由于其复杂性及对物流投入的很高要求，虽然洋码头等个别跨境电子商务平台在自建物流体系，但是鉴于资金、跨境物流的复杂性以及各种物流障碍，大多数跨境电子商务平台更偏向于选择第三方物流模式，如与邮政、国际快递公司合作等。即便是邮政或者国际快递公司，其在一些国家与地区也会选择与当地的第三方物流公司合作。在跨境物流链条中，会存在多种或多个第三方物流企业通力合作的现象。国内外大批海运企业、国际货代企业，通常拥有丰富的进出口贸易、海外运作经验和海外业务网点布局及国际化操作能力，这些都是跨境电子商务或跨境物流企业可以合作的对象。在巴西，FedEx 和 UPS 等国际快递公司的业务量只能局限于城市，因此在偏远地区主要依托于巴西邮政及其下属分支机构。

（九）第四方物流

第四方物流指专为交易双方、第三方提供物流规划、咨询、物流信息、供应链管理等服务，通过调配与管理自身及具有互补性的服务提供商的资源、能力和技术，提供综合、全面的供应链解决方案。第四方物流通过整个供应链的影响力，在解决企业物流的基础上，整合各类社会资源，实现物流信息共享与社会物流资源充分利用。基于跨境电子商务与跨境物流的复杂性，涌现出一批第四方物流模式企业，为跨境物流注入新鲜血液。

第二节　跨境电子商务物流的选择

一、跨境物流的对比

物流环节对跨境电子商务来说尤为重要，小卖家一般可以通过平台发货，选择国际小包等渠道，但现在大卖家或者独立平台的卖家需要优化物流成本、考虑客户体验、整合物流资源并探索新的物流形式。跨境电子商务物流方式各有优缺点，表 5-1 对五种主要跨境电子商务物流方式做了简单比较。

表 5-1　跨境电子商务物流方式比较

物 流 方 式	优　势	劣　势
邮政小包	邮政网络基本覆盖全球，比其他任何物流渠道都要广。而且，由于邮政一般为国营，有国家税收补贴，价格非常便宜	一般以私人包裹方式出境，不便于海关统计，也无法享受正常的出口退税。同时，速度较慢，丢包率高
国际快递	速度快、服务好、丢包率低，尤其是发往欧美发达国家非常方便。比如，使用 UPS 从中国寄包裹到美国，最快可在 48 小时内到达；TNT 发往欧洲一般 3 个工作日可到达	价格昂贵，且价格资费变化较大，一般跨境电子商务卖家只有在客户强烈要求时效性的情况下才会使用，且会向客户收取运费
专线物流	集中大批量货物发往目的地，通过规模效应降低成本，因此，价格比商业快递低，速度快于邮政小包，丢包率也比较低	相比邮政小包来说，运费成本还是高了不少，而且在国内的揽收范围相对有限
国内快递	速度较快，费用低于四大国际快递巨头，EMS 在中国境内的出关能力强	并非专注跨境业务，相对缺乏经验，对市场的把控能力不足，覆盖的海外市场也比较有限
海外仓	用传统外贸方式走货到仓，可以降低物流成本；相当于销售发生在本土，可提供灵活可靠的退换货方案，提高了海外客户的购买信心；发货周期缩短，发货速度加快，可降低跨境物流缺陷交易率；可以帮助卖家拓展销售品类，突破"大而重"的发展瓶颈	不是任何产品都适合使用海外仓，最好是库存周转快的热销单品，否则容易压货。同时，对卖家在供应链管理、库存管控、动销管理等方面提出了更高的要求

资料来源：作者根据亿邦动力网相关材料整理。

在物流方式的选择上，对于速度要求高的产品，可以选择商业快递。商业快递费用高，可以全程追踪，5～7 天到达目的地，丢包和客户撤销付款的风险小。速度要求不高的情况下，可以选择航空小包。航空小包可以发 2 千克以下的包裹，特点是便宜方便，全球通邮，价格统一，但时效不稳定，更新信息慢，丢包和客户纠纷风险大。

对于跨境电子商务卖家来说，首先，应该根据所售产品的特点（尺寸、安全性、通关便利性等）选择合适的物流模式。比如大件产品（如家具）就不适合走邮政包裹渠道，更适合海外仓模式。其次，在淡、旺季要灵活使用不同物流方式。例如在淡季时可以使用邮政小包降低物流成本，在旺季或者大型促销活动时期采用中国香港邮政或者新加坡邮政甚至比利时邮政来保证时效。最后，售前要明确向买家列明不同物流方式的特点，为买家提供多样化的物流选择，让买家根据实际需求选择物流方式。

同时，不同国家的物流环境（特别是物流软环境）不同，不同国家的物流运输方式差别很大。西欧、北欧、南欧可以用 DHL、TNT，这两种清关能力强。TNT 在荷兰、比利时优势明显。在东欧，DHL 优势区有罗马尼亚、保加利亚、摩尔多瓦、匈牙利等，EMS 优势区有希腊、俄罗斯、土耳其等。在亚洲，韩国、日本、泰国等东南亚国家适合发 FedEx、DHL，FedEx 时效快，DHL 具有速度快的特点，但它的价格高。发往印尼建议用 DHL，因为它的清关能力强。发往加拿大、美国等美洲国家，用 FedEx、UPS、DHL 均比较适合，它们的清关能力强，速度快。发往墨西哥适合用 FedEx，发往阿根廷、巴西适合用中国邮政 EMS，要注意巴西需要提供税号。发往中南美用 FedEx 有价格优势，但要小心清关风险。在大洋洲，DHL、UPS 速度快，但价格高；TNT、FedEx 价格低，但相对网点少，特别注意要在发往澳大利亚的产品包装贴上"MADE IN CHINA"。发往中东地区适合用中东快递 Aramex、EMS。非洲的商业快递非常贵，偏远地区多，建议发 EMS。

总而言之，EMS 在各国的通关能力最强。航空小包能到达商业快递和邮政快递到达不了的很多国家和地区，几乎通邮全球，运输范围广是它的优势。

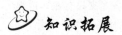知识拓展

速卖通与菜鸟在巴西启动新跨境物流线路

二、跨境电子商务物流的选择

（一）跨境电子商务出口物流模式

1. 国际邮政小包

据不完全统计，我国目前跨境电子商务有超过 60% 的商品通过邮政体系运输，中国邮政积极开展跨境物流快递业务，为 eBay 中国（不包括港澳台地区）卖家量身定制了全新国际邮递产品——国际 e 邮宝。国际 e 邮宝是中国邮政为适应国际电子商务寄递市场的需要，为中国跨境电子商务卖家量身定制的一款全新经济型国际邮递产品。国际 e 邮宝和中国香港国际小包服务一样是针对轻小件物品的空邮产品，目前该业务限于为中国跨境电子商务卖家寄件人提供发向美国、加拿大、英国、法国和澳大利亚的包裹寄递服务。国际 e 邮宝经济实惠，支持按总重计费，50 克首重，续重按照每克计算，免收挂号费。

2. 国际快递

联邦快递（FedEx）、联合包裹（UPS）、敦豪速递（DHL）、天地快运（TNT）等国

际物流快递公司是跨境包裹的主要承运商。除快递公司，还有马士基（Maersk）等国际海运公司可供选择。顺丰速运已经上线"海购丰运"，正式进入海淘转运市场。

3.国际物流专线

国际物流专线主要是指以航空包舱方式，将货物运送到境外目的地后，再通过专业的第三方物流公司完成至目的地的配送。拥有运力优势的东方航空公司通过东航物流自主开发出电子商务平台"东航产地直达"，采取 B2B 的模式，进行国外生鲜类食品、蔬果类食品、新鲜奶制品类的采购和国内销售。

4.海外仓、边境仓

海外仓、边境仓模式即卖家先将货物存储到海外仓库（靠近出口国的境内），然后根据订单情况进行货物的分拣、包装以及规模化递送。

（二）跨境电子商务进口物流模式

1.主要进口物流模式

跨境电子商务环境下的进口物流模式主要包括直邮模式和转运模式。其中直邮模式又分商业快递直邮和两国快递合作直邮；转运模式又分阳光海淘和灰色海淘。具体跨境电子商务进口物流模式分析如图 5-2 和表 5-2 所示。

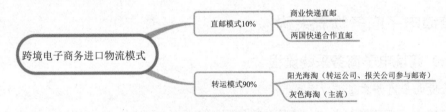

图 5-2　跨境电子商务进口物流模式

资料来源：庞燕.基于跨境电商环境的国际物流模式分析[J].商场现代化，2016，17（7）：51-52.

表 5-2　跨境电子商务进口物流模式

模　　式	商业快递直邮	两国合作直邮	转运公司参与邮寄	报关企业参与邮寄	灰色转运
揽　　收	国外快递	国外快递	国外快递	国外快递	国外快递
出口国境内物流	国外快递	国外快递	国外快递	国外快递	国外快递
出口国清关	国外快递	国外快递	国外快递	国外快递	国外快递
跨　境　物　流	国外快递	国外快递	转运公司、国际货代	转运公司、国际货代	转运公司
进口国清关	国外快递	国外快递	国内快递	报关企业	利用非法途径规避
进口国境内物流	国外快递	国内快递	国内快递	国内快递	国内快递

资料来源：庞燕.基于跨境电商环境的国际物流模式分析[J].商场现代化，2016，17（7）：51-52.

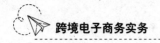

2.保税区跨境物流

2012 年年底，郑州与上海、重庆、杭州、宁波共同成为首批跨境电子商务服务试点城市。同时，郑州也成为唯一一个综合性"E 贸易"试点城市，主要依托于郑州中大门保税直邮进口物流模式。其特点是海外段变成大宗商品 B2B 运输，成本因此大幅降低，时效也缩短为境内送达时间，客户体验相应提升。同时能够实现信息流、支付流、物流三流合一对接海关平台，从而利于海关实现透明化监管。

上海跨境电子商务保税物流中心的保税物流模式，主要利用海关监管保税店，针对奶粉、电子产品、保健品等热销日常用品，向国内消费者开展零售业务。保税店内商品整批进入保税区，根据客户订单分批以个人物品出区并征缴行邮税。另外，上海跨境电子商务保税物流中心还采取国际物流模式进行"直购进口"。该模式主要立足于上海口岸，消费者在与海关联网的电子商务平台上跨境网购后，交易形成的电子订单、支付凭证、电子运单等均由电子商务平台实时传输给海关，商品通过海关跨境电子商务专门监管场所入境，并按个人行邮物品征税或免税。

第三节 跨境电子商务物流采购和仓储

一、跨境电子商务物流采购

（一）跨境电子商务采购流程

1.跨境电子商务零售进口方式

在跨境电子商务兴起之前，商品在传统国际贸易的方式下，主要通过一般的方式开展进出口贸易，而在跨境电子商务出现后，传统的进口方式已经不适用于新的商业模式。在跨境电子商务模式下，订单多频次、小批量、信息量大，使用传统的一般贸易方式进口，海关、商检等政府部门监管起来非常困难，电子商务企业在实际运营过程中也非常复杂。在国家鼓励先行先试的政策下，逐步形成了直购进口与保税进口两种跨境电子商务进口方式。

直购进口是指 B2C 进口电子商务企业在海外采购商品并存放于海外仓库，国内消费者在电子商务网站下单购买海外商品后，电子商务企业在海外进行订单处理、国际运输、清关以及国内派送的进口模式。

保税进口是指进口电子商务企业在海外采购商品，并将商品批量运输到境内的跨境电子商务试点保税区，国内消费者在网上下单后，在保税区进行订单处理、清关以及国内派送的进口模式。两种模式都在 2014 年才开始出现，直购进口最早开始于 2014 年 3 月，在中国（杭州）跨境贸易电子商务产业园下城园区开始试点。同年 5 月，下沙园区开始开展保税进口业务。两种进口方式的异同如表 5-3 所示。

表 5-3　跨境电子商务零售进口方式比较

进口方式	直 购 进 口	保 税 进 口
运作方式	先订单后物流，消费者下单后，商品直接从海外运送到消费者手中	先物流后订单，商品提前批量运输至保税区，消费者下单后，从保税区运送到消费者手中
实施区域	由地方政府落实，除跨境电子商务试点城市，还有一些地方政府也开展了直购进口业务	国家规定的试点城市，包括郑州、杭州、重庆、上海、宁波、广州、深圳、天津、福州、平潭等
商品限制	跨境电子商务零售进口商品清单	跨境电子商务零售进口商品清单
准备工作	企业注册，网站对接电子商务通关服务平台	企业注册、网站对接电子商务通关服务平台，办理货物通关单据等货物进入保税区的各类手续
商品价格	商品标价+运费+综合税（也有采取综合标价的方式）	商品标价+综合税（也有采取综合标价的方式）
清关信息	订单信息、支付信息、物流信息	订单信息、支付信息、物流信息
缴税标准	关税税率暂设为 0；进口环节增值税、消费税按法定应纳税额的 70%征收。超过单次限制、累加后超过个人年度限值的单次交易，以及完税价格超过 2000 元限值的单个不可分割商品，均按照一般贸易方式全额征税	关税税率暂设为 0；进口环节增值税、消费税按法定应纳税额的 70%征收。超过单次限值、累加后超过个人年度限值的单次交易，以及完税价格超过 2000 元限值的单个不可分割商品，均按照一般贸易方式全额征税
订单时效	时效较差，平均 7～10 个工作日	时效较好，平均 3～5 个工作日
商品种类	种类较多	种类较少
物流成本	平均物流成本较高	平均物流成本较低
退换货	大部分不支持 7 天无理由退货，退换货成本较高	大部分支持 7 天无理由退货，退换货成本较低
商品信任度	消费者信任度相对较高	消费者信任度相对较低

资料来源：王云. BB跨境电子商务公司的零售进口方式选择研究[D]. 北京：北京交通大学，2016.

从表 5-3 中可以看出，两种进口方式整体上差异很大，除了缴税标准、清关信息一致以外，在运作方式、实施区域、准备工作、商品价格、订单时效、商品种类、物流成本、退换货及商品信任度方面都有较大差异。

2.跨境电子商务零售进口流程

1）直购进口

直购进口的流程如图 5-3 所示。

直购进口的业务流程类似于国内电子商务，其进口的业务流程与传统的快件或者邮政包裹的入境流程类似，不过具体操作与进口电子商务的要求有一些不同，目前仍有少量电子商务采用传统的商业快件或者邮政的方式进口，但是政府提倡、合法合规的直购进口方式才是主流。前期准备工作包括商品采购以及政府备案。商品采购方式多种多样，既可以是商家直接向供应商采购后将商品在海外仓库存放，也可以是供应商直接备货，有订单后由供应商直接发货。政府备案则包括电子商务企业备案以及商品备案。电子商务企业备案是为了取得进口电子商务企业的资质，商品备案是为了获得商品在境内销售的资格。

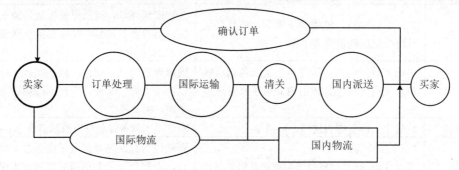

图 5-3　直购进口流程

资料来源：王云. BB跨境电子商务公司的零售进口方式选择研究[D]. 北京：北京交通大学，2016.

直购进口的方式包括以下 5 个步骤：① 下单购物。买家在网站上下单，并完成支付。② 订单处理。卖家根据订单信息，在仓库对订单进行处理，包括分拣、打包等操作。③ 国际运输。将订单从境外运输到清关的口岸，主要以空运为主。④ 清关。商品到达国内口岸后，办理清关手续。⑤ 国内派送。清关完毕后将货物移交给国内快递公司进行派送，送至买家手中。

2）保税进口

保税进口的流程如图 5-4 所示。

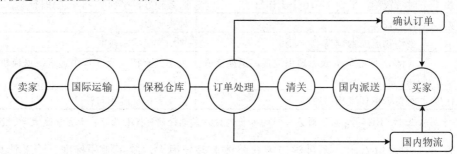

图 5-4　保税进口流程

资料来源：王云. BB跨境电子商务公司的零售进口方式选择研究[D]. 北京：北京交通大学，2016.

保税进口是一种全新的进口方式。前期准备工作与直购进口有相同之处，但是手续相对复杂一些。前期准备工作主要是企业备案与商品备案：企业备案是获取跨境电子商务企业资格，商品备案是获得境内销售资格。与直购进口不同的是，对不同类型的商品进驻保税区有着不同的要求，主要是检验检疫部门的有关规定。比如，保健品需要相关的证明材料，包括相关的政府批文、原产地国家有关证明、境外出厂证明等。不同保税区对于准入的产品也不尽相同，目前全国尚未统一，有些保税区目前无法通过保税进口模式进口婴儿配方奶粉。

因此在此模式下，商品准入的限制比直邮进口模式多，商家在选择此方式之前必须确认该产品是否符合保税区的有关要求。未来国家将制定并完善全国统一的规范，各地区统一执行后，此项工作会更加规范清晰，便于电子商务企业操作。在备案完成后，就是商品的境外采购。

　　准备工作完成后，正式运作主要分为 6 个步骤：① 将境外商品从海外运输（通常为空运、海运两种运输方式）至保税区。② 经过正常的通关手续后，商品进驻保税区仓库。③ 买家在网站上下单，并完成支付。④ 订单处理。卖家根据订单信息，在仓库对订单进行处理，包括分拣、打包等操作。⑤ 商品清关。在清关过程中，海关监管系统随机抽取一些包裹进行查验，在通过 X 光机时，海关会比对商品内容、数量等信息，检验检疫部门也会进行查验，经查验如果没有问题，包裹就会被放行。⑥ 国内派送。清关完毕后将货物移交给国内快递公司进行派送，送至买家手中。

（二）跨境电子商务采购影响因素

　　影响进口方式选择的因素非常多，根据各因素的性质主要分为政策因素、服务因素以及成本因素，如图 5-5 所示。

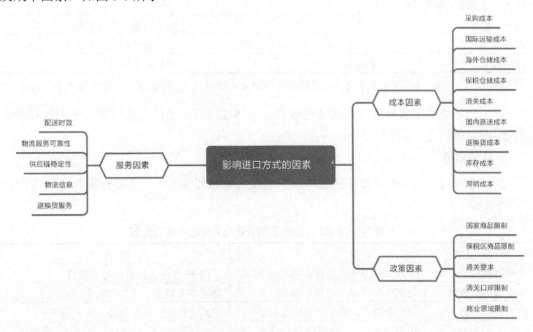

图 5-5　影响进口方式选择的因素

资料来源：王云. BB 跨境电子商务公司的零售进口方式选择研究[D]. 北京：北京交通大学，2016.

　　上述三类因素的划分，主要基于进口方式对于企业影响的三个重要方面。其中，跨境电子商务作为新兴行业，政策因素对于行业的发展有着重大影响，不同类型的商品根据国家的规定有不同的进口方式，因此将政策因素单独列为一个类别。进口方式与企业物流、供应链相关成本紧密相关，成本管理是电子商务运营的核心环节之一，因此可将与进口方式相关的成本列为一个因素类别。除此之外，进口方式对于电子商务的服务质量同样有重大影响，因此将与进口方式相关的服务质量列为一个因素类别。除上述三个方面的因素，进口方式的选择还受到一些其他因素的影响。这些因素包括企业本身的经济实力、企业信息化程度、商品销售平台、商品分销方式等，相对于前文所述的三类因素，这些因素对于进口方式选择的影响相对较小，且不具有普遍性。下面对三类主要因素进行介绍。

1. 成本因素

因为两种进口方式的运作方式存在较大差异，因此对应的企业的运营成本也有所差别，主要涉及的成本情况如表 5-4 所示。

表 5-4　B2C 跨境电子商务进口方式比较

成 本 项 目	直 购 进 口	保 税 进 口
采购成本（购买价款）	采购量相对较小，采购成本相对较高	大批量采购，采购成本相对较低
国际运输成本（单个订单）	批量小，运输成本相对较高	批量大，运输成本相对较低
仓储成本（单个订单）	海外仓储成本相对较高	保税区仓储成本相对较低
清关成本（单个订单）	手续简单，成本相对较低	手续复杂，成本相对较高
国内派送成本（单个订单）	相同	相同
退换货成本	国际运输，费用较高	国内运输，费用较低
库存成本	库存相对较少，整体费用较低	库存相对较高，整体费用较高
滞销成本	滞销成本较低	滞销成本较高

资料来源：王云. BB跨境电子商务公司的零售进口方式选择研究[D]. 北京：北京交通大学，2016.

电子商务企业在选择进口方式的过程中，应详细核算商品的综合成本，作为选择进口方式的重要依据之一。

2. 服务因素

进口方式对于进口电子商务的整体服务质量有着重要的影响，主要体现在 5 个方面，如表 5-5 所示。

表 5-5　B2C 跨境电子商务进口方式服务质量比较

服 务 项 目	直 购 进 口	保 税 进 口
配送时效	平均 7～10 个工作日，时效较差	平均 3～5 个工作日，时效较好
物流服务可靠性	物流环节较多，可靠性较差	物流环节较少，可靠性较强
供应链稳定性	采购量较少，供应链稳定性较差	采购量较大，供应链稳定性较强
物流信息	物流环节较多，物流信息及时性、准确性、完整性较差	物流环节较少，物流信息及时性、准确性、完整性较好
退换货服务	较少商家支持退换货服务，支持的费用也较高	大部分支持退换货服务，并且费用较低

资料来源：王云. BB跨境电子商务公司的零售进口方式选择研究[D]. 北京：北京交通大学，2016.

物流服务质量是衡量电子商务服务质量水平的一个重要依据，影响到消费者的购物体验、重购愿望等。而进口方式对于物流服务质量有着重大影响，因此在选择进口方式时，需要认真考虑其对于服务质量的影响。

3. 政策因素

政府对进口电子商务的相关政策一直在不断变化，对两种进口方式也有着不同的规范，政策方面的因素主要体现在 5 个方面，如表 5-6 所示。

表 5-6　B2C 跨境电子商务进口方式政策规定比较

政　策　类	直　购　进　口	保　税　进　口
国家商品限制	跨境电子商务零售进口商品清单	跨境电子商务零售进口商品清单
保税区商品限制	无	各保税区进口商品规定
通关要求	免于验核通关单	"一线"进区时需按货物验核通关单、"二线"出区时免于验核通关单
清关口岸限制	口岸较多	限制试点城市海关特殊监管区域和保税物流中心（B 型），口岸较少
商业领域限制	品牌方（厂家或者授权商）限制较少	品牌方（厂家或者授权商）限制较多

资料来源：王云. BB跨境电子商务公司的零售进口方式选择研究[D]. 北京：北京交通大学，2016.

电子商务在开展业务之前，需要了解清楚国家法律法规对于进口商品的相关规定，灵活选择进口方式。

二、跨境电子商务物流仓储

（一）仓储的概念

所谓仓储，是以改变"物"的时间状态为目的的活动，通过仓库或特定的场所对物品进行保管、控制等管理，从客户产需之间的时间差异中获得更好的效用。"仓"即仓库，是保管、存储物品的建筑物和场所的总称，是进行仓储活动的主体设施，可以是房屋建筑、洞穴、大型容器或特定的场地等，具有存放和保护物品的功能。"储"即储存、储备，表示收存以备使用，具有收存、保管、交付使用的意思。

在物流系统中，仓储和运输被视为两大支柱的原因是：运输承担了改变"物"的空间状态的重任，而仓储则承担了改变"物"的时间状态的重任。

仓储是伴随着社会产品出现剩余和产品流通的需要而产生的：当产品不能被及时消费、需要专门的场所存放时，就产生了静态的仓储；而将储存物进行保管、控制、加工、配送等管理，便形成了动态仓储。可以说仓储是对有形物品提供存放场所，并在这期间对存放物品进行保管、控制的过程。现代仓储管理主要研究动态仓储的一系列管理活动，从而达到促进仓储业现代化进程的目的。

仓储包括以下几个要点：仓储是物质产品的生产持续过程，物质的仓储也创造产品的价值；仓储既包括静态的物品储存，也包括动态的物品存取、保管、控制的过程；仓储活动发生在仓库等特定的场所；仓储的对象既可以是生产资料，也可以是生活资料，但必须是实物动产。由此可见，从事商品的仓储活动与从事物质资料的生产活动虽然在内容和形式上不同，但它们都具有生产性质，无论是处在生产领域的企业仓库，还是处在流通领域的储运仓库和物流仓库，其生产的性质是一样的。

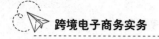

尽管仓储具有生产性质，但与物质资料的生产活动还是有着很大的区别，主要表现为以下特点：不创造使用价值，但可以增加价值；具有不均衡和不连续性；具有服务性质。

（二）仓储的作用

仓储在物流体系中扮演"节点"的角色，不仅化解了供求之间在实践上的矛盾，同时也创造了新的时间效益（如时令上的差值等），由此可见仓储业在物流系统中的重要地位。以下为仓储在现代物流中的主要作用。

1. 仓储是现代物流不可缺少的重要环节

关于仓储对于物流系统的重要意义可以从供应链的角度来进一步认识。从供应链的角度，物流过程可以看作由一系列的"供给"和"需求"组成，当供给和需求节奏不一致，也就是两个过程不能够很好地衔接，出现生产的产品不能即时消费或者存在需求却没有产品满足，在这个时候，就需要建立产品的储备，将不能即时消费的产品储存起来以备满足后来的需求。供给和需求之间既存在实物的"流动"，也存在实物的"静止"。静止状态即将实物进行储存，实物处于静止是为了更好地衔接供给和需求这两个动态的过程。

2. 仓储能对货物进入下一个环节前的质量起保证作用

在货物仓储环节对产品质量进行检验能够有效地防止伪劣产品流入市场，保护了消费者权益，也在一定程度上保护了生产厂家的信誉。通过仓储保证产品质量主要包括两个环节：一是在货物入库时进行质量检验，查看货物是否符合仓储要求，严禁不合格产品混入库场；二是在货物的储存期间，尽量使产品不发生物理以及化学变化，尽量减少库存货物的损失。

3. 仓储是保证社会再生产过程顺利进行的必要条件

货物的仓储过程不仅是商品流通过程顺利进行的必要保证，也是社会再生产过程得以进行的保证。

4. 仓储是加快商品流通、节约流通费用的重要手段

虽然货物在仓库中进行储存时处于静止的状态，会带来时间成本和财务成本的增加，但事实上从整体上而言，它不仅不会带来时间的损耗和财务成本的增加，相反还能够帮助加快流通，并且节约运营成本。在前面讲仓储的必要性的时候已经谈到过仓储能够有效地降低运输和生产成本，从而带来总成本的降低。

5. 仓储能够为货物进入市场做好准备

仓储能够在货物进入市场前完成整理、包装、质检、分拣等程序，这样就可以缩短后续环节的工作时间，加快货物的流通速度。

（三）仓储的功能

1. 基本经济功能

1）整合

装运整合可以实现仓储的经济利益，通过这种安排，整合仓库接收的来自一系列制造

工厂指定送往某一特定地点的材料，然后把它们整合成单一的一票装运。其好处是，有可能实现最低的运输费率，并减少在顾客的收货站台处发生拥塞，该仓库可以把从制造商到仓库的内向转移和从仓库到顾客的外向转移都整合成更大规模的转运。为了提供有效的整合转运，每一个制造工厂必须把该仓库作为停货储备地点或用作产品的分类和组装设施。整合转运的主要益处是，把货票小批量装运的物流流程结合起来联系到一个特定的市场地区。整合仓库可以由单独一家厂商使用，也可以由几家厂商联合起来共同使用。通过这种整合方案的利用，每一个单独的制造商或托运人都能够实现物流总成本低于其各自分别直接装运的成本。

2）分类和交叉

除了不对产品进行储存外，分类和交叉站台的仓库作业与整合仓库作业类似。分类作业接收来自制造商的顾客组合订货，并把它们装运到个别的顾客处去。分类仓库或分类站台把组合订货分类或分割成个别的订货，并安排当地的运输部门递送。由于长距离运输转移的是大批量装运，所以运输成本相对比较低，进行跟踪也不太困难。除涉及多个制造商外，交叉站台设施具有类似的功能。零售连锁店广泛地采用交叉站台补充快速转移的商店存货。在这种情况下，交叉站台先从多个制造商处运来整车的货物；收到产品后，如果有标签，就按顾客进行分类，如果没有标签则按地点进行分配；然后，产品就像"交叉"一词的意思那样穿过"站台"装上指定去适当顾客处的拖车；一旦该拖车装满了来自多个制造商的组合产品，它就被放行，运往零售店。于是，交叉站台的经济利益中包括从制造商到仓库的拖车的满载运输，以及从仓库到顾客的满载运输。由于产品不需要储存，降低了在交叉站台设施处的搬运成本。此外，由于所有的车辆都进行了充分装载，更有效地利用了站台设施，使站台装载利用率达到最大值。

3）加工/延期

仓库还可以通过承担加工或参与少量的制造活动延期或延迟生产。具有包装能力或加标签能力的仓库可以把产品的最后一道生产一直推迟到直到有对该产品的需求时为止。例如，蔬菜就可以在制造商处加工，制成罐头"上光"。"上光"是指还没有贴上标签的罐头产品，但它可以利用"上光"贴上私人标签。因此"上光"意味着该产品还没被指定用于具体的顾客，或包装配置还在制造商的工厂里。一旦接到具体的顾客订单，仓库就能够给产品加上标签，完成最后一道加工，并最后敲定包装。加工/延期（processing/postponement）提供了两个基本经济利益：第一，风险最小化，因为最后的包装要等到敲定具体的订购标签和收到包装材料时才完成；第二，通过对基本产品（如"上光"罐头）使用各种标签和包装配置，可以降低存货水平。即便商品在仓库的包装成本比在制造商的工厂进行包装还要贵，但是通过降低风险与降低存货水平相结合的方式，物流系统的总成本反而会有所下降。

4）堆存

这种仓储服务的直接经济利益从属于这样一个事实，即对于所选择的业务来说储存是至关重要的。例如，草坪家具和玩具是全年生产的，但主要是在非常短的一段市场营销期内销售。与此相反，农产品是在特定的时间内收获的，但底层的消费则是在全年进行的。这两种情况都需要仓库的堆存（stock pilling）来支持市场营销活动。堆存提供了存货缓冲，使生产活动在受到材料来源和顾客需求的限制条件下提高效率。

2.仓储是实现物流增值服务功能的重要环节

增值服务是在基本服务（如货运组织调度、配送中心管理、仓储运输管理、配送中心设计、信息流管理以及物流系统规划设计等）的基础上增加的便利性服务或支持性服务。大多物流增值服务是在仓储这一环节进行的。流通加工业务是通过进行商品的个性化服务更好地满足用户的需求的。通过仓储的增值服务进行产品的整合，实现时间价值。仓储中最普通的增值服务往往与包装作业有关。在通常情况下，产品往往是以散装形式或无标签的形式运送到仓库的，这种库存的个体之间基本上没什么区别。但一旦收到客户的订单，就要按客户要求对产品进行定制和发送。如制造商把未做标志的电池发送到仓库中，向仓库的作业人员提供销售所需的带有商标牌号的包装材料。接到订货，仓库作业人员按要求将标志图案贴到电池上，然后用定制的盒子将其包装。这样，制造商就可以降低库存，提高效益。同时，仓库还可以通过优化包装、改变包装特点实现增值服务。有时还可以在仓库里完成一些生产活动，如将汽车引擎运送到仓库，如果汽化器发生了问题，即可在仓库进行更换，无须将每一个引擎产品都退回厂家。

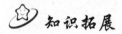 知识拓展

盘点 10 大智慧物流仓储技术

第四节　跨境电子商务物流各模块的设置

一、物流成本及运费计算

（一）跨境电子商务物流成本

1.跨境电子商务产品定价与国际物流成本

产品销售价格=(产品成本+平台交易费用+物流成本)×(利润率+1)。

影响跨境电子商务物流成本的因素有以下几种。

（1）产品的重量。2千克以内的包裹，基于跨境电子商务平台包裹小而散的特征，80%的包裹重量都低于 2 千克。在这种情况下，大多数商家选择的是各类型的邮政小包裹，比如中国邮政、中国香港邮政等，按克收费，资费便宜，可以设置免运费吸引买家。2 千克以上的包裹不适用于邮政小包，这类包裹适合走快递渠道和专线渠道，基本按 0.5 千克一个单位收费，运费昂贵，但是时效比邮政小包快，可以给客户更好的物流时效体验。

（2）产品的体积。除了邮政小包裹基本是没有体积的，其他专线和快递都是有体积的。

所以在设置运费模板的时候要先测量货品体积和重量，取大者计算运费。体积计算公式：(长×宽×高)/5000。

（3）物流妥投时效要求。样品和价值高的产品选择物流时效更有保障的渠道才能保证客户对时效的要求。

（4）产品属性分类。在计算和选择物流渠道及成本的时候，我们要注意物流渠道对走货产品属性的要求，有些物流渠道可以运送带电类的敏感产品，有些物流渠道不可以运送带电类的敏感产品。

2. 国际物流成本管理与控制

1）国际物流成本管理的含义

国际物流成本管理是对国际物流相关费用进行的计划、协调和控制。

2）国际物流成本管理的理论

（1）物流成本冰山一角理论。在跨境电子商务环境中，国际物流冰山一角的成本理论早已存在。在跨境电子商务 1.0 时代和跨境电子商务 2.0 时代，以货源为王，谁有优质的货源，谁就有竞争的优势，那时的跨境电子商务是"蓝海"市场。物流成本对于商家来说是忽略管控的，那时的物流成本被跨境电子商务的商家认为是整体成本的冰山一角。

（2）国际物流成本消减的乘法效应。在跨境电子商务的整体成本中，物流成本通常占据了销售额的 20%～22%。如果企业的月销售额为 1000 万元（包含物流成本），物流成本比率为 20%（200 万元）。当物流成本下降 5%，那么企业只需要 150 万元的物流成本即可达到 1000 万元的销售额。当企业物流成本保持 200 万元时将产生 1333.3 万元的销售额。如果假设利润率也保持不变为 20%，那么同样 200 万元的物流成本，当物流成本下降 5%，利润则增加 66.66 万元。

（3）国际物流成本控制的策略。

① 通过整合物流综合方案降低物流成本。跨境电子商务物流的需求是碎片化的，复杂且多样。不同的产品属性、不同的重量体积、不同的国家地区、不同的物流渠道，计费方式和成本都相差甚远。根据自身平台对物流的要求以及买家的需求整合和优化最合适的物流线路，以达到成本最优。物流成本的降低必然会带来销售额度的增加。

② 通过实现供应链管理和提高物流服务管理降低成本。实现供应链管理不仅要求企业的物流体制效益化，同时，物流部门、产品部门和采购部门等都要加强成本控制。提高物流服务可以确保平台和账号等企业利益，同时也是降低企业物流成本的有效方法。

③ 通过 ERP 信息系统管理降低物流成本。通过标准化的系统管理实现物流的操作和订单处理，并且通过 ERP 标准化的流程节约人工成本，实现企业用工的最优化。通过 ERP 系统监测和管控的物流数据对当前的物流状态和问题进行梳理和防范，让企业的物流管理成本大幅度下降，从而达到降低物流成本的目的。

（二）跨境电子商务运费计算

1. 计费重量单位

特快专递行业一般以每 0.5 千克为一个计费重量单位。

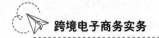

2. 首重与续重

特快专递货品的寄递以第一个 0.5 千克为首重（或起重），每增加 0.5 千克为一个续重。通常起重的费用相对续重费用高。

3. 实重与材积

需要运输的一批物品包括包装在内的实际总重量称为实重；当需寄递物品体积较大而实重较轻时，因运输工具（飞机、火车、轮船、汽车等）承载能力所限，需以量取物品体积折算成重量的办法确定计算运费的重量，称为体积重量或材积。体积重量大于实际重量的物品又常称为轻抛物。

4. 计费重量

按实重与材积两者的定义与国际航空货运协会规定，货物运输过程中计收运费的重量是按整批货物的实际重量和体积重量两者之中较高的计算。

5. 包装费

一般情况下，快递公司免费包装，提供纸箱、气泡等包装材料，但很多物品如衣物，不用特别细致的包装就可以。但一些贵重、易碎物品，快递公司还是要收取一定的包装费用的。包装费用一般不计入折扣。

6. 通用运费计算公式

（1）当需寄递物品实重大于材积时，运费计算方法为：首重运费+（重量×2−1）×续重运费。例如：7 千克货品按首重 20 元、续重 9 元计算，则运费总额为：20+（7×2−1）×9=137（元）。

（2）当需寄递物品实际重量小而体积较大时，运费需按材积标准收取，然后再按上述公式计算运费总额。材积公式计算方法：

规则物品：长（cm）×宽（cm）×高（cm）÷6000=重量（千克）

不规则物品：最长（cm）×最宽（cm）×最高（cm）÷6000=重量（千克）

（3）国际快件有时还会加上燃油附加费，比如燃油附加费为 9%，就需要在（1）中公式的结果上+运费×9%，一般会同运费一起打折。

7. 总费用

总费用=(运费+燃油附加费)×折扣+包装费用+其他不确定费用

二、物流各模块的设置

（一）认识新手运费模板

卖家在发布产品时可以选择新手运费模板或自定义的运费模板，如果未编辑自定义模板，则只能选择新手运费模板才能进行发布。下面以速卖通为例，依次了解新手运费模板，并学习如何"自定义模板"。登录店铺后台以后，在"产品管理"下面的"运费模板"进行设置。

首先我们来了解一下新手运费模板，即后台显示的"Shipping Cost Template for New Sellers"，单击"模板名称"即可。

单击"模板名称"以后可看到"运费组合"和"运达时间组合"。

在"运费组合"下平台默认的新手模板只包含了"China Post Registered Air Mail""Russian Air""EMS"和"ePacket"系统提供的标准运费，为各大快递运输公司在中国（不包括港澳台地区）的公布价格，对应的减免折扣率则是根据目前平台与中国邮政洽谈的优惠折扣提供的参考。而平台显示的"其余国家"不发货包含了两重意思：一是部分国家不通邮或邮路不够理想；二是部分国家有更优的物流方式可选，如收件人在中邮小包不发货的国家，卖家可通过 EMS 发货。

从"运达时间组合"上看，"承诺运达时间"为平台判断包裹寄达该收件国大约需要的时间。

（二）新建运费模板

对于大部分卖家而言，新手模板并不能满足需求，这种情况下就需要进行运费模板的自定义设置，设置入口有两个：一是直接单击"新增运费模板"；二是单击"编辑"新手运费模板。

值得注意的是：新手运费模版不可修改后直接保存。如果修改，请记得输入模版名称，保存生成新的自定义运费模版。

单击"新增运费模板"进去后，除了输入运费模板的名称，还需要单击"展开设置"（通过编辑"新手运费模板"进入的则无须此步骤）。

两种方式单击进去显示的界面不同，但都包含几个方面：选择物流类型，卖家可以选择使用自选物流还是使用 AliExpress 无忧物流（官方物流）。

当选择无忧物流时，一是可以查看时效承诺详情，二是可以自定义运费。当选择自选物流时，一是选择物流方式，包括邮政物流、商业快递、专线物流和其他自定义的物流方式；二是设置优惠折扣；三是个性化地选择寄达国家；四是个性化地设置承诺的运达时间。

下面以中国邮政挂号小包（China Post Registered Air Mail）的设置为例进行操作说明。

勾选该物流方式；设置标准运费意味着对所有的国家均执行此优惠标准。

如果需要对所有的国家均采取卖家承担邮费即包邮（free shipping）处理，则勾选"卖家承担运费"；如果卖家希望对所有的买家均承诺同样的运达时间，则需要勾选运达时间设置，并填写承诺天数；但是大部分时候买家希望进行更细致的设置，那么可以通过自定义运费和自定义运达时间来实现。

卖家只需单击"自定义运费"即可对运费进行个性化设置，设置的第一步是选择国家（地区），此处有两种选择方法：一是按照地区选择国家，二是按照区域选择国家。

第五节　跨境电子商务海外仓模式

一、海外仓选品及费用构成

（一）海外仓选品规则

1. 海外仓选品原则

随着跨境电子商务的发展，本地化服务的进一步升级，以及本地化体验的良好口碑，海外仓模式越来越成为未来跨境电子商务的必然趋势。那到底什么类型的产品最适合海外仓？在选品上应该注意些什么？下面就为大家解决海外仓选品的困惑。

首先，对海外仓的产品进行一个定位，初步判断哪些产品适合做海外仓，大致可以分为以下几种情况。

（1）尺寸、重量大的产品。因为此类产品的重量跟尺寸都已经超出了小包规格的界限，如果直接用国际快递，费用太过昂贵，而使用海外仓刚好弥补了这一不足。

（2）单价和利润高的产品。海外仓的本地配送服务相对于国际快递，丢包率跟破损率都可以控制在较低的水平。对于卖家而言，海外仓可以降低高价值产品的意外损失率。

（3）高人气产品。这一类产品由于受到本地市场的热捧，货物的周转率会大大地加快，货物积仓的风险减小，而卖家也能更快地回笼资金。

2. 海外仓选品数据

通过上面几点，我们对适合做海外仓的产品有了一个初步的了解，有了相应的判断依据，接下来就让我们继续了解如何进行海外仓的选品。数据是最有说服力的，一个产品是否在当地市场热销，当地民众的偏好，甚至具体到某一种产品的某个功能跟某种颜色的数据都可以告诉我们答案。我们从平台大量的数据中抽取想要了解的产品，通过买家反馈的评论以及优秀卖家所展示的产品详情等，肯定能有所收获。

数据的来源不仅局限于平台的本身，第三方工具也是个不错的选择，搜索词分析类的工具如 Google AdWords 就是一个比较典型的代表。我们可以测出某个词在当地的被搜索量，同时还可以获得一个不错的关键词，这个方法可谓一举两得。

从现有数据出发选品是方法之一，然而选品的方法并不局限于单纯的数据选品，一个产品的热销有很多促成因素，经济、政治、文化都可能是其中的因素之一。要真正做好一个产品，我们在做到了解产品自身的同时也应该花精力去了解愿意购买我们产品的将会是哪些人，我们的产品应该怎么做才可以让他们喜欢。当我们厘清这些之后，就可以做出一个优秀的、热销的、能给我们带来丰厚利润的产品。

综上所述，目前海外仓选品一般有 4 种情况。

（1）高利润、高风险，一些体积大且超重的物品，国内小包无法运输，或者运费太贵（如灯具、户外产品等）。

（2）高风险、低利润，国内小包或快递无法运送（比如危险产品、美容美甲、化妆品等）。

（3）低风险、高利润，日用快消品，非常符合本地需求、需快速送达的产品（工具类、家居必备用品、母婴用品）。

（4）低风险、低利润，在国外市场热销的产品，批量运送更具优势，均揽成本（3C 配件、爆款服装）。

在上述的 4 个类型中，第 1 类和第 3 类是比较适合做海外仓的，而第 2 类和第 4 类不太适合做海外仓，特别是 3C 配件这类利润并不是太高的产品。

3. 海外仓费用构成

通过对海外仓选品的介绍，在选出自己的海外仓产品后，我们需要对海外仓产品的费用进行计算。目前，海外仓费用主要包括头程费用+处理费+仓储费+尾程运费+关税/增值税/杂费。其中头程费用包括了空运、海运散货、海运整柜、当地拖车；而处理费则有入库费用、出库费用；仓储费则有淡季、旺季之分；最后的尾程运费有自由物流、FedEx、UPS、当地邮政费用。

4. 海外仓产品基础定价

知道了海外仓的费用构成后，我们可以对产品进行基础定价。海外仓产品成本主要包括以下几点。

成本 1：产品的采购成本+产品的国内运费；成本 2：产品的到仓成本（运费+仓储费+处理费+当地派送物流费用+关税等）；成本 3：平台扣点和计提损失。通过上述的成本分析，最后可以计算出产品的定价应该为成本 1+成本 2+成本 3+规划利润。

随着跨境电子商务行业的日渐兴盛，海外仓也将慢慢成为每个跨境电子商务从业者必不可少的"本领"之一，只有充分掌握了海外仓的每一个细节，我们才能在竞争激烈的跨境大军里脱颖而出，早日走上成功的道路。

（二）海外仓费用结构

海外仓费用是指把仓库设立在境外而产生的一系列费用。可以自建仓库或使用第三方物流服务商公司的仓库。本节讲解的订单处理费用和仓储费用是使用第三方物流服务商的海外仓费用结构构成，如图 5-6 所示。

图 5-6　海外仓费用结构

1. 头程费用

头程费用是指从中国把货运送至海外仓库的地址这段过程中所产生的运费。本节针对使用航空运输的方式（以下简称"空运"）和使用货轮运送的方式（以下简称"海运"）运送。

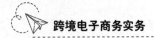

1）空运方式

费用包含：运费+清关费+报关费+其他费（文档费、拖车费、送货费）；运费：按重量计算，有最低起运量限制（一般为5千克以上）；清关费：按单票数量计算；空运途径：客机行李托运、普货空运和商业快递。

2）海运方式

根据功能的不同，集装箱有不同的规格。目前，国际上通常使用的干货柜（dry container）有以下不同规格。

（1）普通货柜：20尺货柜（20'GP:20 Feet General Purpose）、40尺货柜（40'GP:40 Feet General Purpose）。

（2）高货柜：40尺高柜（40'HQ:40 Feet High Cube）、45尺高柜（45'HQ:45 Feet High Cube）。

（3）开顶货柜：20尺开顶货柜（20'OT:20:Feet Open Top）、40尺开顶货柜（40'OT:40:Feet Open Top）。

（4）平底货柜：20尺平底货柜（20'FR:20 Feet Platform）、40尺平底货柜（40'FR:40 Feet Flatform）。

3）海运费用结构

海运可分为集装箱拼箱和集装箱整箱。

集装箱拼箱是指装不满一整箱的小票货物（less than container load，LCL）。这种货物通常由承运人分别揽货并在集装箱货运站或内陆站集中，而后将两票或两票以上的货物拼装在一个集装箱内，同样要在目的地的集装箱货运站或内陆站拆箱分别交货。以实际体积计算运费，体积会分层计算，1CBM起运。

集装箱整箱：以集装箱数量计算运费（full container load，FCL），由发货人负责装箱、计数、机载并加铅封的货运。整箱货的拆箱一般由收货人办理。也可以委托承运人在货运站拆箱，但承运人不负责箱内的货损、货差。除非货方举证确属承运人责任事故的损害，承运人才负责赔偿。承运人对整箱货以箱为交接单位。只要集装箱外表与收箱时相似和铅封完整，承运人就完成了承运任务。整箱货运提单上，要加上"委托人装箱、计数并加铅封"的条款。

4）头程注意事项

（1）空运时会对重量轻、体积大的货物进行计泡处理。重量计算方式：长（cm）×宽（cm）×高（cm）/6000。

（2）VAT相关。

（3）EORI码。EORI（Economic Operators' Registration and Identification）No.，号码是由欧盟成员国的海关颁发给企业或个人与海关交流的唯一必备的数字标识号，一国注册全欧盟通用。自2009年7月1日欧盟立法以来，都要求所有欧盟成员国实施这个EORI计划方案，成员国里每个经济运营商都有一个独立的EORI号在欧盟用来进口出口和中转货件，所有的经济运营商（在欧盟海关注册登记的自然人或法人）都要使用他们唯一的EORI号参与海关及其他政府机构的电子通信和国际货物运输。

（4）如货物单独报关，需申请出口退税。需提供以下资料：装箱单、发票、报关委托书、报检委托书、合同、出口收汇核销单，需要商检货物提供"商检通关单"，且与对应口岸海关签署无纸化协议。

2. 税金

税金指货物出口到某国按照该国进口货物政策而被征收的一系列费用。通常所称的关税主要指进口关税，进口关税是一个国家的海关对进口货物和物品征收的关税。征收进口关税会增加进口货物的成本，提高进口货物的市场价格，影响外国货物进口数量。因此，各国都以征收进口关税作为限制外国货物进口的一种手段。适当使用进口关税可以保护本国工农业生产，也可以作为一种经济杠杆调节本国的生产和经济的发展。有些国家不仅有进口关税，还有一些该国特定的费用。

3. 当地派送费用

当地派送费用俗称二程派送费用，是指买家对其产品下单后，由仓库完成打包并配送至买家地址所产生的费用。各国物流公司操作不尽相同。

4. 仓储管理服务费

仓储管理服务费分为两部分：仓储费用和订单处理费用。

1）仓储费用

储存商品在仓库而产生的费用，一般第三方公司为了提高产品的动销率，会按周收取费用。

2）订单处理费用

买家对产品下单后，由第三方人员对其订单拣货打包而产生的费用。

二、海外仓运费模块设置

（一）申请海外仓权限

1. 方法 1

进入卖家后台—"交易"—"我有海外仓"—"申请开通"。

填写"申请发货地设置权限"相关资料—单击"申请"—"资料审核"—"签署协议"—"申请成功"。

2. 方法 2

进入卖家后台—"产品管理"—"模板管理"—"运费模板"，单击"新增运费模板"或选择现有运费模板，单击"编辑"进入编辑页面下方，申请海外仓权限。

（二）海外仓商品运费模板设置流程

1. 运费模板制作流程

1）新增或编辑运费模板

进入卖家后台—"产品管理"—"模板管理"—"运费模板"，单击新增运费模板按钮或选择现有运费模板进行编辑。

2）选择发货地

单击"新增发货地"，勾选需要设置的发货国家，单击"确认"按钮，同一运费模板可以同时设置多个发货国家。目前，运费模板中可选择的发货地设置仅包含中国在内的 10 个国家，如果发货地不在其中，需选择发货地为中国。后续平台会根据卖家发货地分布新增支持的发货国家。

3）设置运费及时效

单击发货地区后的"展开设置"，可针对不同的发货地区以及不同的物流方式分别设置运费及承诺运达时间。

提醒：可以单击自定义运费，选择物流方式所支持的国家及运费；也可以单击自定义运达时间，对不同国家设置不同的承诺运达时间。

例如，发货地在美国，可以设置支持发往美国、加拿大、墨西哥、智利、巴西 5 国，并分别设置运费及承诺运达时间。发货国与目的国一致（除俄罗斯）承诺运达时间最长不能超过 15 天，俄罗斯可按照分区设置承诺运达时间，并且最长可设置 60 天。若发货国与目的国不一致，承诺运达时间与目前非海外仓设置时间一致，最长可设置 120 天。

2. 运费模板使用方法

单击"发布"或"编辑产品"，进入产品发布页面，正常填写商品信息。卖家需要特别注意"发货地"和"运费模板"信息的填写。

1）填写发货地

（1）在"发货地"一栏勾选"商品发货地"，可同时勾选多个发货地。

（2）目前运费模板中可选择的发货地设置仅包含中国在内的 10 个国家，如果商品发货地不在其中，可选择发货地为中国。后续平台会根据卖家发货地分布新增支持的发货国家。

（3）每个卖家的海外仓产品都可以根据每个商品进行库存、价格等的设置。

注意：当海外仓商品不足的时候，无法从各个仓进行调配，若仓库无货，在 detail 页面的前台展示的国家按钮显示的是灰色的。

（4）其他操作与目前产品发布一致。

① 只有发件国和目的国一致的订单才默认提供本地无理由退货服务。

② 无理由退货服务承诺：若买家不喜欢所购买的商品，可选择在交易结束前提起无理由退货退回商品（必须未使用过，不影响二次销售）。卖家提供的退货地址必须在本地，退货运费由买家承担。买家退回商品后需要卖家确认，若卖家对退回商品或退款金额存在争议，可向平台发起申诉。

2）商品选择运费模板

（1）产品发布页面只会展示能够选择的运费模板（运费模板发货地与商品选择的发货地完全一致），发货地不匹配的运费模板将不展示。

（2）产品运费模板选择完成后，其他操作按正常的产品发布流程进行。

（3）商品发布成功后，卖家可以在管理页面通过运费模板筛选出海外发货的商品。

知识拓展

全国首票跨境电子商务出口海外仓包裹退运业务在郑州完成

三、海外仓平台规则

（一）海外仓商品前台展示

卖家的海外仓商品发布成功后，买家可以在商品详情页看到商品的发货地信息，进行选择。

（1）买家可以在搜索页选择发货地（ship from）国家，筛选海外发货的商品。

（2）买家也可以通过搜索 domestic delivery，一键筛选出本国发货的商品。

（3）海外本地发货（发货国与买家收件国一致）的商品将展示专属标志。

（4）单击商品详情页面展示如下：对于刚登入 detail 页面的买家，需要选择发货地；根据买家选择的发货地及收货地判断该订单是否享受海外仓本地化服务。

（二）海外仓商品服务规范

海外仓商品服务规范旨在规范海外仓物流服务标准，保证物流时效和买家体验。

1. 严禁虚假海外仓作弊行为

海外仓订单的实际发货地必须与买家下单时选择的发货地一致，禁止擅自更改发货地，例如本是从中国发货却冒充海外发货。

2. 平台从 2015 年 6 月 17 日起正式考核卖家的海外仓服务水平

考核范围：每天考核卖家历史 30 天海外仓服务水平以及卖家店铺整体经营情况。考核标准如表 5-7 所示。

表 5-7　卖家历史 30 天服务水平及经营情况考核标准

考 核 维 度	考 核 条 件
海外仓服务水平	卖家海外仓服务及商品设置符合以下条件： （1）海外仓物流纠纷率低于海外仓发货平均水平 （2）海外仓订单 7 天发货妥投（俄罗斯 15 天）处于正常范围 （3）海外仓商品发货期≥3 天
卖家店铺经营情况	店铺处于稳定良好经营情况，并符合以下所有条件： （1）信用等级≥3 勋 （2）90 天好评率≥95% （3）卖家服务等级非不及格 （4）卖家纠纷裁决率≤0.8%

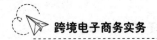

考 核 维 度	考 核 条 件
指标解释： 海外仓订单：指买家下单时选择的发货地为海外的订单 海外仓商品：指发货地设置为海外国家或发货地包含海外国家的商品 物流纠纷率：指买家因为物流原因提起纠纷的订单占比 支付7天内妥投率："物流妥投时间或买家确认收货时间或买家支付时间≥7天"的订单占比（仅考核发货国与目的国一致的订单。例如，墨西哥的买家购买了商家美国仓的商品，则这笔订单不计入7天内妥投率的考核）	

（三）海外仓商品奖励资源

前提条件：只有海外仓服务水平达标，且卖家店铺经营情况良好的海外仓卖家及商品，才能获得海外仓奖励资源。

卖家通过考核则可获得相应的海外仓奖励资源。

四、海外仓商品增值税

（一）VAT 简述

VAT 全称为 value-added tax，是欧盟的一种税制售后增值税，是指货物售价的利润税。它适用于在欧盟国家境内产生的进口、商业交易以及服务行为。VAT 销售增值税和进口税是两个独立缴纳的税项，在商品进口到欧盟国家的海外仓会产生商品的进口税，而商品在其境内销售时会产生 VAT 销售增值税。

如果卖家使用欧盟国家本地仓储进行发货，就属于 VAT 增值税应缴范畴，即便卖家所选的海外仓储服务是由第三方物流公司提供的，也从未在当地开设办公室或者聘用当地员工，也需要交纳 VAT。

为了能依法缴纳增值税，卖家们需要向海外仓本地的税务局申请 VAT 税号。VAT 税号具有唯一性，只适用于注册当事人。

（二）德国税号申请流程

按照德国联邦税务局的规定，海外商家和个人纳税者在德国本地的经营和服务活动没有免税金额，无论业务大小都需要向德国联邦税务局进行注册申报，以获取德国的 VAT 税务号并履行相应税务申报和缴纳的义务。

申请德国 VAT 税号主要有两种方式：一种是以公司的名义，另一种是以个人的名义，以下为具体细节。

1. 以公司的名义申请

以公司名义申请德国税号，首先要注册德国公司，然后方能以德国公司名义申请税号，以下为具体细节。

1）注册德国公司（第三方代理）

（1）卖家须提供如下档案和资料。

① 拟注册德国公司的英文/德文名称 3 个（如有）。

② 注册设立德国公司的目的、原因及经营范围。

③ 注册成立德国公司要求股东核查/验资，注册资本不低于 25 000 欧元。在公司成立之前，配额持有者必须在德国银行存入已缴全额股本（到位资金），随同公司文件提交说明在德国银行有资本账号的证明文件（卖家需要提供证明书）。

④ 提供至少 1 名股东的护照影印本（必须是中英文的公证档，并载明出生日期和住所）。

⑤ 向代理提交登记文件及申请德国公司的资料。

⑥ 申请参考时间：90 天。

（2）卖家注册德国公司成功后所得的全套资料。

① 德国公司注册档案。

② 注册成立德国公司的注册地址和德国公司营业地址，并委任 1 名德国当地居民担任董事（非德国公司股东）。

③ 德国政府签发的德国公司注册证书（C.T.）/营业执照，在德国官方宪报上发布注册成立德国公司通告。

④ 德国公司组织大纲及组织细则（M&A），德国公司股票簿，德国公司法定之股东、董事、秘书及公司会议纪要。

⑤ 德国公司金属钢印（common seal）、银行支票签名原子印章。

（3）卖家注册德国公司，所交费用将用于德国公司注册处费用、德国政府税号、德国律师及翻译、德国营业位址、委托当地代理人、档案印刷、德国官方宪报刊登等费用。

（4）注册德国公司说明。

① 申请人须提供德国居民担任董事或公司担保人的证明。

② 申请人须出具 25 000 欧元注册资本的银行证明。

2）申请德国 VAT 税号

（1）所需的资料信息。公司的名称、地址、联系方式，中国公司在其他国家（包括中国）是否有固定资产（若有子公司要提供公司名字、地址），是否有法人代理人及其相关信息，新公司预计启用时间，中国香港或者德国银行账户信息，中国公司的性质（有限公司或无限公司），中国公司在中国注册的申请和被批准时间、注册资金金额、股东个人信息、预估算总营业额、营业执照、中国内地公司的国税登记证书或者香港公司的注册证明（复印件）等。

（2）申请步骤。填写表格→交由德国会计审核并在网上重新填写并确认→由德国会计转发德国联邦税务局→将原件寄往德国联邦税务局。

2. 以个人的名义申请

如果卖家有德国的工作签证，即可以个人名义申请。

1）所需的资料

卖家要提供的信息如下：姓名、出生日期、家庭住址、市与邮编、联系方式、境外银行账户（如香港离岸账户，用于退税）、申请人的护照或者身份证复印件、经营类别（如贸易）等。

2）申请步骤

填写表格→交由德国会计审核并在网上重新填写并确认→由德国会计转发德国联邦税务局→将原件寄往德国联邦税务局。

（三）英国税号申请流程

自 2012 年 12 月 1 日开始，按英国税务海关总署（HMRC）新规，只要海外公司或个人在英国销售商品，无论销售金额多大，都应申请注册 VAT 增值税号，并上缴售后增值税，除非这些商品或服务属于免缴增值税的范畴。

1. 申请者身份

（1）个体户，独资经营人（sole proprietor）。

（2）合伙人经营（partnership）。

（3）公司经营（corporate body）。

（4）协会或俱乐部（club or association）。

2. 自行申请

卖家可以在网上或者通过邮寄的方式自行向英国政府申请 VAT 税号。

（1）如果卖家在英国没有办公室或者业务机构，也没有英国居住证，则属于 NETP（non-established-taxable person）。NETP 只能通过邮寄方式申请 VAT 税号。首先，上网下载"VAT 申请表格"和"填写 VAT 申请表格提醒事项"。然后，参考"VAT1 Notes"（填写 VAT 申请表格提醒事项）将"application for registration（VAT1）"填写完整后打印签字，邮寄至以下地址：

Non Established Taxable Persons Unit （NETPU）

HM Revenue &Customs

Ruby House, 8 Ruby Place, Aberdeen

AB10 1ZP

United Kingdom

（2）如果卖家有英国办公室或英国居住证则可以直接在网上申请 VAT 税号（申请前需先注册一个 HMRC 的账户）。

另外，也可以通过邮寄方式申请，同 NETP，先在网上下载 VAT 申请表格，填写完整后打印签字，但邮寄至另外一个地址：

Wolverhampton Registration Unit

Deansgate, 62-70 Tettenhall Road

Wolverhampton

WV1 4TZ

United Kingdom

更多详情可以前往英国税务部门 HMC 网站：https://www.gov.uk/vat-registration/how-to-register 详细了解。

（四）第三方代理

卖家也可以授权给代理公司或者中介协助注册 VAT 税号。

1. VAT 申请流程（见图 5-7）

图 5-7　VAT 申请流程

1）签订税务服务合同

2）提交申请表格及证件材料

（1）申请表格包括 VAT 申请表格、客户信息表格。

（2）证件材料的提供根据以下两种情况进行。

① 以个人名义申请：个人身份证和护照的复印件或扫描件；地址证明复印件或扫描件（包含近期 3 个月内的任意 1 个月的银行账单/水电费单/电话账单/信用卡账单）。

② 以公司名义申请：公司营业执照扫描件（如香港公司需提供 BR 及 CR 扫描件）；公司法人身份证和护照的复印件或扫描件；公司地址证明复印件或扫描件（包含近期 3 个月内的任意 1 个月的银行账单/水电费单/电话账单/信用卡账单）。

（3）申请参考时间：资料提交后 4～8 周。

（4）获得 VAT 税号证书文件及 EORI 号码信息。

2. 收费及维护

一般代理会收取英国 VAT 增值税号及 EORI 海关号的申请费用，另外还有英国 VAT 季度税务申报（quarter return）费用及英国税务代理年费。其中，税务申报以英国税务局通知时间为准，3 个月为一个季度，即一年申报四次；税务代理费用包括 VAT 税号注册地址费用（一般都使用代理在英国的税务所地址）、税务师与税务局不定期的沟通和处理信件等代理费用。根据不同代理公司的情况收费也会有所不同。

第六节　跨境电子商务主要平台物流与通关

一、亚马逊物流 FBA

FBA（fulfillment by Amazon）是亚马逊提供的代发货服务，卖家把货物发往 FBA 的仓库，亚马逊提供包括仓储、拣货打包、派送、收款、客服、退货处理等一系列服务。亚马逊平台非常看重卖家的物流配送和售后服务的品质，为了达到平台的物流标准，对于大部分卖家来说都建议使用 FBA 服务。尤其是欧洲市场，国内寄往欧洲的物流时间长、费用高，如果卖家不能保证买家在 7～10 天收到包裹，就会严重影响综合评分，所以选择 FBA 是较为明智之举。

（一）FBA 优缺点

1. FBA 优点

（1）Amazon Prime 为买家会员提供 2 天送达服务和满足条件即可免运费服务，使用 FBA 的产品都在亚马逊的 2 日送达和免运费服务范围内，买家会更倾向于下单购买这些产品。

（2）加入 FBA 服务可以提高 listing 排名，增加抢夺 buy box 的机会。

（3）不用担心因为物流而引起的差评。

（4）提供 7×24 小时客户服务热线，解决卖家的客服问题。

（5）拥有丰富的仓储和物流经验、先进的智能管理系统，让卖家的客户体验更好的物流服务。

2. FBA 缺点

（1）成本较高，尤其是仓储费用，如果商品滞销，卖家需要支付很高的仓储费用。

（2）FBA 不负责清关和货物从中国运输到 FBA 仓库的过程，卖家需要自己解决头程运输的问题。

（3）买家退货很简单，容易导致退货率上升。

（二）FBA 费用

FBA 费用包括以下几方面。

（1）订单处理费，根据订单数量收费。

（2）打包费，根据产品个数收费。

（3）重量计费，首先依据产品的长、宽、高划分到相应的尺寸类别，然后根据这个尺寸类别对应的重量单价，按照具体的重量进行计费，这样既考察了产品体积，又考察了产品重量。

（三）FBA 操作

1. 将产品设置为 FBA 发货

（1）进入卖家后台，单击"INVENTORY"—"Manage Inventor"，进入库存管理页面，选择要通过 FBA 发货的产品。

（2）在选好的产品信息"Action"下拉列表中选择"Change to Fulfilled by Amazon"。

（3）单击"Yes，continue"或"no，return to full list"按钮。

2. 发货到 FBA

（1）选择"Send/Replenish Inventory"，勾选要发货的产品。

（2）默认选项是"Create new shipping plan"，发货地址会自动生成，如需改写单击"Ship

from another address"，选择打包方式为"Individual products"或"Case-packed items"，单击"Continue to shipping plan"按钮。

（3）进入"Set Quantity"页面，填写发货产品的数量和尺寸，然后单击"Continue"按钮。

（4）选择 Seller 或 Amazon 打印标签，选择标签打印方式，选择 Amazon 打印标签，选择"I agree to the Terms of Service"，单击"Save"按钮。单击"Approve Shipment"同意发货。

（5）进入"Label Products"页面，在"Apply to all"下拉列表中选择产品类目，然后单击"Continue"按钮。

（6）进入"Review Shipments"页面，单击"Approve Shipment"按钮。

（7）进入"Prepare Shipment"页面，填写发货信息并单击"Complete Shipment"按钮。单击"Work on another Shipment"按钮发货，打印标签，贴在包裹外面。

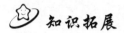 知识拓展

亚马逊欧洲站跨境物流开通英德一站式清关服务

二、eBay 物流

（一）eBay 物流方式

eBay 的物流方式主要有邮政物流、商业快递、专线物流以及海外仓，这些物流方式前文均有介绍，此处不再赘述。

（二）eBay 亚太物流平台

为了满足国际电子商务快递市场的发展需要，提高中国卖家跨境物流的处理效率，eBay 推出了亚太物流平台。

通过该平台卖家可以自动同步 eBay 账号销售数据，管理、下载和打印包含英文地址的发货单以及报关清单。在该平台上发货后，物流公司上门揽件，包裹上网后与 eBay 数据库对接，并提供包裹追踪信息。

1. 专线物流

使用亚太物流平台需要首先注册账号，以下为注册账号的具体操作方法。

（1）进入 eBay 亚太物流平台页面，单击"立即注册"。

（2）进入 eBay 登录页面，分别输入 eBay 账号和密码，然后单击"登录（Sign in）"按钮。

（3）阅读所有服务条款，选中"我同意以上所有服务条款和隐私政策"复选框，然后单击"我同意"按钮。

（4）根据自身实际需要，设置订单来源和标题以及订单发货方式，然后单击"保存"按钮。

（5）账户创建成功，可以继续对账户进行相关设定，如添加物流服务商、添加自己的其他 eBay 账号或设置用户 ID 等。

在注册使用亚太物流平台时，需要注意以下两点。

（1）使用 eBay 卖家 ID 注册成功后，该 eBay ID 将成为卖家在亚太物流平台的主管理员账号，用于登录物流平台和修改物流平台的相关设置。

（2）只有在 eBay 香港站（https://www.ebay.com.hk/）注册的用户才可以使用亚太物流平台，如果卖家在注册物流账号时遇到注册站点错误的提示信息，可单击信息中的"联系客服"，提交注册站点更改申请，在客服的帮助下修改注册站点，进而注册并使用亚太物流平台。

2. 订单发货操作

eBay 亚太物流建立有完善的发货流程，卖家完成注册后系统会自动将卖家在 eBay 上产生的订单导入物流平台，卖家只需在物流平台上编辑完整的详情单，选择物流服务商并申请包裹跟踪号，通过物流平台打印标签并发货，即可完成线上发货，然后为包裹贴上物流标签，等待物流商上门揽收即可。包裹揽收成功，物流平台会自动将包裹的跟踪信息同步更新至 eBay。

eBay 亚太物流平台的发货流程具体如图 5-8 所示。

图 5-8　eBay 亚太物流平台的发货流程

根据以上流程，以下为在 eBay 亚太物流平台上发货的具体操作方法。

1）查看订单

（1）进入 eBay 亚太物流平台首页，单击"eBay ID"登录按钮。

（2）分别输入 eBay 账号与密码，然后单击"Sign in"按钮。

（3）单击页面左侧列表中的"已付款订单"，查看需要发货的订单。

2）编辑订单详情

（1）单击订单，编辑包裹详细信息，包括物品信息、包裹信息、买家收货地址以及卖家备注。编辑包裹的物品信息。

（2）单击"包裹信息"选项卡，编辑包裹信息。

（3）单击"地址"选项卡，编辑地址信息，其中包括收件人地址、寄件人地址、揽收地址等。

（4）若卖家需要添加备注信息，可单击"备注"选项卡，在"卖家备注"文本框中输入备注信息。"物品信息""包裹信息""地址""备注"信息都编辑好后，单击"保存"按钮。

3）申请包裹跟踪号

（1）订单信息编辑完成并分配好物流商后，可单击"申请包裹跟踪号"按钮，为订单申请跟踪号。物流平台根据卖家订单的物流服务商分配包裹跟踪号。

（2）跟踪号申请成功后，该订单会被移至亚太物流平台首页的"交运状态"下的"待交运"中。

4）打印标签

（1）选中订单前面的复选框，然后单击订单上方的"打印发货标签"按钮。

（2）在弹出的对话框中单击按钮开始打印。

（3）如果物流商要求打印申报清单，先选中订单前面的复选框，然后单击订单上方的"打印申报清单"按钮。

（4）在弹出的对话框中单击"打印"按钮。

5）发货

（1）选中需要发货的订单前面的复选框，然后单击订单上方的"发货"按钮。

（2）发货成功后，该订单将会被移至"交运状态"下的"上门揽收"或"卖家自送"下（这与卖家注册时的设置有关，注册时选择的是"卖家自送"，则订单就被分到"卖家自送"下）。

（三）上传跟踪号

在包裹运输的过程中，如果卖家能够为买家提供物流跟踪信息，让买家掌握包裹的运输状态，则可以提高买家的购物体验，让买家对此次购物更加满意和放心，并为卖家留下较高的 DSR（卖家服务评级）。

以下为卖家上传跟踪号的具体操作方法。

（1）登录 eBay 账号，进入"My eBay"页面，单击"活动选项卡（Activity）"，然后单击页面左侧列表中的"Sold"（已卖出）。

（2）进入"已卖出"页面，找到已卖出产品，单击订单右侧的"打印运输标签（Print Shipping Label）"下拉按钮，在弹出的下拉列表中选择"添加跟踪号码（Add Tracking Number）"选项。

（3）进入"添加或编辑物流跟踪号（Add or edit tracking numbers）"页面，在"跟踪号（Tracking number）"文本框中输入物流的跟踪单号，在"Carrier"（物流商）文本框中输入物流公司名称，最后单击"保存（Save）"按钮即可。

 复习与思考

1. 名词解释

（1）跨境电子商务物流

（2）国际邮政小包

（3）国际物流专线

（4）仓储

（5）头程运费

2. 简答题

（1）跨境电子商务物流的特性是什么？

（2）跨境电子商务采购的影响因素是什么？

（3）FBA 的优点是什么？

（4）海外仓费用结构是怎样的？

（5）仓储的作用是什么？

第六章　跨境电子商务客户服务与纠纷处理

知识目标

- ❏　了解客户服务的概念；
- ❏　掌握跨境电子商务常见纠纷的处理方法；
- ❏　了解亚马逊的客户服务体系。

重点及难点

重点：
- ❏　客户服务沟通；
- ❏　售后纠纷处理；
- ❏　eBay 的客户服务体系。

难点：
- ❏　掌握跨境电子商务常见纠纷的处理方法；
- ❏　了解速卖通的客户服务体系；
- ❏　掌握 Wish 的客户服务体系。

案例导入

跨境电子商务在线客户服务应该具备的能力

1. 传统外贸人的专业技能

传统外贸人的专业技能包括：外语能力；对外贸行业的理解能力；丰富的外贸专业知识，包括支付、物流、关税、退税等知识。

2. 对于产品供应链的理解能力

其实，无论做传统外贸还是跨境电子商务，想把生意做好，就应该有优质、有特色的产品，同时作为一个在线客户服务，应该对自己经营的产品非常了解，对产品充分地理解，才可以履行一个在线客服的基础功能，就是跟客户沟通，引导客户下单交易。对供应链的理解可以让你在后期的运营中更多地体现自己的核心竞争力。

3. 熟悉跨境电子商务平台，对于跨境贸易整个流程应该有透彻的理解

很多小型的跨境电子商务创业团队，其实"在线客户服务"是一兼多能的，不仅仅是在线跟客户沟通，也需要兼顾平台运营。如果你要成为一个合格的跨境电子商务在线客服，首先，应该能熟练运用跨境电子商务平台的规章制度，比如 2017 年的速卖通的招商门槛政策、速卖通的大促团购玩法等，熟悉平台你才可以顺应平台发展。其次，跨境电子商务的在线客服因为直接面对客户，所以应该对跨境电子商务的整套流程非常熟悉，比如物流、各国的海关清关等。

4.语言能力强，了解目的国消费者

如果要精细化地做好跨境电子商务运营，英文的能力是非常重要的，不仅仅体现在对详细页面的描述、与客户的沟通，还体现在与客户的消费纠纷中，有语言优势的客服更能解决客户的问题。还应该了解目的消费国的风土人情，比如做速卖通，就应该熟悉俄罗斯人和巴西人的性格：跟俄罗斯人避免聊苏联问题；巴西人比较爽快、幽默，但是性格上有比较直的特点。掌握这些你就可以更好地跟客户沟通，最终提升自己的销售业绩。

5.一流的销售能力

跨境电子商务的"在线客服"其实还只是一个外贸销售员，是升级版的。跨境电子商务"在线客服"的工作情况体现在他的销售业绩和客户满意度。一个好的跨境电子商务客服应该善于分析客户。有些客户是单纯零售买家，有些是小额批发商，有些甚至是潜力无限的大V客户，跨境电子商务的在线客服应该通过站内信，及时判断并发现这些客户，差别化地对待，引导客户下单。在线客服通过展示自己的专业度、对跨境流程的理解，与客户真诚交流，感恩客户下单，最终顺利成交。如果客户不下单，在线客服还应该通过持续的跟进最终使订单成交。其实这跟传统外贸是相通的。

6.引导客户二次、多次下单的能力

在线跨境电子商务运营要成功，其核心还是靠用户的下单"黏合度"。一个老客户的重复下单次数决定了店铺的成功与否，客户会二次或者多次下单的前提应该是对第一次订单的高度满意，这跟跨境电子商务在线客服的专业度和耐心分不开。专业的跨境电子商务卖家会在第一次销售过程中真正解决客户的争议，比如对产品，对跨境物流以及售后的问题。客户的二次开发还包括第二次购买的优惠幅度、折扣，以及建立客户关怀档案的措施。

（资料来源于网络，并经作者加工整理）

第一节　跨境电子商务客户服务概述

一、跨境电子商务客户服务认知

（一）客户服务概述

1.客户服务理念

1）客户服务概念

客户服务是指一种以客户为导向的价值观，广义地说，任何能提高客户满意度的内容都属于客户服务的范围。跨境电子商务客户服务是指通过各种通信方式了解客户需求，帮助客户解决问题，促进网店产品销售的业务活动，包括客户售前咨询、订单处理、售后咨询等。在跨境电子商务企业一般都设有专职的客户服务岗位，简称客服。

2）客户服务理念

客户服务理念是在与客户的接触过程中要做到以客户为中心，设身处地去理解客户，挖掘客户需求，不断满足客户需求，为客户创造价值。以下几点能帮助我们树立客户服务的理念。

（1）客户离开我们的原因。调查显示，客户离开我们主要是因为他们得不到他们想要的，这同价格没有太大的关系。45%的顾客离开是因为"很差的服务"；20%是因为没有人去关心他们（这两项加起来就有 65%，原因是你做得不好）；15%离开是因为他们发现了更便宜的价格；15%离开是因为他们发现了更好的产品；5%离开是其他原因。

（2）开发新客户的成本。开发一个新顾客的费用是保持一个老顾客费用的 5 倍；保留5%的忠实顾客，利润额在 10 年内能增加 100%；一个忠实的客户所带来的持续消费、关联性消费、介绍他人消费等是一次性顾客消费量平均额的数倍；80%的生意来自于 20%的顾客；区别公司的客户类别，抓住最主要的顾客尤其重要。

（3）优质服务所带来的收益。开发一个新客户需花大力气，而失去一位客户只需 1 分钟。平均每一个被得罪的顾客会告诉 8～16 个人；被告知这个坏消息的人还会告知更多的人。不要得罪你的客户，你得罪的不是 1 个客户，可能是 500 个客户；在网络时代更是瞬间传万里。

调查资料表明，不满意的顾客中只有 4%会投诉，96%的不开心的顾客从不投诉，但是90%永远不会再购买该企业的产品和服务。

2.客户服务流程

1）了解客户需求

（1）客户需求的概念。客户需求是指客户的目标、需要、愿望以及期望。在商业活动中，只要涉及供应者与需求者，则需求者的相关要求都被称为客户需求。客户需求往往是多方面的、不确定的，需要分析和引导。

（2）马斯洛需求层次理论。马斯洛需求层次理论将人类需求像阶梯一样从低到高按层次分为五种，分别是生理需求、安全需求、社交需求、尊重需求和自我实现需求。

伴随着跨境电子商务行业的激烈竞争，客户服务已经取代产品和价格成为竞争的新焦点。能用优质服务招徕客户、留住客户是企业的重要竞争力。客服人员应根据马斯洛的需求层次理论进行客户服务管理，满足客户需求，从而留住客户。

（3）了解客户需求。了解客户需求是指客服人员运用聆听、提问等方式挖掘客户主导需求的过程。客户需求分为表现需求与主导需求，表现需求是指客户直接表现出来的需求，是一种外在的需求；主导需求是指客户真实的、起主导作用的需求，是一种内在的需求。了解客户的真实需求，以及隐藏在其表象需求背后的主导需求，是客服人员提高工作效率、促成与客户交易、解决问题的保证。

提问和聆听是了解客户需求的两种主要方式。运用提问和聆听技巧，既可以帮助客服人员提高客户的接受程度，提高与客户交流的有效性，获得更加全面的信息，也能够更加清楚地了解客户的状况、环境和需求，并且还可以帮助销售人员保持清晰的思路，提高与客户沟通的效率。

2）满足客户需求

客户服务的核心是满足顾客的服务需求，客户是否满意是评价企业客户服务成败的唯一指标。只有客户满意才能引发顾客对企业的忠诚，才能长期留住客户。

（1）按层次满足客户需求。客户服务过程中可以按以下顺序满足客户需求。

① 对于基本信息需求，企业应在网站提供详细的产品和服务资料，利用网络信息量大、查询方便、不受时空限制的优势，满足客户的需求。

② 客户在进一步研究产品和服务时，可能遇到问题需要在线帮助。选购产品时或购买产品后，客户还会遇到许多问题，需要企业帮助解决，这些问题主要包括产品的安装、调试、使用和故障排除等。

③ 对于难度更大或者网络营销站点未能提供答案的问题，客户希望能与企业人员直接接触，寻求更深入的服务，解决更复杂的问题。

④ 客户不仅需要了解产品和服务信息，需要在线帮助、进一步与企业人员接触，还有可能愿意积极参与产品的设计、制造、配送、服务整个过程，追求更符合个性要求的产品和服务。

客户服务需求的四个层次之间相互促进，低层次需求满足得越好，越能促进高一层次服务的需求的产生。顾客得到满足的层次越高，满意度就越高，与企业的关系就越密切。

（2）有效使用服务工具。

① FAQ（frequently asked questions）。FAQ 即常见问题解答，在公司网站中以客户的角度设置问题、提供答案，形成完整的知识库。同时还应提供检索功能，能够按照关键字快速查找所需内容。

② 网络社区。网络社区包括论坛、讨论组等形式，客户可以自由发表对产品的评论，与使用该产品的其他客户交流产品的使用和维护方法。要营造网上社区，这样不但可以让现有客户自由参与，同时还可以吸引更多潜在客户参与。

③ 电子邮件。电子邮件是最便宜的沟通方式，通过客户登记注册，企业可以建立电子邮件列表，定期向客户发布企业最新信息，加强与客户的联系。

④ 在线表单。在线表单是网站事先设计好的调查表格，通过在线表单可以调查客户需求，还可以征求客户意见。

⑤ 网上客户服务中心。在企业营销站点开设客户服务中心栏目，可详细介绍企业服务理念、组织机构。通过客户登记、服务热线、产品咨询、在线报修等，为客户提供系统、全面的服务。

3）客户投诉处理

（1）客户投诉概念。当客户购买或使用产品和服务的时候，对产品本身和企业服务都抱有良好的期望，当期望和要求都得不到满足的时候，就会令客户心理失去平衡，由此产生的抱怨和不满行为，就是客户投诉。

（2）客户投诉处理。客户投诉的处理可分为四个阶段：接受投诉阶段、解释澄清阶段、提出解决方案阶段、回访阶段。

① 接受投诉阶段。要求做到认真倾听，保持冷静、同情、理解并安慰客户；给予客户足够的重视和关注；明确告诉客户等待时间，一定在时限内将处理结果反馈客户。

② 解释澄清阶段。要求做到不与客户争辩或一味寻找借口；不要给客户受轻视、冷漠或不耐烦的感觉；换位思考，易地而处，从客户的角度出发，做合理的解释或澄清；不要

推卸责任，不得在客户面前评论公司/其他部门/同事的不足；如果确实是公司原因，必须诚恳道歉，但是不能过分道歉，注意管理客户的期望，同时提出解决问题的办法。

③ 提出解决方案阶段。要求做到可按投诉类别和情况，提出相应解决问题的具体措施；向客户说明解决问题所需要的时间及其原因，如果客户不认可或拒绝接受解决方案，坦诚地向客户表示公司的规定；及时将需要处理的投诉记录传递给相关部门，要求其处理。

④ 回访阶段。要求做到根据处理时限的要求跟进投诉处理的进程；及时将处理结果向投诉的客户反馈；关心询问客户对处理结果的满意程度。

3. 客户服务内容

1）售前客服

售前客服是指在订单成交前，以商品销售为中心，为买家提供产品销售的相关咨询，包括购物流程、产品介绍以及支付方式等。售前客服的服务内容包括指导买家选购商品，推荐同类或关联产品，完成支付。售前客服关系到店铺成交转化率和买家购物体验。

在售前客服服务过程中，买家咨询较多的问题涵盖产品、支付、物流、费用等。

（1）与产品相关的问题：产品的功能和兼容性、相关细节明细、包裹内件详情。

（2）与支付相关的问题：关于支付方式和付款时间等问题。

（3）与物流相关的问题：运抵地区、发运时间、物流种类等问题。

（4）与费用相关的问题：运费合并、进口关税、优惠条件等问题。

2）售后客服

售后客服是指在产品成交后，为客户提供订单查询跟踪、包裹预期到货时间咨询以及产品售后服务等。售后客服关系到产品类目的完善、产品质量的提高，关系到客户体验和重复购买率，如果使用的是平台，还关系到退货率、纠纷率乃至账号的安全。在售后客服过程中，主要问题集中在货物未及时收到、实际收到的货物与描述不符、中差评处理。

（1）货物未及时收到。货物未及时收到的原因很多，包括物流公司因素、下单漏单、仓库漏发、货运丢失、客人地址不对、相关信息缺失、海关清关延迟、特殊原因（如海关、邮局等机构不正常营业，安防严检，极端天气因素等）。

（2）实际货物与描述不符。导致货物与描述不符的主要原因包括货品贴错标签、入错库、配错货、发错地址、下单错误等，还有产品质量因素如参数不对、色差、尺寸有出入，其他如货运过程中造成的损坏，与客人预期不符也会导致货物与描述不符。

3）主动售后咨询

客户服务人员除了及时为客户提供售前、售后的咨询，有时还要主动将一些重要的信息告知客户。

（1）告知客户付款状态，确认订单及订单处理的相关信息。

（2）分阶段告知客户货物的物流状态信息。

（3）如遇到不可抗力因素导致包裹延误、物流滞后等应及时通知客户。

（4）发现有问题的产品订单应主动沟通、说明情况。

（5）公司推出的新产品、热卖产品应及时推荐给客户。

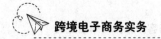

（6）店铺的营销活动应及时通知客户。

（二）客户服务沟通

1. 客户服务沟通原则

1）坚守诚信

网上购物虽然方便快捷，但是看不到摸不着。客户面对网上商品难免会有疑虑和戒心，所以必须像对待朋友一样对待顾客。要诚实地解答顾客的疑问，诚实地给顾客介绍商品的优缺点，诚实地向顾客推荐适合的商品。坚守诚信还表现在一旦答应顾客的要求，就应该切实履行自己的承诺，有时即使自己吃点亏也不能出尔反尔。

2）凡事留有余地

在与顾客交流中，不要用"肯定、保证、绝对"等字样，这不等于售出的产品是次品，也不表示你对顾客不负责任，而是不让顾客有失望的感觉。因为，每个人在购买商品的时候都会有种期望，如果保证不了顾客的期望，最后就会变成顾客的失望。为了不让顾客失望，最好不要轻易保证。用"尽量、争取、努力"等词语效果更好。多给顾客一点真诚，也给自己留点余地。

3）多倾听顾客意见

服务顾客的时候，应先通过问询了解顾客的意图，当顾客表现得犹豫不决的时候，也应该先问清楚顾客困惑的内容是什么，是哪个问题不清楚。如果顾客表述也不清楚，客户服务人员可以把自己的理解先告诉顾客，问问是不是理解对了，然后针对顾客的疑惑给予解答。

4）换位思考、理解顾客的意愿

当遇到不理解顾客想法的时候，不妨多问问顾客是怎么想的，然后站在顾客的角度去体会他的心情。当顾客表达不同意见时，要力求体谅和理解顾客，表现出"我理解您现在的心情，目前……"，或者用"我也是这么想的，不过……"来表达，这样顾客会觉得你能够站在他的角度思考问题。同样，他也会试图站在你的角度来考虑。

5）经常对顾客表示感谢

当顾客及时完成付款，很顺利地达成交易时，客户服务人员应该衷心地对顾客表示感谢，感谢顾客这么支持自己的工作。遇到问题的时候，先想想自己做得不到位的地方，诚恳地向顾客检讨自己的不足，不要先指责顾客。

2. 客户服务沟通技巧

1）促成交易技巧

（1）利用"怕买不到"的心理。人们常对越是得不到、买不到的东西，越想得到它、买到它。你可利用这种"怕买不到"的心理来促成交易。当对方已经有比较明显的购买意向，但还在最后犹豫的时候，可以用以下说法来促成交易。"这款是我们最畅销的，经常脱销，现在这批只剩两个了，估计不到一天就会卖完了。""今天是优惠价的截止日，请把握良机，明天你就享受不到这种折扣价了。"

（2）利用顾客希望快点拿到商品的心理。大多数顾客希望在付款后商家能越快寄出商品越好。所以在顾客已有购买意向，但还在最后犹豫的时候，可以这样表达："如果真的喜欢的话就赶紧拍下吧，我们的物流是每天五点前安排，如果现在支付成功的话，马上就可以为你寄出。"这种方式对于在线支付的顾客尤为有效。

（3）帮助顾客拿主意。当顾客一再发出购买信号，却又犹豫不决拿不定主意时，可采用"二选其一"的技巧促成交易。譬如，"请问您需要第 14 款还是第 6 款？""请问要平邮给您还是快递给您？"

（4）积极推荐，促成交易。当顾客拿不定主意，客户服务人员应尽可能多地推荐符合顾客要求的款式，在每个链接后附上推荐的理由。譬如，"这款是刚到的新款，目前市面上还很少见"，"这款是我们最受欢迎的款式之一"，"这款是我们最畅销的，经常脱销"，等等，以促成交易。

（5）巧妙反问，促成交易。当顾客问到某种产品，不巧正好没有时，就得运用反问来促成交易。譬如，顾客问："这款有金色的吗？"这时，不可回答没有，而应该反问道："不好意思我们没有进货，不过我们有黑色、紫色、蓝色的，在这几种颜色里，您比较喜欢哪一种呢？"

2）说服顾客的技巧

（1）调节气氛，以退为进。在说服时，你首先应该想方设法调节谈话的气氛。如果你和颜悦色地用提问的方式代替命令并给人以维护自尊和荣誉的机会，气氛就是友好而和谐的，说服也就容易成功；反之，在说服时不尊重他人，拿出一副盛气凌人的架势，那么说服多半是要失败的。

（2）争取同情，以弱克强。渴望同情是人的天性，如果想说服比较强大的对手，不妨采用争取同情的技巧，从而以弱克强，达到目的。

（3）消除防范，以情感化。消除防范心理的最有效方法就是反复给予暗示，表示自己是朋友而不是敌人。这种暗示可以采用种种方法来进行：嘘寒问暖、给予关心、表示愿提供帮助等。

（4）寻求一致，以短补长。努力寻找与对方一致的地方，先让对方赞同你远离主题的意见，从而使他对你的话感兴趣，而后再想办法将你的主意引入话题，最终求得对方的同意。

3. 主要目的国文化沟通

1）英国

（1）英国的传统禁忌。

① 在称呼英国人时，避免用"English"表示，宜用"British"。因为"English"仅代表英格兰，而不代表苏格兰或威尔士等英国其他地区。

② 英国人认为绿色和紫色为不吉祥的颜色，在图案中作点缀是可以的；忌讳白色、大象和山羊图案。他们喜欢马蹄铁的图案，认为其可招来好运气，是吉祥之物。

③ 忌与他们谈及个人私事、婚丧、收入、宗教等问题，尤其不要谈论女士的年龄。

④ 英国人认为"13"是不祥之数，多数英国人认为"7"这个数字可带来好运，并把星期六看作黄道吉日。

（2）商务沟通技巧。

① 与买家沟通时，要彬彬有礼，可适当地开些无伤大雅的玩笑，拉近距离。

② 注意物流时间，若货物确实不能准时到达，记得及时告知买家。

③ 达成交易后，在物流条件允许的情况下，可酌情安排些小礼品，如带有中国民族特色的工艺美术品。当然，英国人对带有公司标记的纪念品不感兴趣，涉及个人私生活的物品一般也不宜赠送。

④ 英国人不喜欢讨价还价，认为这是很丢面子的事情，他们认为一件商品的价格合适就买，不合适就走开。

2）美国

（1）美国人的禁忌。

① 美国人认为狗是人类最忠实的朋友，对于那些自称爱吃狗肉的人，美国人非常厌恶。

② 美国人对数字"13"或"3"特别敏感，忌讳蝙蝠、镰刀和锤头。

③ 切忌与他们谈及种族、收入、宗教等问题。

（2）商务沟通技巧。

① 与美国人做生意要有时间观念，时间就是金钱，做事效率要高，比如回复询盘要及时、发货要迅速等。

② 通过电话、邮件沟通要讲礼貌，多用 could、would、please 等词。

③ 与美国人做生意"是"和"否"必须说清楚。当无法接受对方提出的条款时，要明确告诉对方不能接受。

④ 美国人最关心商品的质量，其次是包装，最后才是价格。美国人非常讲究包装，他们认为包装和商品质量同样重要。因此，出口商品的包装一定要新颖、雅致和美观。

3）法国

（1）法国人的商务禁忌。

① 法国商人相当保守，与他们交谈要回避个人问题、政治和金钱之类的话题。

② 他们忌讳"13"这个数字，认为"星期五"是不吉利的。

③ 法国人忌讳黄色，对墨绿色也没什么好感；他们不喜欢孔雀与仙鹤，认为核桃、杜鹃、纸花也是不吉利的。

④ 他们认为称呼老年妇女"老太太"是一种侮辱。

⑤ 法国人忌讳男人向女人赠送香水，认为此举有过分亲热或有"不轨企图"之嫌；也不要送刀、剑或者刀叉餐具之类的物品，若送了，意味着双方会割断关系。

（2）商务沟通技巧。

① 与买家沟通时，在自由平等的基础上，要态度好、有礼貌，碰到女性买家时，可适度赞美。

② 可随物流适当安排些轻便礼品赠送给买家。

③ 将物品卖给时间观念超强的法国人，一定要控制好物流时间。

④ 法国人对蓝色比较偏爱，认为蓝色是"宁静"和"忠诚"的色彩；对粉红色也较为喜欢，认为粉红色是一种积极向上的色彩，给人以喜悦之感。

4）德国

（1）德国人的商务禁忌。

① 德国人很注重个人隐私，包括年龄、职业、薪水、信仰等，与德国买家沟通时，尽

量不要涉及这些内容。

②与很多西方国家一样，德国人忌讳数字"13"，同时对"星期五"也十分忌讳，这种习俗跟西方的宗教有关。

③德国法律禁用纳粹或其军团的符号图案，卖家在店铺设计方面应注意避开。

④德国人忌讳赠送过于个人化的物品，且礼品包装纸不用黑色、白色和棕色，也不习惯用彩带包扎。

（2）商务沟通技巧。

①德国企业对产品质量最为重视，他们认为没有物美价廉的产品，只有精品和次品。对德国买家而言，产品的品质应该是他们相当在乎的，卖家在备货时应对产品的质量进行严格把控。

②德国人非常注重规则和纪律，做事认真。凡是有明文规定的都会自觉遵守；凡是明确禁止的，德国人绝不会触碰。

③准确是德语的特点之一，他们经常使用"不得不""必须"等词语，容易给人留下发号施令的印象，实际上这正是德国人认真、严谨的表现。卖家在与德国买家沟通时，可以特别注意言语的准确性。

④可随物流安排小礼品给买家，礼品不必很贵重，有纪念意义即可。

5）澳大利亚

（1）澳大利亚人的商务禁忌。

①澳大利亚人认为兔子是一种不吉祥的动物。

②他们对数字"13"很讨厌，认为"13"会给人们带来不幸和灾难。

③他们忌讳"自谦"的客套语言，认为这是虚伪、无能或看不起人的表现。

④澳大利亚人对自己独特的民族风格感到自豪，因此谈话中忌拿他们与英、美比较。

⑤忌谈工会、宗教、个人问题，以及袋鼠数量的控制等敏感话题。

（2）商务沟通技巧。

①澳大利亚人很重视办事效率，时间观念很强，因此物流时间一定要控制好。

②澳大利亚人不喜欢在讨价还价上浪费时间，因此商品价格设置要合理。

③澳大利亚是一个讲究平等的社会，澳大利亚人很注重礼貌修养，不喜欢以命令的口气催别人。

6）俄罗斯

（1）俄罗斯人的商务禁忌。

①颜色方面，黑色代表不祥和晦气，不宜用于喜庆活动，黄色代表背叛和忧伤，不宜用于情侣活动。

②数字"13"代表背叛，在价格或折扣方面尽量要避免。

③黑猫象征着噩运，不要使用在产品包装上。

④送礼方面，手绢、刀、空钱包和蜡烛都不合适。

（2）商务沟通技巧。

①颜色方面，蓝色表示忠贞，象征着友谊和信任。俄罗斯人偏爱红色，常把红色与喜爱的事物联系在一起。

②俄罗斯人特别喜欢花，认为花能反映人的情感、品格。

③俄罗斯人喜欢数字"7"，它意味着幸福与成功。

④俄罗斯客人询盘的最大特色就是俄式英语。建议使用靠谱的语言处理软件或者直接使用俄语与对方交流，这样能提升客户兴趣度。

⑤俄罗斯客人喜欢用 Skype 在线谈生意，也用 SMS（相当于中国的短信）。

7）巴西

（1）巴西的禁忌。

①巴西人对颜色比较敏感，若送他们鲜花，不能送紫色、棕色或黄色的。他们认为紫色是死亡的象征，棕色充满悲伤，黄色则代表绝望。卖家在店铺设计方面可做参考。

②巴西人不喜欢谈论如政治、宗教、种族、工作等敏感的话题，切记不要将类似话题拿来开玩笑。

③巴西人非常守时，不管做任何约定，最好按时进行，反之可能会招致强烈的反感。

④巴西人不喜欢手帕和刀子的图案，卖家在店铺设计方面可尽量避开。

⑤与很多国家一样，巴西人忌讳数字"13"。

（2）商务沟通技巧。

①与巴西客户沟通时，可尽量风趣幽默，用他们感兴趣的话题活跃气氛。

②巴西人性格直率，与之沟通无须拐弯抹角，尽量直来直去，他们会比较容易理解。

③他们喜爱谈论自己的孩子，在沟通中时不时夸赞下他们的小孩，会增加他们的好感。同时可多谈足球、趣闻等话题，让沟通更简单、顺畅。

④巴西人认为蝴蝶和金桦果是吉祥和幸福的象征，卖家在设计店铺方面可充分使用这些图案。

8）意大利

（1）意大利人的禁忌。

①意大利人忌讳数字"13"和"星期五"，认为"13"这一数字象征着"厄兆"，"星期五"也是不吉利的象征。

②意大利人忌讳菊花。因为菊花是丧葬场合使用的花，因此人们把它视为"丧花"。如送鲜花，切忌送菊花；如送礼品，切忌送带有菊花图案的礼品。

③意大利人忌讳用手帕作为礼品送人，认为手帕是擦泪水用的，是一种令人悲伤的东西。所以，用手帕送礼是失礼的，同时也是不礼貌的。

④意大利人还忌讳别人盯着他们，认为直视人是对人的不尊敬，可能还有不良的企图。

（2）商务沟通技巧。

①意大利人性格一般比较开朗、健谈、热情奔放。初次见面谈问题都比较直爽，单刀直入，不拐弯抹角。

②意大利人的手势和表情比较丰富，常以手势助讲话，如手势表达不正确，很容易造成双方误会，后果甚至不可收拾。

③意大利人讲究穿着，在服饰上喜欢标新立异，出席正式场合都注意衣着整齐得体。他们喜欢听音乐和看歌剧，他们的音乐天赋大都较高。

④意大利人酷爱自然界的动物，喜爱动物图案和鸟类图案，喜欢养宠物，尤其对狗和

猫异常偏爱，有些人甚至把宠物作为家庭的一员介绍给客人。

⑤ 意大利人的时间观念不强，参加一些重大的活动，一些重要的会议、谈判有时会迟到。

9）葡萄牙

（1）葡萄牙人的禁忌。

① 忌讳数字"13"和"星期五"（尤其是 13 日和星期五重合的那一天）。

② 忌讳盯视别人。

③ 忌食带血的食物和血制品。

④ 忌讳问天主教的主教、神父、修女有关子女、爱人的问题。

⑤ 不愿意谈论有关政治或政府方面的问题。

（2）商务沟通技巧。

① 到葡萄牙从事商务活动最好选择在当年的 10 月至次年的 6 月。

② 葡萄牙人中午 12 点到下午 3 点不办公，在这段时间会找不到人。

③ 葡萄牙人谈生意时注重穿戴，谈判中如果他们穿着上衣，尽管天气热你也不要脱去上衣。

④ 葡萄牙商人多会法语、英语和西班牙语。与葡萄牙人谈生意要有耐心。

⑤ 葡萄牙人比较讲究礼仪，与他们交谈时，要坐姿端正。

10）西班牙

（1）西班牙人的禁忌。

① 西班牙人视家庭问题及个人工作问题为私人秘密，在与西班牙人交谈时，最好避开此类话题。

② 斗牛是西班牙的传统活动，西班牙人崇尚斗牛士，外来人士最好不要扫他们的兴，不要说斗牛活动的坏话。

③ 西班牙人忌讳"13"和"星期五"，认为遇其会有厄运或灾难临头。

④ 外来人士若送花给西班牙人，千万别送大丽花和菊花，他们视这两种花为死亡的象征。

（2）商务沟通技巧。

① 按照西班牙商人的商业习惯和礼俗，建议你随时穿着保守式样的西装，内穿白衬衫，打保守式样的领带。

② 西班牙人很重视信誉，会尽可能地履行签订的合同，即便后来发现合同中有对他们不利的地方，他们也不愿公开承认自己的过失。在这种情况下，如果能够善意地帮助他们，则会赢得西班牙人的尊重与友谊。

③ 到西班牙做客的商人，在办公时间以穿黑色皮鞋为宜，不要穿棕色皮鞋，尤其在日落之后，一定要穿黑色的鞋子，因为西班牙人历来就喜欢黑色。

④ 拜会公司必须预先约好。最好持有西班牙文、中文对照的名片，这样会给会面和谈判提供方便。

用服务维系老客户，做好会员营销

二、客户维护认知

维护客户关系，留住回头客可以给卖家带来可观的订单。想在跨境电子商务平台上有好的销售业绩，留住回头客、提高客户重复购买率是非常必要的。这就需要卖家在平时多和客户沟通，与优质客户的关系应定期维护。

客户维护流程图如图 6-1 所示。客户的维护主要包括客户的日常维护及新产品推广或在节假日产品促销方面的宣传。卖方可以主动联系买家，以扩大交易地区及对象、建立长期业务关系、拓宽产品销路为目的发送建交函，选取某类特定商品，进行具体的推荐性介绍。除了拓宽新客户，每逢节假日卖家还可以向老客户发送节假日的问候，以给客户留下深刻的印象。

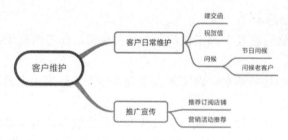

图 6-1　客户维护流程图

（一）客户日常维护

与客户的感情交流是卖家用来维系客户关系的重要方式，节日的真诚问候、婚庆喜事、过生日时的一句真诚祝福、一个小礼物，都会使客户深为感动。交易的结束并不意味着客户关系的结束，在售后阶段还须与客户保持联系，以确保他们的满足感能持续下去。

1.建交函（与新客户建立业务关系）

在维护客户中，试图和新客户建立业务往来关系也是极其重要的环节。在这个环节中，需要向客户介绍公司及产品优势，希望客户能被公司的资质和产品特色所吸引。

Sample 6-1

Dear customer,

We'd like to introduce our company and products to you, and hope that we may build business cooperation in the future.

We are specializing in manufacturing and exporting ball pens for more than 6 years. We have profuse designs with series quality grade and our price is competitive because we are the manufacturer.

You are welcome to visit our store http://... which includes our company profiles and some hot selling products. Should any of these items be of interest to you, please let us know. As a very active manufacturer, we develop new designs every month. If you have interest in it, it's my pleasure to offer news to you regularly.

Best Regards,

（Your name）

2. 祝贺信

祝贺信是为了祝贺生意上的朋友高升或得奖而发出的信。虽然祝贺信是写给个人的，却和一般朋友间的通信大不一样。它会影响你今后业务的开展，让彼此间可能形成一种微妙的亲密关系。

Sample 6-2

Dear Mr. Smith,

Congratulations on your recent promotion to Deputy Managing Director of ABC Trading Company. Because of our close association with you over the past ten years, we know how well you are qualified for this important office. You earned the promotion through years of hard work and we are delighted to see your true ability win recognition.

Congratulations and best wishes for continued success.

Yours sincerely,

Blank Lee

Import manager

3. 节日问候

给已经建立联系的客户或者新开发的客户发节日祝福邮件，一是为了维护好客户关系，二是为了和客户沟通并确认细节，推荐产品，让客户记住你，对你有印象。

Sample 6-3

Dear customer,

Merry Christmas and happy New Year! The Christmas and New Year holiday is coming near once again. We would like to extend our warm wishes for the upcoming holiday season and would like to wish you and your family a Merry Christmas and a prosperous New Year. May your New Year be filled with special moment, warmth, peace and happiness, and wishing you all the joys of Christmas and a year of happiness.

It's my honor to contact with you before, and my duty is to give you our best products and excellent service. Hope the next year is a prosperous and harvest year for both of us.

Last but not least, once you have any inquiry about ×××products in the following days, hope you could free to contact with us, which is much appreciated.

Yours sincerely

Sample 6-4

Dear ×××,

Many thanks for your contiguous supports in the past years. We wish both business snowballing in the coming years. May your New Year be filled with special moment, warmth, peace and happiness, the joy of covered ones near, and wishing you all the joys of Christmas and a year of happiness.

Last but not least, once you have any inquiry about products in the following days, hope you could feel free to contact with us, which is much appreciated.

Yours sincerely

Sample 6-5

Dear ×××,

As Easter Day is approaching, I do like to cherish this opportunity to wish you Happy Easter Day and brilliant life.

Regarding the ××× product we talked before, the unit price is ××× and packed in polybags 10 pieces is put in one carton 20cm ×25cm ×30cm. And the cart on weight is 5 kg. The delivery time is 10～15 days. Is this information correct and enough?

Happy Easter and enjoy your life. We are always ready to offer you best service if you kindly let me know.

Yours sincerely

4. 问候老客户

非节假日问候老客户的主要目的是向客户介绍店铺的最新优惠活动，或者向客户介绍公司的最新产品。除了这两个目的，单纯性的问候也必不可少，以免客户遗忘店铺。问候可以加深客户对之前有过购物经历的店铺的印象。

Sample 6-6

Dear ×××,

It has been a long time we did not make contact. How are you doing?

Would you please kindly let us know what kind of the product you are looking for recently? If you have any new inquiry, please let us know and we would quote you our best price.

Attached is the updated price lists for your reference.

Thanks for your attention.

Yours sincerely

（二）推广宣传

对于电子商务卖家来说，邮件是一种非常节约成本的营销渠道。因此，很多卖家都把邮件作为唯一的营销方式。其实，邮件还能改善其他营销方式的效果。

1. 推荐订阅店铺

产品邮件推送功能是速卖通平台为买家和卖家双方搭建的一个沟通渠道。买家一经订阅，每周都可以收到平台最新的优质产品和优质店铺信息，以及买家通过关键词或行业订阅的相关信息。卖家可以利用这个功能推荐买家订阅卖家的店铺，即可让买家在第一时间了解卖家的最新产品。

Sample 6-7

Dear buyer,

Thank you for showing interest in my products. In order to offer a better service and keep you updated with the latest promotions and products, please subscribe to my store. Any problem of subscribing, please refer to help.aliexpress.com/alert_subscribe.html.

Yours sincerely

Sample 6-8

Dear buyer,

Welcome to subscribe to my store. By a few clicks you can enjoy our VIP service such as the latest updates from new arrivals to best-selling products on a weekly basis etc. Any problem of subscribing, please refer to help.aliexpress.com/alert_subscribe.html.

Yours sincerely

2. 营销活动推荐

营销推广的手段有以下几种：优惠券、限时秒杀、打折促销、会员优惠、抽奖活动等。这些活动都可以在一定程度上促进网站订单量的提升。这些推广活动的开展除了吸引新客户，还能让店铺的老客户再次购买，增加老客户的回购率。

Sample 6-9

Dear buyer,

Right now Christmas is coming, and Christmas gift has a large potential market. Many buyers bought them for resale in their own stores, and it's high profit margin product. Here is our Christmas gift link, please click to check them. If you want to buy more than 10 pieces, we can also help you get wholesale price. Thanks!

Regards,

（Your name）

Sample 6-10

Dear buyer,

Thank you for shopping in my shop.

To express our gratefulness to all our customers, a series of promotional activities will be held from June 1 to 7 by our company, such as $15 off orders of $99 or more, 22% off for all the products and different coupons for your choice. There are only 7 days left for the activities.

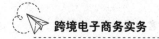
Don't hesitate to visit us.

Regards,

（Your name）

第二节　跨境电子商务纠纷认知与处理

一、跨境电子商务常见纠纷

（一）纠纷的定义

汉语词典对纠纷给出的解释是"争执不下的事情或者不易解决的问题"。生活中的纠纷主要有经济纠纷、民事纠纷、医疗纠纷、劳动纠纷、合同纠纷、交易纠纷、旅游纠纷等。

跨境电子商务纠纷指的是交易过程中产生的纠纷，属于交易纠纷，即在交易过程中产生了误会或者一方刻意隐瞒，以致交易无法顺利完成。本章主要以速卖通交易过程中产生的各种纠纷为例阐述跨境电子商务常见纠纷。

（二）常见纠纷的种类及其影响

1.常见纠纷的种类

买家在交易中提起退款申请时有两类纠纷，一类是买家未收到货物而产生的纠纷，俗称未收到货；另一类是买家收到货物，但货物与约定不符导致的纠纷，俗称货不对板。

1）未收到货

买家未收到货的纠纷主要涵盖查无物流信息、物流显示已妥投（买家仍投诉未收到货物）、海关扣关、货物在运输途中、货物原件退回、卖家私自更改物流方式等。下面将一一介绍。

（1）查无物流信息。卖家填写的运单号在物流网站查不到跟踪信息。

（2）物流显示已妥投（买家仍投诉未收到货物）。这种类型分为以下两种情况：① 物流妥投地址与买家下单地址匹配，即物流信息显示已妥投，且物流妥投国家与买家下单地址国家一致，省份、城市、邮编和签收人均一致。② 物流妥投地址与买家下单地址不匹配，即物流信息显示已妥投，但物流妥投信息与买家下单地址不一致。

（3）货物在海关被扣。物流信息显示货物在海关，货物由于涉及进口国海关要求而被扣留。海关扣留所涉及的原因包括但不限于以下原因：① 进口国对进口货物有限制；② 买家因关税过高不愿清关；③ 订单货物属假货、仿货、违禁品；④ 货物申报价值与实际价值不符；⑤ 卖家无法出具进口国需要的相关文件；⑥ 买家无法出具进口国需要的相关文件。

（4）货物在运输途中。包裹在物流公司官方网站的物流追踪信息介于"收寄"和货物"妥投"之间的情形，包括但不限于以下几种情形：离开中国、发往某地、到达某某邮局、未妥投。

（5）货物原件退回。物流有跟踪信息，且跟踪信息显示货物被退回。

（6）卖家私自更改物流方式。未经买家允许，卖家使用与买家下单时选择的不同物流方式发货。

2）货不对板

货不对板是买家收到货物但货物与约定不符，包括货物与描述不符、有质量问题、销售假货、货物短装、货物破损、买家收到货物后退货等。

（1）货物与描述不符类。买家收到的货物与卖家在网站相应的产品详情页面的描述存在颜色、尺寸、产品包装、品牌、款式/型号等方面的差距。

① 颜色不符是指所收到货物的颜色与产品描述不符。

② 尺寸不符是指所收到货物的尺寸与产品描述不符。

③ 产品包装不符是指所收到货物的内包装与描述不符（无包装、包装不符、包装破损和污渍）。产品包装是指产品本身所有的包装（邮局、卖家使用的外包装除外）。

④ 品牌不符是指所收到货物的品牌与描述不符。

⑤ 款式型号不符是指所收到货物的型号/款式与产品描述不符。型号/款式是指产品的性能、规格和大小等。

（2）有质量问题。买家所收到的货物出现品质、使用方面的问题，如电子设备无法工作、产品的质地差等。

（3）销售假货。买家收到货物后因货物为侵权或假冒产品或涉嫌侵权而提请退款。

（4）货物短装。买家所收到的货物数量少于订单上约定的数量。

（5）货物破损。买家所收到的货物存在不同程度的外包装（限产品自身包装，如手机产品的外包装，且邮局、卖家使用的外包装除外）破损，或者产品本身有损坏的情况。

（6）买家收到货物后退货。买家收到货物后，经买卖双方达成协议后退货，或者买家未与卖家协商即自行退货。

2. 纠纷的影响

纠纷一旦提起，其影响就不局限于买卖双方，同时还影响着买家对平台的信任。

1）影响买家的购物体验

对买家购物体验的影响主要体现在以下不同方面所产生的不良购物体验，即买家收到的货物与描述不符、收到的货物质量有问题、运单号无效、长时间无货物跟踪信息等。

2）影响买家对卖家以及平台的信任

由于买家的购物体验不好，买家不仅对卖家的信誉产生怀疑，还间接地影响买家对平台的信任，因而质疑速卖通平台、平台供应商和其产品，最后产生恶性循环。

3）影响交易顺利进行

纠纷的产生会直接影响交易的顺利进行，首先，体现在客源流失，即买家对卖家失去信心；其次，体现在延长了资金回款周期，因纠纷订单的款项将被平台暂时冻结，所以导致无法正常放款和退款，进而影响资金流动。

3. 纠纷的处罚

由于纠纷对买卖双方以及平台都会造成不同程度的影响，平台会对卖家纠纷相关的指标进行考核，然后进行处罚。根据平台最新服务等级规则，纠纷处罚措施如表6-1所示。

表 6-1 纠纷处罚措施

指　标	考　核　点	处　罚　措　施
纠纷提起率	买家提起纠纷订单减去买家主动撤销纠纷订单的情况	影响卖家的产品曝光
货不对板裁决提起率	卖家未解决的货不对板纠纷提交至平台裁决的情况	影响卖家的产品曝光，比率过高会导致产品一段时期内无法被买家搜索到
货不对板卖家责任裁决率	速卖通裁决的货不对板卖家责任纠纷订单的情况	

1）纠纷提起率

买家提起纠纷扣除买家主动撤销纠纷的订单数与发货订单数之比。

计算方法：纠纷提起率=考核期内（买家提起退款-买家主动撤销退款）的订单数/考核期内（买家确认收货+确认收货超时+买家提起退款）的订单数

2）货不对板裁决提起率（又名货不对板仲裁提起率）

买卖双方对买家提起的货不对板退款处理无法达成一致，最终提交至速卖通进行裁决，该订单即进入纠纷裁决阶段。货不对板裁决提起率是指一定周期内提交至平台进行裁决的货不对板订单数与发货订单数之比。

计算方法：货不对板裁决提起率=考核周期内提交至平台进行裁决的货不对板纠纷订单数/考核周期内（买家确认收货+确认收货超时+买家提起退款并解决+提交到速卖通进行裁决）的订单数

3）货不对板卖家责任裁决率（又名货不对板仲裁有责率）

纠纷订单提交至速卖通进行裁决时，速卖通会根据买卖双方责任进行一次性裁决。货不对板卖家责任裁决率指一定周期内提交至平台进行裁决且最终被判定为卖家责任的货不对板订单数与发货订单数之比。

计算方法：货不对板卖家责任裁决率=考核周期内提交至平台进行裁决且最终被裁定为卖家责任的货不对板纠纷订单数/考核周期内（买家确认收货+确认收货超时+买家提起退款并解决+提交到速卖通进行裁决并裁决结束）的订单数

货不对板纠纷上升到平台的订单会影响到裁决提起率，货不对板裁决提起率过高，就会影响产品曝光，同时也会影响店铺的 ODR；如果买家对具体订单的处理有异议，可以通过论坛右侧的"小何在线"人工客服联系，反馈具体的订单号和凭证，工作人员会提交到处理部门，再次核实。

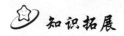知识拓展

为降低破损纠纷率，速卖通开启首轮重点治理

二、售后纠纷处理

（一）纠纷—仲裁基本流程及细则

1. 纠纷—仲裁基本流程

图 6-2 是平台处理纠纷的基本流程，下面将详细介绍。

1）买家提起退款申请（即提起纠纷）

（1）买家提起纠纷的原因。

① 未收到货。

② 收到的货物与描述不符。

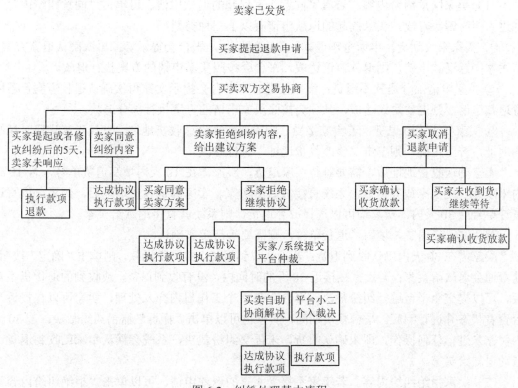

图 6-2　纠纷处理基本流程

（2）买家提起纠纷的时间。卖家填写发货追踪号以后，根据不同的物流方式，买家可以在不同的期限内提起退款申请。

① 系统默认的时间。

商业快递（UPS/DHL/FedEx/TNT）：第 6～23 天。EMS 顺丰：第 6～27 天。

航空包裹发货：第 6～39 天。

若设置的运达时间小于或等于 5 天，那么卖家发货后，买家即可提起纠纷。

② 若设置的运达时间大于系统默认的运达时间，那么以卖家设置的承诺运达时间为上限。

③ 平台在 2020 年 6 月 18 日更新规则，对自 2020 年 6 月 25 日（美国时间）起创建的订单保护期延长至交易完成（买家确认收货超时）后的 15 天，即交易完成后的 15 天，买家依旧可以提起纠纷。目前纠纷的处理原则不变，但买家由于以下情况提交的纠纷，平台将不再进行保护：商品影响二次销售；买家操作不当导致的质量问题。

（3）买家端操作。在订单的详情页中，买家可以看到按钮"Open Dispute"，单击该按钮就可以提交退款申请，当买家提交退款申请时纠纷即产生。提交后，买卖双方可以就退款申请进行协商解决，协商阶段平台不介入处理。

2）买卖双方协商

买家提起退款申请后，需要卖家确认，卖家可以选择同意纠纷内容，然后进入纠纷解决阶段，或者拒绝纠纷内容，与买家进一步协商，等待卖家响应。

（1）卖家同意纠纷内容。若卖家同意买家提起的退款申请，可单击"同意纠纷内容"并进入纠纷解决阶段。买家提起的退款申请有以下三种类型。

① 买家未收到货，申请全额退款：卖家接受时，平台会提示卖家再次确认退款方案，若卖家同意退款申请，则退款协议达成，平台会按照买家申请的方案执行退款。

② 买家申请部分退款不退货：卖家接受时，平台会提示卖家再次确认退款方案，若同意退款申请，则退款协议达成，款项会按照买家申请的方案执行部分退款。

③ 买家要求退款退货：若卖家接受，则需要卖家确认收货地址，默认卖家注册时填写的地址，若不正确，则单击"修改收货地址"进行修改。

卖家确认收货地址后，需要等待买家退货，买家需在 10 天内填写退货单号，若 10 天内未填写，视买家放弃退货，系统直接放款给卖家。卖家确认收货地址后，到买家填写退货订单号的 30 天内，卖家均可以选择放弃退货，则系统就直接退款给买家。

若买家已经退货，填写了退货单号，则需要等待卖家确认。

卖家需在 30 天内确认收到退货：若确认收到退货，并同意退款，则单击"确定"按钮，速卖通会退款给买家；若卖家在接近 30 天的时间内，没有收到退货，或收到的退货货不对板，可以提交至平台进行纠纷裁决，平台会在 2 个工作日内介入处理，卖家可以在投诉平台查看状态并进行响应。平台裁决期间，卖家也可以单击"撤诉"撤销纠纷裁决；若 30 天内卖家未进行任何操作，即未确认收货，未提交纠纷裁决，系统会默认卖家已收到退货，自动退款给买家。

（2）卖家拒绝纠纷内容。若卖家不接受买家的退款申请，可以单击"拒绝纠纷内容"按钮，并填写卖家建议的解决方案。

① 买家若未收到货，提起退款申请，拒绝时的附件证明必须上传，可以提供发货底单、物流公司的查单、物流官方网站的查询信息截图等证据，证明已发货及物流状态。

② 买家提起货不对板的退款申请，拒绝时的附件证明为选填，可以提供产品发货前的图片、沟通记录、重量证明等证据，证明如实发货。

拒绝退款申请后，需要等待买家确认。若买家接受卖家的方案，则退款协议达成，款项会按照双方协商的方案执行；若买家不接受卖家的解决方案，可以选择修改退款申请，再次与卖家确认，继续协商。

（3）买家取消纠纷。在买卖双方协商阶段，买家可取消退款申请即纠纷，若买家因为收到货物取消了退款申请并确认收货，则交易结束，进入放款阶段；若买家因为其他原因取消（如货物在运输途中，愿意再等待一段时间），则继续进行交易流程。

2. 纠纷处理细则

1) 纠纷提起时间

（1）提起要求。纠纷提起的前提条件必须是卖家全部发货后，否则买家无法提起纠纷。如果卖家还没有发货，买家可以选择取消订单，所以也不需要提起纠纷。

（2）根据卖家设置的承诺运达时间而不同。若小于 5 天，则买家在卖家全部发货后就可以提起纠纷；若大于或等于 5 天，则买家在卖家全部发货后的 5 天后可以提起纠纷。举例说明：① 某产品卖家承诺的运达时间为 DHL2 天，则该订单在卖家全部发货后，买家就可以提起纠纷；② 某产品卖家承诺的运达时间为 China Post Registered Air Mail 20 天，则该订单在卖家全部发货 5 天后才可以提起纠纷。

2) 纠纷提起时效

由于平台纠纷规则更新，买家可在订单发货后第 6 天到订单结束 15 天内仍可以提起纠纷，卖家提起纠纷的时效相继变长。一方面，对卖家产品和服务增加了新的考验，更要注重产品的质量以及服务；另一方面，因为订单保证期延长，一定程度上能提高买家主动确认收货的意愿。

3) 纠纷提起人及提起次数

通常情况下，纠纷只能由买家提出，不可以由卖家提出。只有在买卖双方达成退货协议后，卖家在收货阶段才能提起纠纷，其他阶段卖家无法提起纠纷。

买家在订单上升平台之前可以反复提起纠纷，直至双方协商出解决办法，或者等系统自动上升平台。

4) 纠纷响应时间

无论何种原因的纠纷，当买家提交或修改纠纷后，卖家必须在 5 天内"接受"或"拒绝"买家的退款申请，否则订单将根据买家提出的退款金额执行。目前错过 5 天反应期的订单及卖家数不胜数，而且这种损失是难以挽回的。希望卖家能把握住这 5 天的反应期。

5) 纠纷上升平台裁决

如果买卖双方协商达成一致，则按照双方达成的退款协议进行操作；如果无法达成一致，则提交至速卖通进行裁决。纠纷提交速卖通进行纠纷裁决后的两个工作日内平台会介入处理。

若买家提起纠纷退款，只要卖家拒绝了纠纷，在等待买家响应或等待卖家响应阶段，买家都可以将订单升级到平台裁决。

若买家第一次提起退款申请后 15 天内未能与卖家协商一致达成退款协议，买家也未取消纠纷，系统会在第 16 天自动提交速卖通进行纠纷裁决。若买家提起的退款申请原因是"货物在途"，则系统会在限时到达后的第 6 天自动提交速卖通进行裁决。

卖家可以提出裁决，如果与买家达成退货退款协议，买家已填写退货运单号，订单状态为等待卖家收货，退货后的 30 天内，如果卖家没有收到退货或者收到的退货有问题，此时卖家可以提出裁决（即将纠纷上升到平台）并上传证明。

总之，为提高买家体验和对全球速卖通平台及平台卖家的信心，对于纠纷，全球速卖通鼓励卖家积极与买家进行协商，尽早达成协议，尽量减少或避免全球速卖通的介入；如果纠纷提交至平台，平台会根据双方提供的证据进行一次性裁决。如果速卖通发现卖家有违规行为，会同时对卖家给予处罚。

（二）如何预防纠纷

1. 预防纠纷的重要性

由于纠纷不仅会影响交易的顺利进行，也会影响买家的购物体验、买家对平台的信任度，店铺同时还会受到平台的处罚，所以预防纠纷的工作特别重要。

纠纷发生后的金钱成本主要体现在影响资金回笼、影响店铺服务等级，以及产品和店铺的排名。而这种损失在纠纷订单累积到一定数量后，对店铺的伤害难以估量。

另外，处理纠纷的时间成本和人员成本远比预防纠纷高。店铺一旦有纠纷，卖家就不得不投入时间和人力去处理纠纷，而且很大一部分需要退款才能解决。另外，由于平台服务等级规则更新，买家一旦提起纠纷，且后期没有取消纠纷，就计一起纠纷提起率；若货不对板纠纷上升平台，还会记一次买家不良订单体验；如果上升平台后又被判为卖家责任，再记一次货不对板卖家责任裁决。因而，处理纠纷不仅耗时、耗力、耗资金，还会影响店铺经营数据。

预防纠纷的工作可以渗透到选品、产品发布、订单处理、售后服务等各个环节。预防纠纷工作表面上看起来非常烦琐，涉及的面非常广，但是假如认真思考，预防纠纷的工作是卖家日常应该做好的本职工作。因而卖家只要做好自己的本职工作，在很大程度上都能避免很多不必要的纠纷。所以，从另一个角度思考，预防纠纷的成本仅是让卖家的店铺更专业、更细致和更贴心。

2. 预防纠纷之产品

1）预防纠纷之选品

在选品阶段，卖家需要带着预防纠纷的意识去选择适合在平台销售的产品。

首先，选品时要注意把控产品的质量。质量差的产品在后期销售中很容易导致品质方面的纠纷。

其次，选品时注意产品是否侵权。平台是禁止销售侵权产品的，一旦查处，店铺就会面临处罚。同时，销售侵权产品也极易导致纠纷，而且一旦买家提起纠纷，卖家必输无疑。

2）预防纠纷之标题

标题内容虽然不多，但如果不注意，也会引起不必要的纠纷。卖家在发布产品时页面信息前后描述不一致，造成了同一个页面内的信息有矛盾或者不够清楚。

第一种，标题计量单位与销售方式单位不一致。

第二种，产品标题里添加与产品本身实质属性不符的描述词。这些词有可能会带来一部分曝光，同时也会埋下纠纷隐患。

3）预防纠纷之产品图片

众所周知，产品图片是吸引买家点击的重要因素之一。所以，买家在看产品主图时会有先入为主的想法，认为产品所展示的价格包含卖家所展示的所有东西，尤其是关联性很强的配饰。

我们建议卖家在发布产品图片时，尽量不加入不相关的东西，避免引起不必要的误会。假如是为了拍摄效果使用了相关配饰，需要在产品描述中显眼的位置明确指出销售产品不包含配饰，避免误导买家而产生不必要的纠纷。

4）产品属性描述

目前的平台中，对产品属性填写不规范或者填写错误的情况不胜枚举。

5）产品详细描述

在产品详情描述中，卖家需从不同角度尽可能如实并详细地描述产品。然而，目前平台在产品详细描述部分存在的纠纷隐患不胜枚举。例如，服装和鞋子的尺码问题，部分卖家直接用中文尺寸图，而且尺寸图没有与实际产品对应，或者误差过大、有色差问题等。电子产品在详情页没有详细阐述如何安装、如何使用，导致买家收到后不会安装，也不会使用，甚至因为不懂安装而导致产品损坏，进而提起纠纷。

建议卖家在发布产品前，针对自己所在类目的特点，把产品信息完整、如实、详细地描述出来。可以根据以下思路设计产品详细描述：首先，从买家角度思考：假如自己到国外平台购买自己所卖的产品，会希望获得哪些信息？会有哪些顾虑？其次，看同行优秀卖家是如何制作详情页的，然后结合卖家自身情况进行调整；最后，结合店铺经营过程中买家关心的细节，以及提过纠纷的点，总结并整理，然后针对性地调整产品。

（三）预防纠纷之订单处理

1. 确认订单信息

在收到买家订单后，尽量争取发一封订单留言与买家确认订单信息，包括订单下的产品相关信息以及买家收货地址信息，并交代买家如有异议，必须在限定时间内提出，否则卖家将按照订单约定发货。一方面提示买家再次核对订单及收货信息；另一方面，卖家做到事先跟买家确认信息，事后买家为此提纠纷时卖家有证据。

对买家有订单留言（或订单备注）的订单，务必在订单留言处与买家再次确认信息后再安排发货。

2. 发货预防纠纷

在发货阶段可预防的纠纷有以下 7 种情况。

（1）发货环节要严把质量关，不发残次品。

（2）合理包装产品，尽量避免产品在长途运输过程中损坏。

（3）发货环节需妥善保留发货底单。

（4）如实填写申报价值、申报数量和申报重量。

（5）卖家可视情况给买家赠送小礼品和小贺卡。

（6）在发货的包裹内放卖家定制的带有店铺二维码及好评有礼的售后卡，引导买家二次购买和留好评。

（7）选择可靠的货代发货。在订单一切正常的情况下，货代的好坏区别不大，主要体现在价格和时效方面，但是难以考核一个货代的服务。一旦订单出现异常，卖家很快就能评判出货代服务的优劣。好的货代不仅体现在价格和时效上，还体现在服务上。优质的货代在处理异常订单时往往能给予及时有效的反馈。

3. 跟踪物流预防纠纷

卖家需及时跟踪订单的物流信息，及时发现有物流问题的订单，提前通知买家订单目前的情况，以及卖家已在跟进订单物流进展。同时，第一时间与物流商确认物流最新状态，引起物流异常的原因，以及预计多久能恢复正常等信息。如有回复，卖家需第一时间反馈给买家。

提前沟通物流进展，及时发现物流问题，一方面安抚了买家，让买家知道卖家在关注订单进展；另一方面，把买家提物流纠纷扼制在萌芽状态。在订单不多的情况下，卖家及时跟踪物流信息不成问题。一旦订单量达到一定数量，加上国际物流周期长的特性，及时跟踪物流信息就变得任重而道远。目前，一般大卖家用第三方软件帮忙监控订单的物流信息，及时发现问题并解决问题。

正常情况下，小包查询地址都是所在国的邮局地址。卖家也可以通过 www.17track.net 来查询最新物流信息。这里需要提醒卖家，www.17track.net 虽是查询国家比较全的物流信息网址，但使用该网站时需注意两点：一方面，查询较为方便，但作为非官方的查询网站有其不稳定性，建议谨慎使用；另一方面，运单号中的字母须大写。

4. 及时沟通预防纠纷

如果收到买家的纠纷，卖家要及时回复买家，安抚买家情绪，并对造成的不愉快表示抱歉。告知买家，卖家已经开始调查此订单，会严肃认真地处理此纠纷，希望买家给予卖家时间。同时，提示买家提供与纠纷相关的照片信息，提高沟通效率。

因纠纷有时间限制，且卖家和买家存在时差，因而往往很难及时联系上买家。这就要求卖家针对纠纷订单，尽量挑选买家可能在线的时间进行沟通，必要时可以短信或电话提醒客户上网协助处理纠纷。

5. 处理纠纷的心态调整

卖家遇到纠纷时需冷静面对，首先联系买家了解情况，安抚并告知买家卖家的态度：卖家已经在认真调查和处理这个纠纷。对于纠纷，卖家能做的更多的是积极沟通，提出合理的解决方案，努力做到"尽管货物不能让买家满意，态度也要让买家无可挑剔"。

6. 注意沟通方式

涉及纠纷订单时，建议卖家通过订单留言和站内信与买家进行沟通，尤其是重要信息的确认和协商。通过订单留言及站内信的沟通，不仅能让买卖双方的信息交流更加清晰、准确，也能够留下交流的证据，利于后期可能出现的纠纷处理。而且这两种沟通记录还可以作为纠纷过程中的举证。此外，卖家要经常关注消息中心的信息，并保持旺旺在线，否则，买家很容易失去等待的耐心，卖家也很可能错失与买家沟通的机会。

7. 注意沟通时间

由于时差的缘故，在卖家日常工作（北京时间 8:00—17:00）时间，大部分国外买家不在线，而且订单留言和站内信也很少在这个时段回复。当然，即使国外买家不在线，卖家也可以通过留言联系买家。不过，建议卖家尽量选择买家在线的时候联系，这意味着卖家应该试着在晚上联系国外买家，因为这个时候买家在线的可能性最大，沟通效果会更好。

8.学会分析买家

卖家一方面要了解买家所在国家当地的风俗习惯与禁忌，了解不同国家的语言文化习惯，以便沟通时拉近距离，并且有针对性地对买家问题进行回复。另一方面，卖家要学会从买家的文字风格判断买家的性格脾气。例如，买家使用的语言文字简洁精炼，则可判断其办事风格可能是直截了当或雷厉风行的，不喜欢拖泥带水。卖家若能根据买家的性格脾气积极调整沟通方式，有助于促进双方沟通的顺利进行。

以上这些方面，既能让卖家及时掌握交易动向，也能够让买家感觉到卖家对他的重视，促进双方的信任与合作，从而提高买家的购物满意度。此外，出现问题或纠纷时，卖家也可以及时、妥善地处理。

（四）售后纠纷注意事项

1.平台纠纷注意事项

（1）保留发货底单（或者包裹图片），针对发错地址、短装、空包、物流妥投买家仍然称未收到货类的案件，是极有力的举证。

（2）退货的包裹，建议在邮局拆开并查看是否有问题，最好录制视频。

（3）页面描述前后一致，很多短装类案件都是因为卖家对数量单位描述得不清楚导致的。

（4）正确使用产品的 SKU 属性。很多卖家会用 color 这个 SKU 属性代替产品型号等，但这个是违规行为且极易引起买家误会，所以一旦买家提起纠纷，即认可买家该投诉点，判定卖家有责。

（5）正确填写产品的申报价值。针对易破损类产品，卖家可以进行索赔，但如果申报价值过低，就会导致索赔价值低，申报价值填写过高或过低都极易被海关扣关。

（6）切忌盗图，并尽量上传真实的产品图片，否则极易导致买家提起描述不符类的纠纷。

（7）合理设置限时达时间，若设置时间过短，极易造成买家提限时达纠纷。

（8）对价值高的产品，买家提起纠纷，卖家建议退货的同时主动承担退货运费，并与买家积极协商退货事宜，有利于达成退货协议。

（9）要有礼貌地与买家进行沟通。即使买家提起了纠纷，也要尽量帮助买家解决问题。

（10）如果买家提起产品无法正常工作等问题，卖家在查看了买家的举证后发现是买家使用不当等问题导致的，也需要积极反诉，并提供正确的使用方法为自己辩护。

（11）如果买家举证已经可以证实卖家发错货等情况，建议卖家在纠纷上升到仲裁之前积极与买家协商退款金额或者退货、退款等事宜，不要等到仲裁介入处理，裁决提起率及仲裁有责率对 ODR 影响是非常大的。

（12）针对短装类纠纷，需要每个产品都称重，称重时需要清晰展示每个产品，若产品带包装，需要将包装打开并检查里面的产品是否正确（很多时候，卖家页面会将产品包装上的 logo 处理掉一部分，买家买的款式多，如果不展示包装内部产品，很难确定产品是否为发货产品），平台不认可货代发货证明。

2. 针对不同类目的纠纷注意事项

1）服装行业

（1）卖家在发布产品的时候，需要在产品页面完整展示产品部位的尺寸信息，比如胸围、衣长等，如果没有展示，后期买家若提起尺寸问题的纠纷，则属于卖家责任。

（2）有些卖家没有展示产品的尺寸信息，只是说明衣服适合的身高以及体重，那么后期买家提起尺寸问题的纠纷时，如果提供了自己的身高和体重都是在范围内，但是尺寸不合适，则属于卖家责任。

（3）对于礼服类产品，一般买家投诉点基本是款式不符，建议卖家在产品页面尽可能展示产品的真实图片以及细节图，避免后期不必要的纠纷。

（4）如果产品确实存在色差，需在产品页面说明，如果没有说明，后期买家因此提起纠纷时，则属于卖家责任。

（5）如果买家选择的尺码和实际收到的 tag（标签）不符，需要在产品页面具体展示尺码和 tag 的对应关系，如果没有说明，后期买家因此提起纠纷时，则属于卖家责任。

（6）卖家在产品页面一般会说明具体的误差值，但是很多卖家设置的误差值甚至超过了相邻尺码间的差值，这个平台是不认可的。建议卖家在设置误差值的时候，不要超过相邻尺码间的误差值。

2）鞋类

很多卖家在发布 unisex 的鞋子时，男、女款是分别有对应的尺码标准的，比如同时有 US8，但分别对应的脚长是不一致的，这样就容易导致买家后期以收到的尺码和要求不符提起纠纷。因此，建议卖家在发布 unisex 时，保证男女款鞋子尺码一致，否则应该分开发布。

卖家在发布鞋子时，color 属性一栏还区分男款和女款，但是买家在下单的时候，只认为这是颜色的选择，后期因此而产生的纠纷属于卖家责任。

鞋类的常见纠纷为尺码问题，即偏大或者偏小。平台是根据买家收到的鞋子尺码标签与产品详情页尺码表对比进行判责的，若尺码匹配，则卖家未发错货，买家需要继续举证；尺码不匹配则判断卖家发错货，判卖家责任；详情页无尺码表则判卖家责任；鞋子无尺码标签也是卖家责任。

3）3C 配件

（1）与电子产品相似，卖家会在反诉中表示产品有自己店铺特殊的标签或者 logo，说买家的产品不是自己的。如果是这种情况，请在产品描述图片中明确拍出这些标签和 logo，而不是等有了纠纷之后再来凭空否认买家的证据。

（2）配件产品（比如手机屏幕等）其实是 OEM 产品，但是卖家在标题中写 original for 某品牌，这点会误导买家，买家会认为产品就是品牌原装产品，导致投诉假货。如果是 OEM 产品，建议卖家不要写 original 这样的字样，避免产生纠纷。

4）家居

（1）易碎品、贴纸等产品要注意包装，贴纸可以采用卷轴形式包装，并把卷轴放在硬纸板做的三角形包装盒里，这样不易在运输途中产生褶皱。

（2）如实填写页面中的尺寸（如伸缩水管需把伸缩前后的尺寸长度信息都写在页面上），发货前检查好产品，与发货产品的实际尺寸保持一致（四件套、水龙头、窗帘、伸缩水管等）。

（3）数量不符。例如，窗帘要写清楚具体对应几片窗帘，是窗帘还是窗纱，因为大部分页面图片上的产品包括两片窗帘和窗纱，对数量没有解释清楚很容易引起纠纷。

5）灯具

（1）灯具经常被投诉参数不符合无法正确工作，以及货物破损，建议灯具卖家如实填写具体参数，在发货前拍照备份，发易损配件时要多注意。

（2）发货前仔细检查待发的产品，防止辛苦发走的产品引发后期的纠纷，造成损失。

6）美容健康行业

（1）带电池类产品。若因为物流原因，电池无法配送，建议在页面用文字明确告知。

（2）生产日期问题。对于彩妆、保健产品，如果因收到的产品上没有任何生产日期标注而引发纠纷，卖家直接全额退款。

7）箱包

（1）有关箱包的纠纷主要集中于产品破损或划痕、与描述不符、货物短缺、假货、污渍。

（2）产品破损纠纷处理原则：问题的严重程度、修复的可能性、对买家使用和购物体验的影响。产品破损主要是金属部件破损和皮质破损。

（3）描述不符主要包括款式、颜色、材质、尺寸不符。纠纷处理原则是不符的程度，以及对买家使用和购物体验的影响。建议避免灯光导致的色差，买家尽可能上传实拍图，注重详情页细节说明，包括各角度和关键细节的拍摄和文字说明。

（4）货物短装主要包括缺少背带、小包或部件。处理原则是根据短装占比数量，对买家使用和购物体验的影响进行评估。

（5）假货纠纷处理原则：根据问题的严重程度，对买家使用和购物体验的影响，如果买家举证图片中显示有 logo，并且买家明确表示投诉该产品为假货，那么，即使卖家产品页面无品牌宣传，平台也会要求卖家给出相应的授权证明，如果卖家无法提供，则按假货处理，并全额退款。对于真假皮问题，平台也是根据材质不符的程度对买家使用和购物体验的影响来评估的。如果材质严重不符，即使产品对买家有部分使用价值，平台一般也会给买家全额退款。所以，建议卖家如实描述，切莫过度描述和宣传产品。

（6）产品污渍问题主要来源于物流和出货方面，平台一般根据问题的严重程度、修复可能性，以及对买家使用和购物体验的影响来进行评判和处理。

8）珠宝、手表

（1）珠宝纠纷。以下为产生珠宝纠纷的常见原因。

款式不符：如链子粗细、珠子大小、款式和图案等。

颜色不符：如色彩、收货颜色差异等。

尺寸不符：如长度、大小不符。

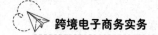

材质不符：如半宝石变塑料，以及贵金属不符等。

质量问题：做工差，如图案雕刻质量差等。

破损：如掉钻、刮擦问题等。

短装：产品重量、数量不符，以及配件问题等。

建议：产品图片尽量不要调色过度，详情页如实描述产品细节，发货前检查，标注不同国家的码数参照，发货前拍照留底。对于成对出售的商品，不要单只出售，注意单位问题。

（2）手表纠纷。

① 描述问题。

颜色不符：手表色差、表壳、表带、表针等。

尺码不符：表盘、表带尺寸不符等。

材质不符：男女款式发错、logo 问题、刻度样式等。

功能不符：动力模式不符、日历功能不符等。

② 质量问题。

质地差：产品生锈等。

破损：产品有划痕、镜面破损。

无法正常工作：手表指针不工作、无法调节时间等。

建议：卖家在发货前检查产品，拍照确认，如实描述产品，不夸大功能，不误导买家。对于可调整长度的表带，在详情描述中标注清楚。

9）母婴产品和玩具

有关母婴产品的纠纷主要集中在颜色、尺寸、款式和材质不符问题上，占了该行业所有纠纷的 50%以上。还有产品质地差、做工差、线头过多、左右肩宽或衣长不一致，衣服印花不清晰、衣服脱线等。建议卖家如实描述产品，不要过度美化图片，发货前检查产品质量，同时严格按照买家下单的尺码发货。

玩具纠纷主要集中在产品破损、颜色、尺寸、款式和材质不符问题上。针对产品破损，卖家要提升产品包装质量以及打包方式。在发货环节增加当地语言售后服务信息，详情页要插入使用说明，需要充电和安装电池的一定要特殊说明，以避免买家以无法正常工作为由提起纠纷。

10）婚纱礼服

有关婚纱礼服的纠纷主要集中在尺寸与描述不符、做工差、型号与描述不符、颜色和描述不符问题上。由于东西方买家的体型差异大，而婚纱礼服对于身材数据要求较高，尺码稍微不符就有可能导致买家无法穿上。所以，卖家在详情页一定要做好尺码模板，标注具体参数的测量位置和方法，提醒买家查看产品的具体参数尺寸，引导买家与卖家沟通以减少错误选择尺码的概率。对于产品质量，要严把工厂质量关，出单之前要检验。在详情页需提供产品实拍图，不要过度美化产品。在产品包装环节要加强保护，例如，增加包装袋或者保护膜，避免货物破损。

11）汽配产品

有关汽配产品纠纷的特点主要是平均金额高、产品种类多，与买家车型相关的纠纷多。常见的投诉点集中在无法正常工作、产品不符、质量问题、与车型不匹配（国内外车型的差异）。

在纠纷阶段，建议卖家专注解决买家的实际问题，提供可操作的合理的解决方案（部分退款、退款退货、重新发货、新订单折扣等），并积极解答买家的疑问。卖家应完善产品描述页，使用多角度及真实参数进行产品介绍，做到图文一致，注明产品的使用方法、安装步骤等。因各国车型版本的差异，卖家须列出产品使用的详细车型及图片。同时，卖家还应提升售后服务能力，及时解决买家的问题，针对被投诉产品进行反查，然后相应地调整产品描述，避免产生类似的纠纷。发货前拍照、录制视频保留证据，并对产品进行检查。

第三节　跨境电子商务主流平台客户服务体系及售后服务

一、亚马逊的客户服务体系

亚马逊成立于 1995 年，是通过互联网从事电子商务业务最早的公司之一。刚开始，亚马逊平台只是经营书籍，但是随着业务区域的不断扩大，经营的产品类目也不断扩大。2001 年，亚马逊开始推广第三方开放平台 Marketplace，2002 年推出专业的云计算服务，2005 年推出 Prime 会员服务，2007 年开始向第三方卖家提供外包物流服务 FBA，2010 年推出自助数字出版平台（digital text platform，DTP）。亚马逊逐步推出的这些服务，使其不断超越网络零售商的范围，成为一家综合服务提供商。

在跨境电子商务领域，亚马逊是全球最早的跨境电子商务 B2C 平台，对全球外贸的影响非常大。亚马逊对客户的重视程度很高，为了更好地为客户服务，建立了先进的客户服务体系。在亚马逊的全部员工中，有八分之一的人手专门负责回复客户的电子邮件，这种分工也体现了其重视客户的传统。亚马逊要求工作人员与客户经常联系，并从客户那里获得反馈。在亚马逊的网站上，商品页面的下方设有专门的区域，供已购买该商品的客户自由反馈购买体验、商品情况等。无论是正面的还是负面的评价，均可被显示出来，一方面给有意愿购买该商品的客户提供参考；另一方面，正面评价是对亚马逊及其商品的最好的宣传，负面评价则可以促使卖家进一步完善商品和服务。

（一）亚马逊卖家客户服务的基本规则

亚马逊对卖家的管理采用"宽进严出"的方式。它允许个人和企业在其平台上开店，只有某些类目要求卖家具备一定条件，很多类目完全向卖家开放，而且允许卖家销售二手商品。但是，亚马逊对卖家的管理却较为严格。所有卖家都必须遵守平台的全方位保障条款，权益受到侵害的客户可以获得亚马逊的全面支持。

亚马逊作为跨境电子商务平台，在产品及服务由第三方卖家转至客户的过程中，全程参与分销、广告投放、在线评论、售后客户服务等。作为亚马逊的特色，FBA 已经成为其主营业务之一，为第三方卖家提供包括仓储、运输配送、跨境物流及定制化物流方案等多项服务。这种收取网店流量费用、分仓租赁、代收代包代发货物及代收款的模式不仅为第三方卖家提供了便利，而且有利于提升客户服务品质，从而为亚马逊带来更多的利润增长。非 FBA 卖家主要通过自发货（merchant fulfilled network，MFN）的形式配送订单，并与客户通过亚马逊平台自行沟通和交流，亚马逊平台只在必要的时候参与。

为了缓解与日俱增的 FBA 仓储压力，亚马逊推出 Seller Fulfilled Prime（SFP）项目，使非 FBA 卖家也有机会接触亚马逊 Prime 会员，但加入 SFP 的卖家必须向 Prime 会员提供美国 48 个州两天达（2-day shipping）的免费配送服务。

后文将主要介绍与在亚马逊平台自行发货、配送和提供客户服务的与第三方客户（Amazon seller，也称为 3rd party seller）有关的客户服务体系。

（二）亚马逊平台对卖家客户服务能力的评估

亚马逊是一个非常注重客户体验的跨境电子商务平台，制定了一套指标来规范卖家账户的日常运营，要求卖家根据设定的指标要求，努力经营自己的店铺，服务好客户。如果卖家没有达到指标或者严重超标，其运营就会受到影响。卖家的客户服务能力可从卖家账户的卖家状态、健康状态评定和各项账户指标来判断。

1. 卖家状态

亚马逊平台卖家状态分为以下四种。

（1）活动状态。表示卖家账户处于正常状态，可以在亚马逊上销售商品，按照正常进度支付款项。

（2）正在审核状态。表示卖家账户可以在亚马逊上销售商品，但当前正在接受亚马逊的审核，在完成审核前，卖家账户只能接收资金，无法转出资金。

（3）受限制状态。表示卖家账户已受限制，可能无法销售某些类别的商品，或只能销售自行配送的商品。

（4）暂停状态。表示卖家账户不能在亚马逊上销售商品，资金会被暂时冻结。

2. 健康状态评定

亚马逊卖家账户健康（account health）状态主要由三种不同的颜色标记。

（1）绿色复选标记为优秀（good），表示卖家为客户提供了良好的体验，达到了亚马逊要求的账户整体目标。

（2）黄色感叹号为一般（far），表示卖家向客户提供的体验未达到亚马逊要求的账户整体目标，此时卖家应提升产品和服务的质量，以避免出现负面反馈或索赔。

（3）红色叹号为糟糕（poor），表示卖家向客户提供的体验远未达到亚马逊要求的账户整体目标。卖家应立即提升产品和服务的质量，以避免出现负面反馈或索赔。

3. 各项账户指标参数

亚马逊卖家账户处于什么样的状态、表现如何，还可以从各项指标的分数看出来。亚马逊对卖家账户各项指标的要求如表 6-2 所示。

表 6-2　亚马逊对卖家账户各项指标的要求

指 标 名 称	指 标 要 求	指标重要性	指 标 属 性
订单缺陷率	<1%	必须满足	服务性
配送前取消率	<2.5%	必须满足	服务性
发货延迟率	<4%	必须满足	服务性
有效追踪率	>95%	重要	服务性
准时到达率	>97%	一般	潜在性
退货不满意率	<10%	一般	潜在性
客户服务不满意率	<25%	一般	潜在性
联系回复时间	24 小时内回复次数>90%	一般	潜在性
违反政策	不得违反相关政策，例如无侵权、卖假货行为等	重要	政策性

1）订单缺陷率（order defect rate，ODR）

订单缺陷率是指卖家在相关时间段内产生的差评（negative feedback）订单或者涉及亚马逊商城交易保障索赔（Amazon A-to-Z guarantee claim）、服务信用卡拒付（service credit card chargeback）等纠纷的订单在所有订单总数中所占的比例。

订单缺陷率=相关时间段内产生的订单缺陷的总量÷订单总数×100%。亚马逊规定，卖家的订单缺陷率要低于 1%。

导致订单缺陷率高的主要因素是差评和纠纷。客户在收到包裹后，可以在 90 天内对产品进行评价。如果对商品或服务不满意，客户可能会给卖家留下一星或者二星的差评，卖家可以在 60 天内请求客户移除，移除后将不会被记入订单缺陷率。卖家必须保障产品质量，并做好物流跟踪服务，如遇到纠纷，一定要先与客户协商，必要时可考虑退款，以减少差评的产生。

注意：在产品上架初期评价少的情况下，一个差评就会造成指标飘红，给卖家带来打击，影响产品后续的销售，后面需要花很大的努力来提高指标。只有订单数量增多了，好评的基数多了，有了容错空间，才不会有这么大的指标压力。

2）配送前取消率（cancellation rate）

在规定时间段内，卖家在确认发货之前，因为库存不足或者其他某种原因主动取消了客户的订单，所取消的订单占所有订单的比例就是配送前取消率。

配送前取消率=已取消订单÷订单总数×100%。亚马逊规定，卖家的配送前取消率应低于 2.5%。

配送前取消率是衡量卖家的库存是否充足的指标之一。高订单取消率会影响卖家账户，也会对卖家的利润产生负面影响。所以，卖家要重视对库存的监控，库存不足应及时补货或及时下架，尽量降低配送前取消率。

如果客户下错了单，由卖家手动取消操作会被计入订单取消率。所以，建议卖家让客户自行在下单成功后的半小时内取消，以免超过了时限要求由卖家取消。如果因此导致卖家配送前取消率超过 25%，在亚马逊人工介入审核店铺时，卖家可以向亚马逊平台反馈实情，由亚马逊进行处理，则不会影响指标。

3）发货延迟率（late shipment rate）

在规定时间内，卖家因为自身原因，在超过承诺的时间后安排货物配送称为延迟配送，迟发订单数除以订单总数所占的百分比，就是发货延迟率。

发货延迟率=迟发订单÷订单总数×100%。亚马逊规定卖家的发货延迟率要低于 4%。

在后台上传产品时，卖家在"OFFER"一栏的"Handling Time"选项里面填写的天数，将与发货是否延迟直接相关。如果不填，系统默认为两个工作日。如果卖家延迟发货，可能会导致客户重复提醒卖家发货，又或者投诉或要求取消订单，这会给卖家带来负面影响，所以卖家应努力在承诺的时间内按时发货。如果无法避免拖延，应该及时联系客户说明情况，努力获得客户的谅解。

4）有效追踪率（valid tracking rate）

有效追踪率只针对卖家自主配送的情况。卖家在发出包裹后，需将有效追踪编码（即快递单号）及时录入对应的订单中，方便客户追踪包裹。能有效追踪的包裹数所占的百分比即有效追踪率。

有效追踪率=上传有效追踪编码的包裹总数÷已发货的包裹总数×100%。亚马逊规定，卖家的有效追踪率应高于 95%。

物流跟踪信息需在确认配送后的 48 小时内上传，追踪编码需要真实有效并与物流服务商匹配无误，仅当追踪编码至少具有一次承运人扫描记录时，追踪才有效。能有效追踪的订单包括 FedEx、UPS 和 DHL 等国际物流公司的具有有效追踪编码的订单，但不包括通过标准邮寄信封或平邮信封邮寄的订单，因为它们是跟踪不到物流信息的。

有效追踪率也是一项绩效指标，如果卖家在特定商品分类下未实现 95% 的目标，将有可能丧失在该分类下销售非亚马逊物流商品的权限。有效追踪有助于客户追踪订单包裹的物流情况，也有助于卖家降低订单缺陷率。卖家在收到亚马逊商城交易保障索赔时可得到保护，降低货件遗失成本，提高转化率和收入等。

5）准时到达率（on-time delivery）

准时到达率考核的是客户在卖家承诺的预计配送日期之内收到包裹的订单占比，是基于有效追踪编码（即快递单号）的。亚马逊规定，卖家的准时到达率应高于 97%。客户在预计时间之内没有收到包裹，可能会向卖家多次催促物流情况，甚至发起纠纷或给予差评。

6）退货不满意率（return dissatisfaction rate）

退货不满意率是指在客户向卖家提出退货请求的前提下，卖家未在 48 小时内答复或者拒绝客户而收到负面反馈的订单占比。退货不满意率与订单缺陷率中的"差评"不是同一个概念。亚马逊规定，卖家的退货不满意率应低于 10%。如果没有达标，亚马逊虽不会对卖家硬性处罚，但卖家仍需要引起重视，因为只要是退货，都会对卖家造成损失，如果退货率高，会影响商品页面排名。但是卖家也不能为了不让客户退货，而对客户采取诱惑或要挟的手段，否则客户投诉到亚马逊平台，其后果更严重。卖家应该更注重自己的服务态度，努力争取客户，如果客户坚持退货退款，应及时处理退货事宜。

7）客户服务不满意率（customer service dissatisfaction rate）

此指标用于衡量客户对卖家消息回复的满意度。当客户通过站内信、邮件向卖家咨询结束时，亚马逊会附带一份内容为"Did this solve your problem?（这是否解决了您的问题？）"的调查，客户可以选择"YES"或"NO"。客户服务不满意率就是以"否"的回答数除以回复总数所得的百分比。亚马逊规定，卖家的客户服务不满意率应低于 25%。如果卖家未能达标，亚马逊不会对卖家硬性处罚，但卖家仍需要引起重视。

8）联系回复时间（contact response time）

联系回复时间考核的是卖家在 24 小时内回复客户发来的站内消息的比例。即使在节假日，如果卖家超过 24 小时没有回复，也算延时回复，也将影响该指标。所以，一般情况下，卖家都会配有专门负责处理客户咨询的在线客户服务人员，在节假日也应做好值班工作，及时回复对客户来说非常重要。亚马逊规定，卖家的联系回复时间达标率应高于 90%。

9）违反政策（policy violations）

违反政策是指卖家违反了亚马逊的相关政策，如侵权、卖假货。众所周知，亚马逊对知识产权的保护相当严格。如果卖家明知故犯，因存在侵犯知识产权的行为被投诉且侵权行为成立，就会受到亚马逊的警告或处罚，轻则下架产品，重则直接封账户关店铺。一旦出现这种情况，将会成为卖家的行为污点，卖家不要轻易触碰。

总之，不难看出，亚马逊对卖家的每项指标考核都是从为客户服务的角度考虑的，非常注重客户体验。所以，无论卖家在哪个站点，无论店铺大小，订单缺陷率、配送前取消率、发货延迟率、有效跟踪率都是卖家的生存根本，是一定不能触碰的警戒线。卖家必须按照亚马逊的要求运营店铺，尽心尽力提升这四项指标。除了前四项，第九项指标也是亚马逊卖家需要特别重视的。对于其他指标，卖家也应该尽量做好，虽然未能达到这些指标不一定使账户处于不利地位，但如果不加以改善，也会给自己带来负面影响。所以，无论是售前、售中、售后，卖家都要做好客户服务，提升各项指标。

（三）亚马逊平台客户服务方面的操作

在亚马逊"卖家中心（Amazon Seller Central）"页面最上方的主菜单中，找到"订单（ORDERS）"一栏，其下拉菜单中包括"订单管理（Manage Orders）""订单报告（Order Reports）""批量处理订单（Upload Order Related Files）""退货管理（Manage Returns）"。

1. 订单管理

单击"ORDERS"下拉菜单中的"Manage Orders"选项，可以看到所有的订单信息。在"Manage Orders"页面左上方单击"日期范围（Date Range）"右侧的下拉箭头，可以看到各种搜索条件，可用来对订单进行搜索。

订单搜索条件除了"Date Range"，还包括"亚马逊标准标识号（ASIN）""客户邮箱（Buyer E-mail）""产品页面号（Listing ID）""库存量单位（SKU）""订单号（Order ID）""产品名称（Product Name）""运输服务（Shipping Service）""运单号（Tracking ID）""发货方（Fulfilled By）""订单状态（Order Status）""预计发货时间（Expected Ship Date）""销售渠道（Sales channel）"。

如果前面的搜索条件不能满足,那么可以单击同一行的"高级搜索(Advanced Search)"选项,根据订单发货的"搜索条件(Search)""日期(Date)""订单状态(Order status)""配送信息(Fulfilled By)""订单交易的站点(Sales channel)"来选择订单。

在订单信息页面,对未发货订单可执行的操作包括"打印发货订单(Print Packing Slip)""确认发货(Confirm Shipment)""预约取货(Buy Shipping)""取消订单(Cancel Order)",对已发货订单可执行的操作包括"打印发货订单(Print Packing Slip)""编辑发货信息(Edit Shipment)""订单退款(Refund order)"。其中,发货订单不一定要打印,也可以根据客户要求或者卖家意愿进行处理;"预约取货"只适用于美国本土卖家,他们可以预约第三方快递公司上门提货发货。

2. 订单报告

单击"ORDERS"下拉菜单中的"Order Reports"选项。

进入"Request an Order Report"页面,页面中的订单报告包括卖家所收到的(所选天数内的)所有自配送订单的订单报告,其中包括那些已经取消的订单或已发货的订单报告。

3. 批量处理订单

在亚马逊卖家中心页面顶部"ORDERS"下拉菜单中选择"Upload Order Related Files"选项。

单击"下载模板(Download Template)"按钮,在弹出的新页面上会出现订单确认模板下载页面,再单击"确认发货(Shipping Confirmation)"按钮进行下载。

在下载的 Excel 表格里的"Shipping Confirmation"工作表中填写所需要的信息,建议使用 Excel 软件打开该表格填写,否则可能会导致上传失败。

填写好表格后将此 Excel 表格另存为制表符分隔的 txt 文档,然后把此文件上传至亚马逊平台。如果上传失败,平台会有提示,按照提示修改之后重新上传即可。对新手来说,订单较多时容易操作出错,不熟悉流程时可以先用 3~5 个订单号练手,熟悉流程之后再批量操作。

4. 退货管理

在亚马逊卖家中心页面顶部"ORDERS"下拉菜单中选择"Manage returns"选项,在退货管理页面左侧单击"退货申请(Return Request)"选项里的退货的入口(Return Request)。

在"退货申请"页面左侧可以看到退货申请的"筛选条件(filter Returns by)":"查看所有(View All)""等待授权(Authorization Required)""已完成(Completed)""已授权(Authorized)""已被客户关闭(Closed By Buyer)""已被卖家关闭(Closed By Seller)""有交易保障索赔(With-to-Z Guarantee Claims)"。如单击"等待授权(Authorization Required)"选项,会出现等待授权的退货申请详情,包括"授权申请(Authorize Request)""取消申请(Close Request)""退款(Issue Refund)""联系客户(Contact Buyer)"等处理方式。

二、eBay 的客户服务体系

作为国际零售跨境电子商务平台，eBay 就像国内的淘宝。与亚马逊相比，eBay 的店铺操作也不复杂，开店免费、门槛低，其平台规则也倾向于维护客户权益。eBay 的核心市场主要在欧洲和美国，如果选择该平台，需要结合自身的产品对市场深入分析，针对市场选择比较有潜力的产品深入挖掘。

eBay 的诚信和安全部门会尽力发现并阻止客户滥用 eBay 政策规则，同时，eBay 也会对卖家的客户服务及沟通情况进行严格的管理，以保障客户的权益。可见，eBay 的评价体系对卖家和客户都提出了要求，担任着维护平台稳定运营的重要角色，本节内容侧重于平台对卖家的要求。

（一）eBay 卖家客户服务的基本规则

1. 卖家不得索取评价

卖家不能以提供利益的方式要求客户留取好评或给店铺高分或修改评价。卖家不能以强制客户提供好评的方式，给客户发送他们购买的产品，或者接受退货退款的请求。

卖家同样不能为了获取好评而给客户提供额外的金钱或其他好处。当然，一笔交易结束了卖家可以邀请客户留下好评。如果客户因为交易等问题联系卖家，卖家需尽全力帮助客户解决问题。一旦问题被解决，卖家可以邀请买家留下好评，给出 DSR 高分，或者修改之前的中差评。一旦发现卖家有违反评价管理政策的情况，eBay 将会采取相应的措施，如限制销售资格甚至暂停账号。

2. 不得操纵评价

eBay 的评价系统让客户和卖家有机会在每次交易后对彼此进行评估和审查。该系统禁止操纵评价，以使 eBay 平台保持可被信赖的状态。任何企图用不正当手段增加卖家自己的评价成绩或降低其他卖家评价成绩的行为，如刷好评、买卖评价、给予不公平的低分等行为，都属于操纵评价。如果不遵守规则，eBay 平台可能会移除评价，并对卖家采取一系列的警告行为，包括限制销售甚至暂停账户。

3. 移除评价政策

在大多数情况下，评价是不能被更改或移除的，除非它违反了 eBay 的评价政策。如果客户留下了中性或负面的评价，eBay 鼓励卖家与客户联系，找到一个双方可接受的解决方案，但不允许通过强迫或欺凌客户来获得更好的评级。卖家有 30 天的时间提出修改评价的请求。卖家每收到 1000 个评论可以有 5 个发送修订评价的额度。客户有 10 天的时间做出回复，选择接受并修改评价或不接受并说明原因。如果留错了评价，不管卖家还是客户都可以回复评价或留下一个跟进评论，但留下跟进的评论不会改变卖家评级。在某些情况下，客户可能会失去评价的权利。例如，如果卖家开启了未付款纠纷，则客户不能为该商品留下评价。

（二）eBay 平台对卖家客户服务能力的评估

eBay 卖家等级数据分为两个模块同步更新，一个模块是当前卖家等级，另一个模块是预测卖家等级。卖家等级数据主要从以下几方面进行评估。

1. 综合表现

优质的跨境电子商务卖家应当使客户获得长期良好的购物体验，同时保持稳定的账户表现。综合表现的考核结果由两个方面决定，一方面是综合表现是否达到标准值，另一方面是纠纷率是否合格。以下为综合表现的具体量化标准。

1）综合表现标准值（长期不良交易率标准值）

（1）低单价问题交易。过去 12 个月内所有小于等于 10 美元的交易所产生的问题交易率不得超过 5%。

（2）高单价问题交易。过去 12 个月内所有大于 10 美元的交易所产生的问题交易率不得超过 7%。

（3）长期不良交易。过去 12 个月的综合问题交易率不得超过 5%。

（4）低单价交易量。过去 12 个月的小于等于 10 美元的商品的单项交易量大于 20 笔。

（5）高单价交易量。过去 12 个月的大于 10 美元的商品的单项交易量大于 20 笔。

（6）总交易量。过去 12 个月的总交易量大于 50 笔。

2）纠纷状态说明

（1）通过，指账号纠纷率未超过标准值。

（2）未通过，指账号纠纷率超过标准值。

（3）警告，指账号纠纷问题已经接近标准值，若未及时改善，则该账号将有可能受到限制，甚至导致账号冻结。

（4）不考核，指账号过去 12 个月的总交易量未达到标准，因而暂时不对该账号做纠纷的考核。

3）综合表现状态说明

（1）正常，指账号两个考核方面均未超过标准值。

（2）超标，指账号长期不良交易率或者纠纷率超过标准值，但由于该账号正受到其他 eBay 政策的影响，因而暂时未对该账号进行处理。

（3）警告，指账号长期不良交易中有一个或多个考核单项超过标准值，或者纠纷问题已经接近标准值，若未及时改善，则该账号将有可能受到限制，甚至导致账号冻结。

（4）限制，指账号长期不良交易率或者纠纷率超过标准值，且该账号未受到其他 eBay 政策的限制，因此该账号正在或将要被处理。

（5）不考核，指账号过去 12 个月的总交易量未达到标准，因而暂时不对该账号做任何考核。

2. 非货运表现

为了更好地帮助广大卖家控制交易损失，eBay 平台针对卖家过去 8 周的非货运问题交易，如中差评、物品与描述不符导致 DSR 低分、物品与描述不符导致纠纷、物品与描述不符导致退货、卖家取消交易等问题，为卖家设定了以预防为目的的阶段性指标来控制卖家的问题交易率。以下为非货运表现状态的说明。

（1）正常，指账户的非货运表现符合标准值。

（2）超标，指非货运表现已高于标准值，但暂时未对该账号产生影响。

（3）警告，指目前账号因非货运表现高于标准值受到警告，若未及时改善，则该账号将会受到限制，包括额度限制甚至账号冻结。

（4）限制，指目前账号因非货运表现高于标准值受到一定的限制。

3. 货运表现

物流的时效性对于跨境电子商务至关重要。为了帮助卖家及时追踪和控制货运表现，eBay 平台会根据卖家近期关于物品未收到导致的纠纷，以及运送时间导致的 DSR 低分等情况评估当前账号的货运表现状态。以下为货运表现状态的说明。

（1）正常，指账户的货运表现符合标准值。

（2）超标，指货运表现已高于标准值，但暂时未对该账号产生影响。

（3）警告，指目前账号因货运表现高于标准值受到警告，若未及时改善，则该账号将会受到限制，包括买卖限制甚至账号冻结。

（4）限制，指目前账号因货运表现高于标准值而受到一定的限制。

4. 待处理问题刊登

为了确保 eBay 交易平台的安全性，所有不符合 eBay 政策或可能导致不良客户体验的物品都将被即时自动删除。在此物品删除政策的前提下，eBay 特别为卖家提供了"待处理问题刊登"报告，尽早提醒卖家需要在这一星期内处理的问题，帮助卖家更快捷地删除问题刊登中的商品，维持卖家的账户表现。卖家可以按照页面指引，在显示的到期时间前，下线问题刊登报告中的商品。若卖家没能按要求在期限到达前妥善处理问题刊登，则可能导致刊登的商品被移除，甚至账户的刊登额度被降低。

（三）eBay 平台客户服务方面的操作

这里的客户服务相关操作均以 eBay 美国站上的订单管理操作为例。

eBay 的订单管理操作主要包括合并运费（offering combined shipping）、成交费返还（final value free credit）、第二次购买机会（second chance offer）、解决未付款纠纷（unpaid item case）、发送账单（send invoice）、取消拍卖（cancel bids）、设置客户常见问题（manage your Q&A for buyers）。

1. 合并运费

客户或者卖家为了节省物流费用，可以提出合并相同账号、相同送货地址订单的需求。合并的前提是先设置好合并的规则。以下是在卖家账户设置中开启合并运费的功能的步骤。

（1）通过"我的 eBay>账户>出售站点>开启合并结账和运费功能（My eBay>My Account>Preferences>Combined Payments and Shipping Discounts）"路径进入"合并结账和运费折扣（Combined Payments and Shipping Discounts）"页面。在"合并结账（Combined Payments）"选项下选择"新建（Create）"或"编辑（Edit）"选项。

（2）选中"允许客户所有选购商品进行合并结账（Allow buyers to send one combined

payment for all items purchased）"选项，然后选择合并运费的时间段，最后单击"保存（Save）"按钮。时间段最长可选 30 天。

（3）在"Combined Payments and Shipping Discounts"页面设置提供给客户的相应物流费用折扣。

（4）开启"接受合并运费"选项后，可以在"数据分析工具（Seller Hub）"中将需要合并的产品合并至同一张账单中。

（5）添加新的物流费用，最后单击"发送账单（Send Invoice）"按钮。

2. 成交费返还

无论交易是否最终完成，只要物品被买下，eBay 就会向卖家收取成交费。但是在某些情况下，如果交易中出现了一些问题，卖家可能有资格获得成交费返还，如以下情况：卖家和客户双方同意取消交易；客户没有付款，卖家根据要求进入未付款纠纷流程；卖家解决了交易中的问题，并且给客户退了款。但是，以下这些情况是无法获得成交费返还的：卖家为客户部分退款（partial refund）；卖家在 eBay 平台外给客户退款；卖家给客户提供了第二次购买的机会。

解决客户提出的退货、退款或者取消交易的请求之后，卖家可以获取成交费返还的资格。如果未解决此类请求，卖家也可以通过在"调解中心（Resolution Center）"中按要求开设"未付款纠纷（Unpaid Item Case）"，之后手动关闭未付款纠纷来获取成交费返还的资格。卖家可以在"账户概览（Account Summary）"查看成交费是否返还。

3. 第二次购买机会

提供第二次购买机会可以使卖家有机会和未拍得产品的客户达成交易，也就是说，如果一个客户参与一次拍卖，但是并未赢得最后的竞拍，此时卖家可以提供给客户第二次购买机会，让其以最后一次出价的价格买下这个产品。卖家提供第二次购买机会的期限为拍卖结束后的 60 天内。如果客户抓住了第二次购买机会购买了产品，卖家即需要支付相应的成交费。

当遇到以下情况时，卖家可以考虑使用第二次购买机会的功能：如果赢得竞拍的客户没有付款，同时卖家已经与其就此问题达成了解决方案；最终竞拍价未达到卖家的保底价；除了参加竞拍的那个产品，卖家还有一些相同的产品可供销售。以下是使用第二次购买机会功能的步骤。

（1）进入"数据分析工具（Seller Hub）"页面，单击"产品页面（Listings）"选项。

（2）在"更多操作（More action）"中，选择"第二次购买机会（Second Chance Offer）"选项后单击"继续（Continue）"按钮。

（3）选择相应的产品数量、第二次购买机会的持续时间和相应的竞拍人，单击"继续（Continue）"按钮。

4. 解决未付款纠纷

卖家有时会遇到客户拍下物品后迟迟不付款的情况，此时应尽量联系客户，一起解决这个问题，如果需要的话，eBay 将会介入帮助处理。以下是处理客户未付款的基本流程。

（1）卖家应先积极联系客户，了解客户未付款的原因。很多时候，客户只是没有注意到自己已经赢得了竞拍，或者不了解需要多少物流费用，不清楚应该如何完成支付。卖家可以在"数据分析工具（Seller Hub）"的"订单（Orders）"选项卡下，找到"等待付款（Awaiting payment）"栏中相应的产品，单击"操作（Action）"中的"联系客户（Contact Buyer）"来与客户联系。

（2）通过向客户发送账单提醒客户支付。如果在卖家联系客户、发送账单后，客户仍然没有回应，且产品售出超过了 2 天（未满 32 天），卖家可以开启未付款纠纷，告知 eBay 平台并希望开始正式处理纠纷。

开启未付款纠纷的方法：进入路径"eBay>账户>纠纷调解中心>解决问题>尚未收到付款（My eBay>Account>Resolution Center>Resolve a problem I haven't received my payment yet）"。

（3）在卖家开启未付款纠纷后，客户有 4 天时间来回应支付。在第 5 天，如果卖家仍然未收到客户的付款，可以在"纠纷调解中心"手动关闭未付款纠纷，并且在"是否收到客户付款"栏中选择"否"。如果卖家在第 36 天还未手动关闭未付款纠纷，eBay 将会自动关闭这个纠纷，但是不会返还成交费，且这笔未付款记录也将不被记入客户账号中。

5. 发送账单

在以下情况下卖家可以发送账单提醒客户付款：客户购买了多件产品，卖家希望将这些产品合并在一张订单中；卖家希望对于交易的某一些细节进行修改调整，如修改物流费用等；客户拍下产品后还未付款（如果客户拍下产品后超过了 30 天仍未付款，卖家无法向客户发送账单）。

卖家可以在"数据分析工具（Seller Hub）"中向客户发送账单，以下为具体步骤。

（1）在"数据分析工具（Seller Hub）"中选择"订单（Orders）"选项卡，找到相关的产品。

（2）在"操作（Action）"栏中，选择"发送账单（Send Invoice）"按钮再单击"发送账单（Send Invoice）"按钮。

6. 取消拍卖

为了保证潜在客户的购物体验，eBay 建议卖家不要随意取消拍卖，否则将严重影响客户的购物体验，除非必要或者有特殊原因，比如以下几个原因。

（1）客户出价后，联系卖家需要取消，同时卖家同意了要求。

（2）产品无法继续销售。

（3）商品信息有误。

7. 设置客户常见问题

对于正在出售的商品，感兴趣的客户会发来电子邮件询问具体事项。卖家可将一系列常见问题与回答事先添加至"向卖家提问"页面，这样一来，客户不需要直接与卖家联系，当客户进入"向卖家提问"页面后，就能看到已制定的问题及回复。可按照下面步骤设置客户常见问题。

（1）进入"我的 eBay（My eBay）"，在"My eBay"页面中单击"账户（Account）"选项，再单击页面左侧边栏里的"管理与客户沟通（Manage communications with buyers）"选项，进入"Manage communications with buyers"页面。

（2）单击页面下方的"管理问答（Manage questions and answers）"对应的"编辑（Edit）"选项，进入"管理您的客户 Q&A（Manage questions and answers）"页面。

（3）如果想要让客户在结账时看到说明，可选中"客户结账时显示消息（Include message at checkout when they pay）"选项；如卖家允许客户在线联系卖家，可选中"客户购物时通过 eBay 向您发送消息（Send your messages on eBay while they're shopping）"选项。

（4）在"选择主题并设置答案（Select topic to review answers）"区域，选择需回答的问题，并设置问题的答案。如物品的运费问题，可单击"选择主题并设置答案（Select topic to review answers）"区域左侧边栏的"物流（Shipping）"即可，单击"您的客户常见问答（Your&A）"下方的"新增问题（Add question）"即可创建问答。

（5）在"自动应答问题（Auto answers）"下方单击"系统自动应答问题"，会出现问题提示，根据需要单击"不向客户显示（Don't show to buyers）"可不向客户显示此问题，在不向客户显示的问题后单击"向客户显示（Show to buyers）"选项即可重新显示此问题。

（6）当全部问题设置完成并复查后，可单击最下方的"提交（Submit）"按钮保存此次操作。

三、速卖通的客户服务体系

速卖通客户服务体系主要负责解答客户咨询、解决售后问题、促进销售以及管理监控，其工作目标包括保障账号安全、降低售后成本以及促进再次交易。

（一）速卖通卖家客户服务的基本规则

速卖通要求卖家对于客户提出的任何关于产品或服务的问题，都尽可能做出完整的解答，提出可行的方案。在与客户沟通时，速卖通要求卖家在充分了解所经营的行业和产品，以及透彻掌握跨境电子商务各个流程之外，还应努力引导客户情绪，控制损失，敏锐地发现大客户，持续定期与客户沟通，解决客户的顾虑或疑惑，为客户提供最安全、稳妥的物流方案。

（二）速卖通平台对卖家客户服务能力的评估

速卖通平台设置了"卖家服务等级"这一指标。卖家服务等级本质上是一套针对卖家服务水平的评级机制，一共分为四级：优秀、良好、及格和不及格。不同等级的卖家将获得不同的平台资源，包括橱窗推荐数、搜索排序曝光、提前放款特权、平台活动、店铺活动等不同的资源（见表 6-3）。等级越高的卖家享受的资源越多，优秀卖家将获得"Top-rated Seller"标志，客户可以在搜索商品时快速发现优秀卖家，并选择优秀卖家的商品下单。指标表现较差的卖家将无法报名平台活动，且在搜索排序上会受到不同程度的影响。

表6-3　服务等级的分级标准及资源对照表

奖励资源	优秀	良好	及格	不及格	不考核
橱窗推荐数	3个	1个	无	无	无
搜索排序曝光	曝光优先 特殊标识	曝光优先	正常	曝光靠后	正常
提前放款特权	有机会享受最高放款比例				无法享受最高放款比例
平台活动	优先参加	允许	允许	不允许	允许
营销邮件数	2000	1000	500	0	500

　　卖家服务等级每月末评定一次，考核过去90天卖家的经营能力，包括客户不良体验订单率、卖家责任裁决率、好评率等。

　　考核的重点是体现卖家交易及服务能力的一项指标——客户不良体验订单率（order defect rate，ODR），即客户不良体验订单占所有考核订单的比例（见表6-4）。

表6-4　客户不良体验及指标表

客户不良体验	行 为 详 解
成交不卖	客户对订单付款后，卖家逾期未发货或由于卖家原因导致付款订单未发货的行为
仲裁提起	买卖双方对客户提起的纠纷处理无法达成一致，最终提交至速卖通进行裁决的行为
5天不回应纠纷	客户提起或修改纠纷后，卖家在5天之内未对纠纷订单做出回应导致纠纷结束的行为
中差评	在订单交易结束后，客户对卖家该笔订单总评给予3星及以下的评价
DSR商品描述中低分	在订单交易结束后，客户匿名给予分项评价——商品描述的准确性（item as described）3星及以下的评价
DSR卖家沟通中低分	在订单交易结束后，客户匿名给予分项评价——沟通质量及回应速度（communication）3星及以下的评价
DSR物流服务1分	在订单交易结束后，客户匿名给予分项评价——物品运送时间合理性（shipping speed）1星评价

　　其计算公式为：客户不良体验订单率=客户不良体验订单数÷所有考核订单数。

　　客户不良体验订单指考核期内客户给予中差评的订单、在卖家服务评价系统（detail seller rating，DSR）中获得中低分（商品描述≤3星，或卖家沟通≤3星，或物流服务=1星）的订单、成交不卖的订单、仲裁提起订单、卖家5天不回应纠纷导致结束的订单。在评定ODR时，如果一个订单同时满足2个及以上的不良体验描述，只记一次，不会重复计算。

　　速卖通平台对历史累计结束的已支付订单数≥30笔的卖家进行考核，对卖家在考核期内的表现按标准将其分为优秀、良好、及格和不及格四个等级，如表6-5所示。

　　在表6-5中，考核订单量指考核期内ODR计算公式中的分母。

　　90天好评率的计算公式为：90天好评率=过去90天内产生的好评数÷过去90天内的评价数总和。

　　卖家责任裁决率的计算公式为：卖家责任裁决率=过去90天提交至平台进行裁决且最终被裁定为卖家责任的纠纷订单数÷过去90天的订单数总和。

　　若考核期内，客户不良体验的订单来自2个及以下客户时，将不考核ODR；若考核期内，卖家责任裁决订单数仅为1，将不考核该卖家的责任裁决率。

表 6-5　卖家服务等级考核标准表

评　级	优　秀	良　好	及　格	不　及　格
标准	符合以下所有条件： （1）考核订单量≥90笔； （2）ODR<3.5%； （3）卖家责任裁决率<0.8%（手机、平板类目为<1%）； （4）90天好评率≥97%	符合以下所有条件： （1）考核订单量≥30笔； （2）ODR<6%； （3）卖家责任裁决率<0.8%（手机、平板类目为<1%）； （4）90天好评率≥95%	符合以下所有条件： （1）ODR<12%； （2）卖家责任裁决率<0.8%（手机、平板类目为<1%）； （3）90天好评率≥90%	符合以下任一条件： （1）ODR≥12%； （2）卖家责任裁决率≥0.8%（手机、平板类目为≥1%）
历史累计结束的已支付订单数<30笔的卖家属于成长期卖家，不参与卖家服务等级的考核				

（三）速卖通卖家评价规则解析

速卖通平台的订单处理将在后序章节进行详解，本节将着重解析速卖通的卖家评价规则。

1.评分分类

全球速卖通渠道的评估分为信誉评估和卖家分项评分两类。

1）信誉评估

信誉评估是指买卖双方在订单买卖完成后对对方信誉状况的评估，是双向的评分。信誉评估包含五分制评分和谈论两部分。

2）卖家分项评分

卖家分项评分是指客户在订单买卖完成后，以匿名的方法对卖家在买卖中的产品描绘的准确性、交流质量及回答速度、物品运送时间合理性三方面做出的评估，是客户对卖家的单向评分。

一切卖家全部发货的订单，在买卖完成30天内买卖两边均可评估。假如两边都未给出评估，则该订单不会有任何评估记载；如一方在评估期内做出评估，另一方在评估期内未评，则系统不会给评估方默许评估（卖家分项评分也无默许评估）。

2.评分计算方法

除特殊情况外，速卖通会正常核算商家的各项评分和商家信誉评估积分：好评+1，中评0，差评-1。

（1）客户在同一个天然旬（每月1—10日、11—20日、21—31日为每月的三个天然旬）内对同一个卖家只做出一个评估的，该客户订单的评估星级为当笔评估的星级（天然旬核算的是美国太平洋时间）。

（2）客户在同一个天然旬内对同一个卖家做出多个评估，依照评估类型（好评、中评、差评）汇总核算，即好中差评数都只各计一次（包含1个订单里有多个产品的状况）。

（3）在卖家分项评分中，同一客户在一个天然旬内对同一卖家的产品描绘的准确性、交流质量及回答速度、物品运送时间合理性三项中某一项的多次评分只算一个，该客户在该天然旬对某一项的评分核算方法如下：均匀评分=客户对该分项评分总和÷评估次数（四舍五入）。

以下 3 种状况不管客户留差评或好评，仅展现留评内容，都不核算好评率及评估积分。

（1）成交金额低于 5 美元的订单（成交金额为客户支付金额减去售中的退款金额，不包含售后退款状况）

（2）客户提起未收到货纠纷，或纠纷中包含退货状况，且客户在纠纷上升到裁定前未主动撤销。

（3）对运费补差价、赠品、定金、结账专用链、预售品等特别产品（简称"黑五类"）的评估。

3. 卖家信誉等级

速卖通卖家所得到的信誉评估积分决定了卖家店铺的信誉等级。

速卖通卖家信誉等级评定的相关资料都记录在卖家评价档案中。评价档案包含近期评估摘要（会员公司名、近 6 个月好评率、近 6 个月评估数量、信誉度和会员开始日期）、评估前史（最近 1 个月、3 个月、6 个月、12 个月及前史累计的时刻跨度内的好评率、中评率、差评率、评估数量和均匀星级等目标）和评估记载（卖家得到的一切评估记载、给出的一切评估记载以及在指定时间段内的指定评估记载）。

其中，均匀星级=一切评估的星级总分÷评估数量；卖家分项评分中各单项均匀评分=客户对该分项评分总和÷评估次数。

速卖通有权删去评估内容中包含人身攻击或其他不当言论的评估。若客户信誉评估被删去，则对应的卖家分项评分也随之被删去。

四、Wish 的客户服务体系

（一）Wish 卖家客户服务的基本规则

Wish 平台的理念就是利用智能性的推送技术采用精准营销的方式，回归消费者的喜好，而不用太多的推广方式或关键词等来进行营销。Wish 的优势在于坚持追求简单直接的风格，不讨好大卖家，也不扶持小卖家，全部通过技术算法将消费者与想要购买的物品连接起来。Wish 卖家进驻门槛低、平台流量大、成单率高、利润率远高于传统电子商务平台。Wish 与 PC 端展开差异化竞争，利用移动平台的特点，其卖家不用牺牲产品价格来取胜。

Wish 平台规定，客户所销售的商品必须是自己创造、生产，或者已获得零售权力的。为了促进客户和卖家之间的交易，为双方的交流提供便利，Wish 平台不代表卖家进行交易，卖家自己完成所有的交易和服务。当然，卖家自行制定的运输、付款、退款及换货政策不得与 Wish 平台的相关政策冲突，Wish 平台保留要求卖家提供服务和修改相关政策的权力。

在下单之后，有的客户需要对订单进行相关的问询或者沟通，他们可以通过票据系统向卖家发出信息，其内容可能包括：改变送货地址或者联系电话；从订单中删除某一项商品；更换尺码或颜色；查询订单状态；询问预计到货时间或者订单追踪链接；告知卖家到货商品有缺陷、损坏或者遗失；要求退货、换货或者退款等。

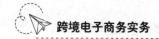

（二）Wish 平台对卖家客户服务能力的评估

Wish 平台对卖家客户服务能力要求严格，定期进行审核，达标的卖家可以成为诚信店铺。Wish 平台最新发布的诚信店铺要求：有效跟踪率≥95%；延迟发货率≤10%；30 天平均评分≥4 分；63 天至 93 天平均退款率≤10%；仿品率≤0.5%。

诚信店铺界面最近一周的数据都会被用来计算考核指标。有效跟踪率、延迟发货率、最近 14 天到 21 天前的数据会被用来计算考核。30 天平均评分以及 63 天至 93 天的平均退款率两项指标，上一周的数据也会被用来计算考核。全部数据从每周一开始计算，考核一周。其中，有效跟踪率、延迟发货率、30 天平均评分以及 63 天至 93 天平均退款率每日更新。仿品率只有当商户的产品被审核时才会更新。

诚信店铺中的产品如果收到特别好的客户反馈，将被授予 Wish 认证标志，只有诚信店铺的产品才有机会获得该认证。有 Wish 认证标志的产品一般会获得更多的销量。

诚信店铺未被审核的产品可以直接销售，同时审核通过的产品会有更多的浏览量。诚信店铺的产品在搜索端可获得优先展示。此外，诚信店铺将获得更多的客户服务权限，可以处理来自客户的问题，提升客户购物体验，了解客户需求详情以提高客户黏性，还方便协商退货、退款问题。

Wish 平台会对卖家的客户服务与沟通水平进行详细评估，评估的具体内容涉及发货速度、订单满足率、票据处理速度以及投诉率、商品反馈评价、系统或者客户取消订单。

1. 发货速度

发货速度在 Wish 平台对卖家的评估中所占权重很高，包括订单响应时间、系统跟踪到时间，以及配送完成时间。对于订单响应时间，Wish 平台系统要求卖家最好在 2 天之内上传订单号。Wish 平台对系统跟踪到时间的要求是 3 天之内客户能在网上查询到订单号，对配送完成时间的要求是最好在 14 天内完成配送。

2. 订单满足率

订单满足率即无货退款率，涉及客户的购物体验。对于无货产品，不能只把库存量设置为 0，也尽量不要在前台显示，而应该将产品下架。否则，客户下单之后无法发货，只能退款，这会影响 Wish 平台对卖家的评估。

3. 票据处理速度以及投诉率

Wish 平台的投诉、售后问题都是用票据来呈现的，但是由于平台会预先审核，所以票据显示出来会有延时。Wish 平台要求卖家尽量在 48 小时之内处理票据，越快越好。

4. 商品反馈评价

总体来说，商品反馈评价在 Wish 平台对卖家的评估中所占权重一般。客户在收货之后，会对商品本身质量以及服务质量进行反馈评价，卖家无法删除。卖家可以和客户对客户反馈评价进行协商，但是 Wish 平台规定卖家不能打扰客户，不得向客户索要好评。

5. 系统或者客户取消订单

系统退单率在 Wish 平台对卖家的评估中所占权重较高。Wish 平台的欺诈侦测团队会对一些可能存在欺诈或者有高风险的订单进行自动或人工检测，此时平台会将订单标上醒目标识,卖家无须处理该订单,只需等待审核结果。如果经过审核,Wish 平台认定该订单存在欺诈,系统会取消订单,无须卖家操作,不影响卖家评分;如果认定该订单不存在欺诈,卖家需在规定期限内为该订单发货。在单号上网之前,客户有权取消订单。

(三)Wish 平台客户服务方面的操作

登录 Wish 商户平台,在平台顶端的"Wish 商户平台"标志的下方,可以看到商户平台主菜单,包括"首页""产品""订单""客户问题""业绩""系统信息""Product Boost",在"Wish 商户平台"标志的右侧可以切换平台显示语言。

Wish 商户平台的客户服务主要集中在主菜单中的"客户问题"选项。单击该选项,会出现下拉菜单:"未处理""已回复"和"已关闭"。

1. 未处理

"未处理"是指卖家尚未处理的客户问题。如果有未处理的客户问题,在单击"客户问题"选项之后出现的下拉菜单中,"未处理"一项的右侧会显示阿拉伯数字,表示未处理客户问题的数量,没有则不会显示任何数字。单击下拉菜单中的"未处理"选项,会出现未处理客户问题列表。Wish 商户平台系统提示卖家需在 48 小时内回复客户问题,如果超过时间仍未回复,Wish 平台将介入并以客户利益为先解决问题。

在未处理客户问题列表中,Wish 商户平台会显示客户问题的主要信息,包括"站内信编号""创建日期""最近的更新日期""仅剩的回复时间""用户""标签""状态""操作"。

在未处理客户问题列表中的操作一栏中,有"查看"按钮,单击"查看"按钮,查看客户问题详情,包括"客户问题""交易""地址""受影响的产品""订单详情""项目"。"客户问题"栏中包括客户问题编号、开启日期、最近的更新时间、状态、标签等。"交易"中包括成交 ID、购买日期、自购买开始的时间、是否是礼物。

1)受影响的产品

"受影响的产品"后面的括号标有阿拉伯数字,代表受影响产品的数量。单击"操作"栏下方的下拉箭头,可以看到"修改物流单号""退款"两个选项。其中,"修改物流单号"是指与客户通过协商达成一致后重新邮寄商品,将原物流单号修改成重新邮寄产生的物流单号;"退款"是指与客户通过协商达成一致后,卖家主动给客户退款。

2)订单详情

"订单详情"这一栏右侧有个"+"按钮,单击"+"按钮,会显示订单的详细信息,包括订单 ID、SKU、变量、成本、配送费、数量等。其中,SKU 是库存进出计量的基本单元,如件、盒、托盘等。

3)项目

"项目"这一栏右侧有个"+"按钮,单击"+"按钮,会显示客户问题的原文和相关信息,以及卖家处理方案选项。卖家处理方案选项包括"回复""关闭客户问题""请求 Wish 支持协助"。其中,"回复"选项供卖家自主回复客户问题时使用。当客户问题得到解决,卖家或者客户都可以选择"关闭客户问题"选项,被关闭的客户问题将出现在总菜单"客户问题"的"已关闭"页面内。"请求 Wish 支持协助"选项是卖家向 Wish 平台客户服务求助以处理和回复客户问题的时候使用的。

在回复客户问题的时候，务必严肃对待。目前 Wish 商户平台允许卖家回复客户的次数有限，一般仅有一次。卖家在回复时需要认真处理，有必要时要附上足够的证据，或者给出可供客户选择的解决方案。

未处理的客户问题一定要回复，否则会直接影响 Wish 后台"业绩"一栏的"用户服务表现"里面的"响应客户问题的平均时长（小时）"数据。

此外，"未处理"状态下的客户问题如果未得到卖家的及时回复，Wish 平台会根据问题标签和回复时间规则自动分配给 Wish 客户服务人员进行回复处理。

一旦 Wish 客户服务人员回复了客户问题，该问题就不会出现在主菜单"客户问题"中的"未处理"一栏中了。在这种情况下，客户很难知晓该问题的存在以及处理结果，需要在"客户问题"中的"已回复"或"已关闭"栏中逐条检查是否有最新的客户问题记录。

卖家需要特别注意，目前客户问题的回复处理是以 Wish 客户服务人员为主的，只有需要卖家确认的客户问题才会在"未处理"一栏中进行通知。所以，卖家在"未处理"一栏中未必能够及时看到所有的客户问题通知，因此需要及时自行在"已回复"或者"已关闭"栏中仔细查看和跟进最近的客户问题及其回复处理情况。

2. 已回复

"已回复"是指 Wish 客户服务人员或者卖家自己已经回复过的客户问题。

单击"创建日期"或"最近的更新日期"右侧的排序按钮，可以查看最新的客户问题。

Wish 用贴标签的形式对客户问题进行分类，实际上也是对常见客户问题的汇总，卖家在 Wish 运营过程中，可以根据客户问题较多的类型进行有针对性的优化调整，具体如表 6-6 所示。

表 6-6　Wish 平台常见客户问题

要求退款/取消订单	收到了尺码错误的产品
收到已损坏或错误的产品	收到了颜色错误的产品
退回或进行产品更换	如何使用产品
更换配送地址	退款申请现在处于什么状态
配送时间查询	退货状态和退款查询
尺码/颜色更换	请求确认退款
其他	其他退货事宜
商品为假冒伪劣品	其他变更请求

在客户问题列表的最右侧为"操作栏"，单击这一栏中的"查看"按钮，可以查看客户问题详情。

这里的客户问题详情与"未处理"状态里的客户问题详情大致相同，不再赘述。值得注意的是，"已回复"状态下的客户问题，已经由卖家或者 Wish 客户服务人员回复，卖家不能再次回复，只能等待客户回应。如果客户一直不回应，则该客户问题会一直处在"等待客户回应"状态。

3. 已关闭

"已关闭"是指卖家或者 Wish 平台已经回复过、没有争议、可以关闭的客户问题。"已关闭"状态下的客户问题，仅供查找和查看客户问题详情，不能进行其他操作，其与"已回复"状态的使用方法基本一致，不再赘述。但要注意，"未处理""已回复"和"已关闭"三种状态下的客户问题的数目加起来，才是客户问题的总数。

 复习与思考

1. 名词解释

（1）客户服务

（2）客户需求

（3）跨境电子商务纠纷

（4）配送前取消率

（5）发货延迟率

2. 简答题

（1）客户服务沟通原则是什么？

（2）常见纠纷的种类有哪些？

（3）亚马逊平台卖家状态分为几种？

（4）eBay 卖家客户服务的基本规则是什么？

（5）Wish 平台对卖家客户服务能力的评估从哪几个方面进行？

第七章　跨境电子商务网络推广

 知识目标

- ❑ 了解跨境电子商务营销的理论；
- ❑ 掌握搜索引擎营销的概念；
- ❑ 了解 SNS 营销的不同平台；
- ❑ 掌握亚马逊平台广告营销。

 **重点及难点**

重点：

- ❑ 跨境电子商务的定价策略；
- ❑ 搜索引擎营销的方式；
- ❑ SNS 营销做企业推广的方式；
- ❑ 亚马逊平台广告营销。

难点：

- ❑ 掌握跨境电子商务的渠道策略；
- ❑ 设计 EDM 邮件；
- ❑ 掌握亚马逊广告营销的操作流程；
- ❑ 了解敦煌站内、站外营销。

案例导入

实战：如何利用 B2B 分类信息平台特点做好网络推广？

分类信息网、B2B 分类信息网的特点如下：① 成本低。大多数的分类信息网都免费发布信息，除了人工成本之外，可以免费做推广。② 可选择范围广。分类信息网、B2B 信息网平台众多，所分布的行业、地区应有尽有，几乎可以满足绝大多数用户的需求。③ 推送范围大。网络推广遍布全国，B2B 分类信息网以地区、行业为分类对象，推送到各行各业、各个地区。④ 维护难度小。分类信息网只需要经常更新少量新内容，或者刷新旧信息，或者简单修改某些效果不达标的信息，维护起来简单，不会增加额外成本。

分类信息网具备这么多优势，那么作为网络营销员，应该怎样充分利用这些平台做好品牌推广，做好网络营销，为自己增加收益呢？可从以下几个方面着手。

1. 选择

1）选择收费或者免费平台

大多数用户还是习惯选择免费的信息发布平台的，在免费的 B2B 信息平台，只要用心发布维护信息，一样会有排名效果，一样会有转化率，还能减少一部分成本。不过，少数用户为了效果能达到极致，会选择某些收费项目，这也是情理之中的，有些网站的收费项目确实会增加不少浏览量，SEO 效果好。

2）选择高权重平台

目前，B2B 分类信息网站平台众多，选择好信息发布平台对推广品牌、产品来说非常重要。推荐选择高权重的分类信息网发布信息，比如环保 114、中国工控网、中国工程机械网、机电一体化网、五金机电网、中国照明网、中国线缆网、中国焊材网、中国 PLC 网、中国机电网、冶金展览网、商国互联网等收录快、排名好的平台，这些平台本身具备很多搜索引擎比较信赖的因素，在其平台上发布的信息会优先受到搜索引擎的关照，自然效果就更明显。当然，如果时间充足，可以选择更多的平台作为辅助。

3）选择适合自己的平台

什么平台适合自己？有时候高权重的网站不一定适合你，你需要根据自己的产品寻找一些更加适合你的网站平台。比如，做机械的可以选择一些机械类的垂直分类信息网；做服装的可以找服装类的垂直分类信息网。还可以根据自己的客户群体来选择网站发布信息。比如，做机床机械的在机电之家网上发布信息可以找到很多需要机床的客户；做服装批发的可以在一些地摊货网站发布信息。这些网站权重不一定高，但是效果可能会比高权重的好。

2. 发布

1）信息标题

要选择符合 SEO 效果的标题以及让客户能够很直观地知道你信息中大概内容的标题，简单来讲就是注意关键词布局和产品的自身型号功能等相结合。可以从用户搜索角度写标题，比如：移动电源什么牌子比较好？

2）信息内容

信息内容是否与标题相符？信息内容是否详细？在 SEO 方面，信息内容与别人的信息有没有差异化，差异化大的在收录方面会有很大的优势。

3）信息附属

发布信息的时候是否选择了正确的行业分类？是否选择好了地区分类？信息属性栏填写详细了没有，有没有写关键词？信息中有没有上传图片，图片中有没有加上 alt 属性（alt 属性可以理解为图片的注释甚至标题）？等等。如果某些网站信息中不允许发布联系方式，可以在图片中嵌入联系方式，增强转化率。

3. 维护

1）日常更新

在每一个网站注册的账号都需要维护，只有经常维护的账号才会得到搜索引擎的信赖，才能取得更好的收录排名。所以，每个账号都不需要一次性发布大量的信息，需要的是每日或者经常有信息增加，以维持在这个平台上面的商铺的更新度，获得搜索引擎的喜爱。

2）旧信息刷新

旧的信息也需要经常刷新，很久没收录或没排名的信息要及时修改。刷新信息是现在正在使用分类信息网站的用户做得最好的一步了，每日都有大量的用户到网站去刷新旧的信息。

3）观察信息的效果

发布信息之后还需要观察信息收录排名状况，根据观察结果总结出什么样的信息有利于收录，信息怎样发排名好，从而修改不被收录、效果差的信息以便能让其更快被收录，还可以为之后发布信息做参考，使自己以后少走弯路，少发无效信息。在观察这一步，还可以总结出哪些平台效果比较明显，然后在今后的工作中，就特别着重地去对待这些效果好的平台，减少去效果差的平台的时间，让时间利用得更加充分。

（资料来源于网络，并经作者加工整理）

第一节　跨境电子商务网络推广概述

一、跨境电子商务营销理论

（一）整合营销理论

1. 4P 理论

在传统市场营销策略中，由于技术手段和物质基础的限制，产品的价格、宣传和销售的渠道、商家或厂家所处的地理位置以及企业促销策略等就成了企业经营、市场分析和营销策略的关键性内容。美国密歇根州立大学的麦卡锡将这些内容归纳为市场营销策略中的4P 理论，即产品（product）、价格（price）、地点（place）和促销（promotion）。

以 4P 理论为典型代表的传统营销理论的经济学基础是厂商理论及利润最大化，所以 4P 理论的基本出发点是企业的利润，而没有把消费者的需求放在与企业的利润同等重要的位置上。它指导的营销决策是一条单向的链。而网络互动的特性使得消费者能够真正参与整个营销过程，消费者不仅参与的主动性增强，而且选择的主动性也得到加强。在满足个性化消费需求的驱动下，企业必须严格地贯彻落实以消费者需求为出发点、以满足消费者需求为归宿点的现代市场营销思想，否则消费者就会选择其他企业的产品。所以，网络营销首先要求把消费者整合到整个营销过程中来，从他们的需求出发开始整个营销过程。这就要求企业同时考虑消费者需求和企业利润。

2. 整合营销理论（4C 理论）

以舒尔兹（Don E. Schultz）教授为首的一批营销学者从消费者需求的角度出发研究市场营销理论，提出了 4C 组合，即整合营销（integrated marketing）理论。其要点是：顾客的需求和欲望（product-consumer's want and need）、对顾客的成本（price-cost to satisfy consumer's wants and need）、顾客购买的便捷性（place-convenience to buy）、顾客与企业的沟通（promotion-communication）。

（1）不急于制定产品策略（product），先研究客户的利益（customer benefit），以消费者的需求和欲望（consumer's wants and needs）为中心，卖消费者想购买的产品。

（2）暂时把定价策略（price）放在一边，而研究客户为满足其需求所愿付出的成本（customer cost），并依据该成本组织生产和销售。

（3）忘掉渠道策略（place），着重考虑怎样给消费者方便（convenience）以购买到商品。

（4）抛开促销策略（promotion），着重加强与消费者沟通和交流（communication）。

4P 反映的是销售者用以影响消费者的营销工具的观点，而从消费者角度看，企业关于 4P 的每一个决策都应该给消费者带来价值（即所谓的 4C）。否则，这个决策即使能达到利润最大化，也没有任何意义，因为消费者在有很多商品选择余地的情况下，不会选择对自己没有价值或价值很小的商品。但企业如果不是从利润最大化出发而是从 4P 对应的 4C 出发，在此前提下寻求能实现企业效益最大化的营销决策，则可能同时达到利润最大和满足消费者需求两个目标。

因此，网络营销的理论模式应该是：营销过程的起点是消费者的需求；营销决策（4P）是在满足 4C 要求的前提下的企业效益最大化；最终目标是消费者需求的满足和企业效益最大化。由于个性化需求的良好满足，消费者会对公司的产品、服务产生偏好，并逐步建立起对公司产品的忠诚意识。同时，由于这种满足是差异性很强的个性化需求，这就使得其他企业的进入壁垒变得很高，也就是说，其他生产者即使生产类似产品，也不能同样程度地满足该消费者的个性消费需求。这样，企业和客户之间的关系就变得非常紧密，甚至牢不可破，就形成了"一对一"的营销关系。上述这个理论框架被称为网络整合营销理论，它始终体现了以消费者为出发点及企业和消费者不断交互的特点。

（二）网络软营销理论

软营销（soft marketing）是网络营销中有关消费者心理学的另一个理论基础。它是针对工业经济时代的以大规模生产为主要特征的"强势营销"提出的新理论。它强调企业在进行市场营销活动的同时必须尊重消费者的感受和体验，让消费者能舒服地主动接受企业的营销活动。这个理论产生的根本原因仍然是网络本身的特点和消费者个性化需求的回归。

传统营销中最能体现强势营销特征的是传统广告和人员推销两种促销手段。这两种营销模式企图以一种信息灌输的方式在消费者心中留下深刻印象，而不管消费者是否需要和喜欢（或憎恶）它的产品和服务。

在互联网上，由于信息交流是自由、平等、开放和交互的，强调的是相互尊重和沟通，网络用户比较注重个人体验和隐私保护。在网络上这种以企业为主动方的强势营销，无论是有直接商业利润目的的推销行为还是没有直接商业目的的主动服务，都可能遭到唾弃甚至遭到报复。因此，网络营销必须遵循一定的规则，这就是"网络礼仪"（netiquette）。这是网上一切行为都必须遵守的规则。

网络软营销的特征主要体现在它从消费者的体验和需求出发，在遵守网络礼仪的同时通过对网络礼仪的巧妙运用，采取拉式策略吸引消费者关注企业，从而获得一种微妙的营销效果。个性化消费者需求的回归使消费者在心理上要求自己成为主动方，而网络的互动特性又使他们有可能真正成为主动方。他们不欢迎不请自到的广告，但他们会在某种个性化需求的驱动下自己到网上寻求相关的信息、广告。一旦企业发现了这种有特定需求的用户就应该应用各种技术"跟踪"此用户，使其成为企业的真正客户。因此，软营销和强势营销的一个根本区别就在于：软营销的主动方是消费者，而强势营销的主动方是企业。

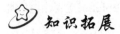知识拓展

网络软营销让集成吊顶行业流金淌银

（三）网络直复营销理论

直复营销（direct marketing）是为了在任何地方产生可度量的反应或达成交易而使用一种或多种广告媒体的相互作用的市场营销体系。直复营销中的"直（direct）"是指不通过中间分销渠道而直接通过媒体连接企业和消费者，直复营销中的"复（response）"是指企业与消费者之间的交互。消费者对这种营销努力有一个明确的回复（买还是不买）。网络营销的最大特点就是企业和消费者的交互。网络作为一种交互式的、可以双向沟通的渠道和媒体，可以很方便地在企业与消费者之间架起桥梁，消费者可以直接通过网络订货和付款，企业可以通过网络接收订单、安排生产，直接将产品送给消费者，同时还可获得消费者的其他数据甚至建议。所以，仅从网上营销来看，网络营销是一类典型的直复营销。

目前，网络直复营销的常见做法有两种：一种做法是企业在互联网上建立自己独立的站点，申请域名，制作主页和销售网页，由网络管理员专门处理有关产品的销售事务；另一种做法是企业委托信息服务商在其网站上发布信息，企业利用相关信息为客户服务，从而直接销售产品。虽然在这一过程中有信息服务商参加，但主要的销售活动仍然是在买卖双方之间完成的。

网络直复营销更加吻合直复营销的理念，这表现在以下四个方面。

第一，直复营销作为一种相互作用的体系，特别强调营销者与目标客户之间的"双向信息交流"。互联网作为开放、自由的双向信息沟通网络，企业与客户之间可以实现直接的、一对一的沟通和信息交流，企业可以根据目标客户的需求进行生产和营销决策，在最大限度地满足客户需求的同时，提高营销决策的效率和效用。

第二，直复营销活动的关键是为每个目标客户提供直接向营销人员反馈信息的渠道。企业可以凭借客户反馈找出不足。互联网的方便、快捷性使得客户可以方便地通过互联网直接向企业提出建议和购买需求，也可以直接通过互联网获得售后服务。企业也可以从客户的建议、需求和要求的服务中，找出企业的不足，按照客户的需求进行经营管理，减少营销费用。

第三，直复营销强调在任何时间、任何地点都可以实现企业与客户的"信息双向交流"。

互联网的全球性和持续性使得客户可以在任何时间、任何地点直接向企业提出要求和反映问题。企业也可利用互联网跨越空间和时间限制，低成本地与客户实现双向交流。

第四，直复营销活动最重要的特性是效果是可测定的。利用互联网提供的企业与客户的沟通与交易平台，企业可以直接地获悉并处理每个客户的订单和需求。因此，通过互联网可以实现以最低成本和最大限度地满足客户需求，同时了解客户需求，细分目标市场。

网络营销的这个理论基础的关键作用是说明网络营销是可测试、可度量、可评价和可控制的。有了及时的营销效果评价，就可以及时改进以往的营销努力，从而获得更满意的结果。所以，在网络营销中，营销测试是应着重强调的一个核心内容。

（四）网络关系营销理论

关系营销（relationship marketing）是1990年以来受到人们重视的营销理论。它主要包括两个基本点：在宏观上，认识到市场营销会对范围很广的一系列领域产生影响，包括消费者市场、劳动力市场、供应市场、内部市场、相关者市场以及影响者市场（政府、金融市场）；在微观上，认识到企业与消费者的关系不断变化，市场营销的核心应从过去简单的一次性交易关系转变到注重保持长期的关系上来。企业是社会经济大系统的一个子系统，企业的营销目标要受众多外在因素的影响，企业的营销活动是一个与消费者、竞争者、供应商、分销商、政府机构和社会组织发生相互作用的过程，正确理解这些个人与组织的关系是企业营销的核心，也是企业成功的关键。

关系营销的核心是保护客户。企业通过加强与客户的联系，提供使客户高度满意的产品或服务，达到与客户保持长期关系，并在此基础上开展营销活动、实现企业营销的目的。实施关系营销并不是以损害企业利益为代价的，而是一种双赢策略。根据研究，争取一位新客户的营销费用是留住一位老客户的费用的五倍，因此加强与客户关系并建立客户的忠诚度可为企业带来长远的利益。

互联网作为一种超越时空的、低成本的双向沟通渠道，能为企业与客户建立长期关系提供有效的保障。利用互联网，企业可以随时直接接收全球各地客户有个性化需求的订单，并利用柔性化生产技术在最短时间内最大限度地满足客户需求，为客户在消费产品和提供服务时创造更多的价值。与此同时，企业可通过互联网实现对生产过程、交易过程及售后服务的全程质量控制。企业也可从客户的需求中了解市场、细分市场和锁定市场，最大限度地降低营销费用，提高对市场的反应速度。

二、跨境电子商务营销策略

（一）跨境电子商务的定价策略

在跨境电子商务平台，一般而言，对排序有重要影响的两大因素分别是销量和关键词。而影响销量的最关键因素是价格。讲价格之前先解释以下几个名词。

（1）上架价格（list price，LP）：即产品在上传时所填的价格。

（2）销售价格/折后价（discount price，DP）：即产品在店铺折扣下显示的价格。

（3）成交价格（order price，OP）：用户在最终下单后所支付的单位价格。

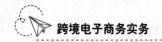

这几个价格直接的联系是：

销售价格=上架价格×折扣

成交价格=销售价格-营销优惠（满立减、优惠券、卖家手动优惠）

明白这几个价格的关系，就可以有针对性地对不同定位的产品采取不一样的定价策略。

1. 狂人策略

狂人策略，指研究同行业卖家、同质产品销售价格，确定行业最低价，以最低价减去5%～15%为产品销售价格。用销售价格倒推上架价格，不计得失确定成交价。

这样，上架价格又可以两种思路确定。

（1）上架价格=销售价格/(1-15%)。此策略费钱，可以用重金打造爆款，简单、粗暴、有效；但不可持续，风险较大

（2）上架价格=销售价格/(1-30%)。此策略相对保守，可以通过后期调整折扣让销售价格回到正常水平。

两种定价思路都可以在15%折扣下平出或者略亏，作为引流爆款。

2. 稳重策略

比较稳妥的方式是通过计算产品的成本价，根据成本价+利润来确定产品的销售价格。产品的销售价格确定后，根据店铺营销的安排，确定上架价格。

3. 作为一般款销售

上架价格=销售价格÷(1-0.3)，平时30%的折扣。

建议折扣参数不低于15%，因为平台大促所要求的折扣不高于50%，折扣过大容易产生虚假折扣的嫌疑。而根据速卖通官方的统计，30%左右的折扣是买家最钟情的，处于合理预期范围。

对于50%折扣的活动要求，基于以上定价的模式，基本上相当于平出，不会亏本或者略亏，假如客户购买两个及以上，就可以赚一笔。

（二）跨境电子商务的报价策略

1. 报价前充分准备

（1）认真分析客户的购买意愿，了解他们的真正需求，才能拟出一份有的放矢的好报价单。有些客户将价格低作为最重要的因素，一开始就报给他接近底线的价格，那么赢得订单的可能性就大。广州市纺织工业联合进出口公司的曾浩军说："我们在客户询价后到正式报价前这段时间，会认真分析客户真正的购买意愿和意图，然后才会决定给他们尝试性报价（虚盘），还是正式报价（实盘）。"

（2）做好市场跟踪调研，清楚市场的最新动态。由于市场信息透明度高，市场价格变化更加迅速，因此，出口商必须依据最新的行情报出价格——"随行就市"，买卖才有成交的可能。中丝深圳进出口公司的孙富强介绍说，现在与他们公司做业务的都是正规、较有实力的外商，这些外商在香港和内地都有办事处，对中国内外行情、市场环境都很熟悉。这就要求出口公司自己也要信息灵通。

经验之谈是，业务人员经常去工厂一带搜集货源，对当地一些厂家的卖价很清楚。同

时，作为长期经营单一品种的专业公司，由于长时间在业内经营拓展，不但了解这个行业的发展和价格变化历史，而且能对近期的走势做出合理分析和预测。

2. 选择合适的价格术语

在一份报价中，价格术语是核心部分之一。因为采用哪一种价格术语实际上就决定了买卖双方的责权、利润的划分。所以，出口商在拟就一份报价前除要尽量满足客户的要求外，自己也要充分了解各种价格术语的真正内涵并认真选择，然后根据已选择的价格术语进行报价。

FOB（free on board），也称"离岸价"。按离岸价进行的交易，买方负责派船接运货物，卖方应在合同规定的装运港和规定的期限内将货物装上买方指定的船只，并及时通知买方。选择以 FOB 成交，在运费和保险费波动的市场条件下于出口商有利。但也有许多被动的方面，比如，由于进口商延迟派船，或因各种情况导致装船期延迟，就会使出口商增加仓储等费用的支出，或因此而迟收货款造成利息损失。出口商对出口货物的控制方面，在 FOB 条件下，由于是进口商与承运人联系派船的，货物一旦装船，出口商即使想在运输途中或目的地转卖货物，或采取其他补救措施，也会颇费一些周折。

CIF（cost，insurance and freight），也称"到岸价"，即"成本、保险费加运费"，是指在装运港当货物越过船舷时卖方即完成交货。在 CIF 出口的条件下，船货衔接问题可以得到较好的解决，使得出口商有了更多的灵活性和机动性。在一般情况下，只要出口商保证所交运的货物符合合同规定，只要所交的单据齐全、正确，进口商就必须付款。货物过船舷后，即使在进口商付款时货物遭受损坏或灭失，进口商也不得因货损而拒付货款。就是说，以 CIF 成交的出口合同是一种特定类型的"单据买卖"合同。一个精明的出口商不但能够把握自己所出售货物的品质、数量，而且能够把握货物运抵目的地及货款收取过程中的每一个环节。

对于货物的装载、运输、货物的风险控制都应该尽量取得一定的控制权，这样盈利才能有保障。一些大的跨国公司以自己可以在运输、保险方面得到优惠条件而要求中国出口商以 FOB 成交，就是在保证自己的控制权。再如，出口日本的货物大部分都是 FOB，即使出口商提供很优惠的条件，也很难将价格条件改过来。所以到底是迎合买家的需要，还是坚持自己的原则，出口商在报价时多加斟酌十分必要。

在现在出口利润普遍不是很高的情况下，对于贸易全过程的每个环节精打细算比以往任何时候更显重要。国内有些出口企业的外销利润不错，其做法是，对外报价时，先报 FOB，使客户对本企业的商品价格有个比较，再询 CIF，并坚持在国内市场安排运输和保险。这样做的好处是不但可以给买家更多选择，而且有时在运保费上还可以赚一点差价。

3. 利用合同其他要件

合同其他要件主要包括付款方式、交货期、装运条款、保险条款等。在影响成交的因素中，价格只是其中之一，如果能结合其他要件和客户商谈，价格的灵活性就要大一些。例如，对于印度、巴基斯坦等国家或地区的客户，有时候给他 30 天或 60 天远期付款的信用证的条件，或许会对他有很大的吸引力。

同时，还可以根据出口的地域特点、买家实力和性格特点、商品特点来调整报价。有的客户特别在意价格的高低，订单会下给报价最低的卖家，那么报价时就直接报给他所能提供的最低价格。有的客户习惯于讨价还价，对于报价，他如果没有砍一点下来就不太甘心，那么第一次报价时可以预留出他希望砍掉的幅度。

而如果一种产品在一段时间里行情低迷，为了抢下订单，不妨直接报出最低价。对于服装等季节性很强的商品，在报价中给客户承诺快速而又准时的交货期无疑可以让客户更为关注。

根据销售淡旺季，或者订单大小，也可以调整自己的报价策略。以从事玻璃制品出口业务的公司为例，其因为出口的产品品种规格多，所以对不同的国别、地区市场都定有比较统一的价格，回复外商查询时比较好处理，但也会根据不同的季节做一些调整。面对比较分散的订单，报价往往在保证公司盈利的基础上，再予以灵活调整。

4.以综合实力取胜

对于自己的综合实力有信心，也就不用一味地以低价来取悦客户了。相关从业人员认为，报价要尽量专业一点，在报价前或报价中设法提一些专业性的问题，显示自己对产品或行业很熟悉、很内行。所以在报价前，一方面要考虑客户的信誉，另一方面对自己的产品和质量要有信心。在与新客户打交道时，让客户了解清楚情况很重要，比如请他们看工厂，让他们了解你公司的业务运作程序，这样客户下单时更容易下决心。

同时，非常熟悉该行业的外商能够从报价中觉察到你是否也是该行业中的老手，并判断你的可信度，过低的价格反而让客户觉得你不可信，不专业。所以，看你报什么价就知道你是不是行家。

最后，在对新客户报价前，要尽量让他了解你公司的实力和业务运作模式。只有对你和你公司具有充分的信心，客户才有可能考虑你的交易条件，很多没有经验的出口商常常会忽略这一点。虽然目前很多外商到处比价询盘，但良好的公司形象和口碑能够帮助你吸引和留住客户。可以说，良好的公司形象就是招徕客户的金字招牌。

（三）跨境电子商务的渠道策略

1.跨境电子商务渠道

全渠道运营代表着跨境电子商务的思路，是跨境电子商务的不二做法。不是什么都做，而是要关注所有的方式，不带偏见。根据实际情况，找一条适合自己的路径。跨境电子商务渠道从大类上来讲，可以分为三大类（见表7-1）。

表7-1　跨境电子商务渠道分类

第三方平台模式	分　销　模　式	自建商城模式
市场进入成本低	低风险	自主营销策略
快速进入本地市场	低成本	建立自有客户数据库
固定的营销成本	低利润、高折扣	高利润率
竞争激烈（透明的比价）	无法建立品牌	建立自有品牌
无法建立客户数据库	无法建立客户数据库	高成本、高风险

1）第三方平台模式

典型代表就是速卖通、eBay、亚马逊、乐天等；需要强调的是，就像中国除了淘宝、京东，还有麦包包一样，在海外还存在很多不够开放和国际化的电子商务平台，但这些电子商务平台的定位可能恰好和你的品类匹配，而且成本相对低一些。也许对于一些商家来讲，这是更好的选择，如 Newegg、eBags、eToys 等。建议新入行的从此类渠道尝试开始。

2）分销模式

分销模式其实也不失为一条出路。因为对于国内外贸工厂转型跨境电子商务来讲，这不是一个战术的调整，而是一个战略的调整。电子商务销售端只是其中一个难点方面，供应链从 OEM 来单生产、批量生产向电子商务零售转变，尤其是起初单量小的时候，工厂还是会遇到不少障碍的。这个时候，小步转型，先尝试着给跨境电子商务大卖家、海外零售终端或海外电子商务卖家供货，习惯电子商务的下单方式，又给自己一个战略转变的空间，也许会更稳妥。例如联想手机、中兴手机、优派显示器就在很多国家通过这种方式进行跨境零售。

3）自建商城模式

对于有个品牌梦的从业者来讲，其实自建商城变成了不得不选的渠道。平台出于各种考虑，规则多变，而外贸工厂很难跟得上节奏；分销只是在原有基础上小步向前，唯有自建平台这条出路了。

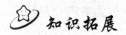

国外网红成跨境电子商务营销新方式

2. 渠道策略的选择

选择合适的渠道或渠道组合，可以从以下几个方面考虑。

1）市场定位

你的产品的用料及品牌定位是什么，自己最清楚。你只有清楚了定位，才能找到合适的渠道。eBay 由于是集市模式，所以主要是欧美中低端消费市场；亚马逊由于服务有口皆碑，目前是欧美的中高端电子商务市场占有者。至于自建平台，就可以由自己决定定位。

2）营销策略

基本上，营销策略跟随市场定位、资金实力及短期期望值而设。

3）配套服务

刚刚提到物流解决方案、目标国家（地区）的支付方式、相应渠道的服务要求等，有时候会成为你选择渠道的重要考量因素。比如，乐器类产品，大件而又周转率不高，那强行用亚马逊的 FBA 可能就不是明智的选择，但是该品类价格高、利润高，产品更新换代不快，季节性不强，又适合做社区营销，这样一来，做自建网站就是不错的选择。如果定位

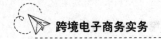

中高端，再在亚马逊上出售产品，作为渠道组合，互为补充就更好了。

4）人才因素

很多时候在计划列完，雄心勃勃之时，忽然发现团队并没有相应的人才，团队打造也需要时间。除非你准备外包，不然可能就是团队里面的成员熟悉哪一个渠道，会从该渠道量身来做。先开始运作起来，获取经验，然后再慢慢搭建最合适的渠道组合所需的团队。

当然，企业在实际决策的时候，情况万千，还应根据实际情况而定。

第二节　搜索引擎营销

一、搜索引擎营销认知

（一）搜索引擎营销的概念

互联网时代，人们习惯通过搜索引擎获取所需信息。搜索引擎是国内外网民最常用的网络工具之一。强大的网民基础使搜索引擎成为电子商务企业开展网络营销的重要途径，对于跨境电子商务从业者来说，如何通过搜索引擎让潜在客户关注自己的产品或网站，是一个非常值得关心的问题。

搜索引擎营销（SEM）通过控制网站搜索结果的展现，来满足特定搜索者的信息检索需求，并以此实现营销目标。在出口跨境电子商务领域，企业主要投放的搜索引擎有Google，但它并不是每个国家的主流搜索引擎。在俄罗斯，Yandex是网民首选的搜索引擎，该公司市场份额在俄罗斯占50%左右；在韩国，Naver是网民主要使用的搜索引擎，其市场占有率高达70%；在捷克，Seznam约占捷克60%以上的市场份额。在进口跨境电子商务领域，企业主要投放中国的搜索引擎百度，百度在中国的市场占有率高达85%。

（二）搜索引擎的工作原理

网民之所以能够在Google、百度等搜索引擎中很快找到所需信息，是因为搜索引擎事先收录了大量的网页信息，并且会定期更新。搜索引擎的工作原理可以分为如下步骤：抓取；建库；分析搜索请求；计算排列顺序。

1.抓取

搜索引擎能够把这么多的信息收录在自己的信息库中借助的是蜘蛛程序（Spider）。蜘蛛程序是用计算机语言编制的程序，用以在互联网中不分昼夜地访问各大网站，将访问到的网页信息以最快的速度带回。蜘蛛程序通过浏览器上安装的搜索工具栏，或者网站主从搜索引擎提交页面提交的网站入口开始爬取信息，顺着网站链接找到下一个链接，将抓取的文件存入数据库并定期更新。通常情况下，搜索引擎不会将整个网页信息都取回来。对于网页信息量大的网站，搜索引擎只会取每个网页有价值的信息，如标题、描述、关键词等。那么，什么样的网站更容易被蜘蛛程序抓取呢？第一，结构合理的网站更容易被抓取；第二，可读信息的网站更容易被抓取；第三，有规范化URL的网站更容易被抓取。

所谓结构合理的网站，指网站有清晰的结构和明晰的导航，一个扁平的树型网状结构的网站可以使搜索引擎从主页开始顺着链接找到所有页面。

所谓有可读信息的网站，指网站内容中的图片、Flash 等非文本内容需要加说明文字，因为搜索引擎无法理解图片等非文本文件的含义。

所谓有规范 URL 的网站指网站的域名设计合理，如 http:/www.domainname.com 或 http://www.domainname.com/index.html，相反，如 http://mp3.domain.com/albumlist/%ocl%f5%ee% 则属于网站域名设计不合理。

2. 建库

蜘蛛程序将抓取回来的各种信息放置于数据仓库中，但存放信息是通过关键字描述等相关信息进行分门别类整理压缩，再编辑索引后存放的。这样，用户在输入关键字搜索信息时，相关网站信息就会被呈献给最终用户。

3. 分析搜索请求

当用户在搜索引擎中输入需要查找的关键词后，通过查找数据仓库中与之匹配的关键词对应的文件编号便可找出相关网页的 URL 及标题等信息。

4. 计算排列顺序

通过第 3 步的分析搜索请求，一批与用户输入关键词相对应的网页被找出，那么，这些网页谁排在前谁排在后呢？这主要与搜索引擎公司的排名机制有关。另外，网页标题与搜索请求相关、网页内容与搜索请求相关、被用户推荐的网站或被其他网站链接的网站的网页较其他网页排名靠前。

（三）搜索引擎分类

搜索引擎按其工作方式主要可分为四种，分别是全文搜索引擎、分类目录索引、元搜索引擎、非主流形式的搜索引擎。

1. 全文搜索引擎

全文搜索引擎是名副其实的搜索引擎，国外具代表性的有 Google、Fast/All The Web、AltaVista、Inktomi、Teoma、WISEnut 等，国内著名的有百度（Baidu）。它们都是通过从互联网上提取的各个网站的信息（以网页文字为主）而建立的数据库中，检索与用户查询条件匹配的相关记录，然后按一定的排列顺序将结果返回给用户，因此它们是真正的搜索引擎。从搜索结果来源的角度，全文搜索引擎又可细分为两种：一种是拥有自己的检索程序（indexer），俗称"蜘蛛（Spider）"程序或"机器人（Robot）"程序，并自建网页数据库，搜索结果直接从自身的数据库中调用的引擎，如上面提到的 7 家引擎；另一种则是租用其他引擎的数据库，并按自定的格式排列搜索结果，如 Lycos 引擎。

2. 分类目录索引

分类目录索引虽然有搜索功能，但在严格意义上不算是真正的搜索引擎，仅仅是按目录分类的网站链接列表而已。用户完全可以不用进行关键词（keywords）查询，仅靠分类目录也可找到需要的信息。目录索引中最具代表性的有 Yahoo（雅虎）、ODP（open directory project）、DMOZ、LookSmart、About 等。国内的搜狐、新浪、网易搜索都属于这一类。

3. 元搜索引擎

元搜索引擎在接受用户查询请求时，同时在其他多个引擎上进行搜索，并将结果返回给用户。著名的元搜索引擎有 InfoSpace、Dogpile、Vivisimo 等，中文元搜索引擎中具代表性的是搜星搜索引擎。在搜索结果排列方面，有的直接按来源引擎排列搜索结果，如 Dogpile；有的则按自定的规则将结果重新排列组合，如 Vivisimo。

4. 非主流形式的搜索引擎

（1）集合式搜索引擎：该引擎类似元搜索引擎，区别在于它不是同时调用多个引擎进行搜索，而是由用户从提供的 4 个引擎当中选择，因此叫它"集合式"搜索引擎更确切些。

（2）门户搜索引擎：如 AOL Search、MSN Search 等虽然提供搜索服务，但自身既没有分类目录也没有网页数据库，其搜索结果完全来自其他引擎。

（3）免费链接列表：如 Free For All Links（FFA），这类网站一般只简单地滚动排列链接条目，少部分有简单的分类目录，不过规模比雅虎等目录索引要小得多。

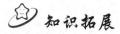 知识拓展

搜索引擎营销该怎么做才有效果

二、搜索引擎营销的方式

（一）关键词竞价排名

1. 关键词竞价排名认知

关键词竞价排名是一种按效果付费的网络推广方式，百度、谷歌、雅虎等著名的搜索引擎网站全部使用了这种竞价排名的营销方式。竞价排名的基本特点是按单击付费，广告出现在搜索结果中（一般是靠前的位置）。如果没有被用户单击，不收取广告费。在同一关键词的广告中，每次单击价格最高的广告排列在第一位，其他位置同样按照广告主自己设定的广告单击价格来决定广告的排名位置。

以 Google AdWords 为例，关键词竞价排名的流程如图 7-1 所示。首先，对于跨境电子商务企业来说，做关键词竞价排名之前应先了解目标市场，通过对消费人群、竞争对手、产品属性的分析确定关键词清单。谷歌公司的 Google AdWords Keywords Planner 工具可以帮助跨境电子商务企业找到好的关键词，Google AdWords 账户可以制作 25 个广告系列，每个广告系列中包含若干个广告组，广告组来源于对关键词的分类。例如，将词性结构类似且语义相近的关键词集中在一起，形成一个广告组，基于组内的关键词，制作对应的广

告语并确定着陆页等信息。

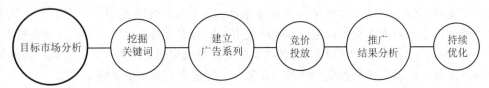

图 7-1　关键词竞价排名的流程

2. 关键词竞价排名操作步骤

下面，以设置一个广告系列为例说明操作步骤。

1）注册 Google 账户

注册一个 Google 账号，然后登录 Google 网站，在输入你的电子邮箱和要推广的网址后，进入 Google AdWords 广告设置界面。

2）设置广告系列决定支出的费用

决定支出费用指定了企业愿意支出的每日平均金额。企业可以随时更改，仅当有人单击了企业的广告时才需要支付费用。

3）选择目标受众群体

首先，需要确定广告推广区域，也就是说只有设定推广区域的地区才能看到推广广告，这保证了广告主的最大利益。比如广告主的跨境业务主要面向新加坡，那么他就不希望其他国家或地区的人通过关键词搜索找到他并单击他的广告。

其次，需要选择投放网络，即将企业的广告显示在相关网站上。

最后，需要设定关键字。关键字清单的确定方法有：寻找核心词关键字和拓展关键字。在设定核心词关键字时，需要先根据企业需求初步选择关键字，然后通过关键字设置工具查看关键字的热度，以决定需要选择哪些关键字。一般情况下，搜索热度越高，也就意味着该关键字往往需要更高的出价。另外，企业还可以通过 Google 关键字相关搜索功能获取更多用户热搜的词。

以核心词关键字为基础，可以通过拓词的形式丰富关键字，而且拓展的关键字能帮助企业避免与其他企业的竞争。拓词可以借助词组组合的方法，也可根据产品的不同功能、属性、特征进行扩展。Google 一般需要企业添加约 15～20 个关键字。

4）设置出价

Adwords 会自动为用户设置出价，帮助企业在预算范围内争取更多的单击，但若企业希望以人工方式设置出价，则可以勾选以人工方式设置出价。

5）撰写广告

首先需要填写广告着陆页，即用户单击了你的关键字广告后跳转到哪个网页。广告需要添加两个标题和一个广告内容描述，要求广告内容描述至少包含一个关键字，需要包含具体价格或促销优惠，最好使用清晰明确的号召性语句。

设定好关键字广告后，选择费用结算方式就可以参加竞价投放了。通过一段时间的竞价投放，广告主需要对推广结果进行分析，看投放的关键字效果如何，对于效果不佳的关键字需要持续优化。

根据 Google 的算法，广告排名值=竞价×质量评分。因此，若网站本身质量评分不高，即便出价很高，排名也不一定靠前。网站质量评分与关键词相关性及单击率、广告相关性及单击率、着陆页相关性及加载速度、账户使用时间等因素有关，用户可以在竞价投放后，通过安装 Google Analytics 跟踪代码，得到很多关于登录页面、图片广告、视频广告的每周浏览统计信息，衡量广告的投资回报率（ROI），确定更有效果的关键字广告。

需要注意的是，广告主实际支付的广告费用并不等于广告主的竞价，广告主实际支付额=后一名广告出价×质量评分/自身质量评分+0.01 美元。

对于一个跨境电子商务企业来说，账户设计时需要注意以下两点。

（1）广告系列要按受众群进行区分，比如男士、女士、儿童等，这样可以让企业主容易监控哪类广告最容易带来流量和成交量，在广告系列中还可以按年龄进行投放。

（2）广告系列需要落实到具体的产品层而不要停留在用户层。

（二）搜索引擎优化

搜索引擎优化（search engine optimization，SEO）是一种利用搜索引擎的搜索规则来提高目前网站在有关搜索引擎内的自然排名的方式。它具体包括：网站内部优化、网站外部优化、图片优化、代码优化等。相对于其他搜索引擎营销方式，SEO 是一种免费的、带流量的渠道，而且 SEO 引来的流量还有持久性的特点。SEO 是非常稳定的引流方式，一旦做好了，流量就会持续引来，但其引流效果比较慢，通常情况下至少要两个月时间才能见效。

1. 网站内部优化

搜索引擎青睐结构清晰、运行稳定、速度快、内容匹配度高的高质量网站，过度依赖 Flash、大量动态 URL 等不利于网站的索引。因此，企业网站结构应该设计成扁平式结构，网站导航清晰。网页内容最好保证有定期的更新，更新频率越频繁，蜘蛛程序光顾次数越多，被抓取的页面数量越多，关键字排名在首页的机会就越大。不要大量采用图片或者 Flash 等富媒体形式。网站页面与内容相关，网站首页关键词尽量分散，越靠上的内容越重要，网站主导航和次导航、栏目名称和频道名称以及文章标题等重要位置布局关键词和长尾关键字，可以借助 Google AdWords 工具，确定与网页相关的关键字。关键字要放在 title、keyword、description 标签中，URL 地址中要含有关键字。标题和描述与页面内容的相关性要强。

2. 网站外部优化

外部优化的主要工作是建立高品质的外部链接，可以通过购买链接、交换链接和自建链接的方式提高网站链接质量。通常情况下，应该选择加入搜索引擎分类目录网站；来自高 PR 值的网站且与主题相关；和数据量大、知名度高、频繁更新的网站做友情链接；与相关内容网站且很少导出链接的相关主题网站交换友情链接。

3. 图片优化

网站所有的图片都可以有一个很直接的文件名和一个"alt"属性，这两者都可以好好地加以利用。例如图片文件名体现出关键字，当图片因某种原因无法加载时，"alt"属性允许为它添加一个替代文字，添加的替代文字可以跟页面主题相关。

4. 代码优化

对于 HTML 代码优化可以从 title 标签、meta description 标签、heading 标签、alt 标签的优化入手。

1）title 标签

title 标签中的单词最好保持在 36 个左右，最好包含关键字。但 title 标签中的单词不要都是关键字，因为这样可能会造成页面关键字堆砌，导致过度优化。所选单词应简洁明了，具有描述性，要与网页内容具有很强的相关性，并且每个不同的页面都应该包含 title 标签。

2）meta description 标签

meta description 标签是对 title 标签的进一步解释，可以是一句话或者是包含十几个单词的短语。每个页面都该有自己的 meta description 标签，并且 meta description 标签还可包含一些与网站内容相关但 title 标签中未提及的信息。与 title 标签要求相似，该部分内容也应具有描述性，与网页内容具有相关性，可包含关键字，但不可过多。

3）heading 标签

heading 标签包含了 H1、H2、H3 等，是搜索引擎识别页面信息的重要标记。合理使用 H1、H2、H3 等不同级别的标签能够使页面结构更加清晰，有利于搜索引擎的抓取。H1、H2、H3 等标签是按照重要程度来排名的。一般一个页面按照需求程度适当添加 heading 标签：从 H1 开始，依次往下添加，但不可添加太多。

4）alt 标签

alt 标签是一种图片标签，它将图片的信息以文本的形式展现。对 alt 标签的使用没有太多要求，只要在网页中出现图片的部分添加该属性即可，但其标签内容应与相应页面的内容具有相关性，不得过长，一般 1～5 个单词即可。

（三）网站联盟广告

网站联盟广告借助自动匹配技术，使企业广告可以遍布门户网站、个人网站、博客、论坛。Google AdSense 可以让各种规模的网站发布商在其网站展示与网站内容相关的 Google 广告并获取收入。目前，Google AdSense 已经覆盖了全球绝大部分的互联网网站。Google AdSense 广告可以是文字、图片，也可以是 flash 或视频；收费模式有按单击收费和按广告展示次数收费两种模式。广告主可以根据自身需求设定投放语言、地域、时间和资金预算。

第三节　SNS 和 EDM 营销

一、SNS 营销

SNS 全称 social networking services，即社会性网络服务。传统营销是销售导向的，现代营销则倾向于关系导向，强调与消费者的互动，国际知名的 SNS 社交平台有 Facebook、Twitter、Pinterest、Instagram 等。

（一）Facebook

1. Facebook 平台

Facebook 是全球最大的社交网站，创立于 2004 年 2 月 4 日，总部位于美国加利福尼亚州门洛帕克。自用户数冲破 10 亿大关之后，Facebook 每月日常用户数平均达到 10.9 亿，移动用户数也达 9.89 亿。2021 年 10 月 28 日，Facebook 将公司名称更改为"META"。借助 Facebook 开展海外营销受到越来越多跨境电子商务从业者的关注。

2. Facebook 做企业推广的方式

1）Facebook 官方专页的运营

个人资料是 Facebook 用户的个人数字简介。对于营销者来说，个人资料是展开营销的基础。每个月用户花费在 Facebook 上的时间超过 70 亿分钟，平均每位用户拥有 130 位朋友，为了能够让你的朋友时刻对你产生兴趣，个人资料必须实时更新，以体现自己的风格。

创建个人账户后，可以创建地方性商家或地点，公司组织或机构，品牌或产品，艺人、乐队或公众人物，娱乐、理念提倡或社区小组六种类型的主页。跨境电子商务企业可以选择创建自己需要的主页。除了创建公司组织、品牌或产品主页外，企业甚至可以创建娱乐或理念提倡类的主页，创造更多与顾客接触的机会。

以创建公司组织类主页为例。企业可以添加公司简介、主页照片，加入常用功能以及首选主页受众（包括潜在受众所在地区、年龄、性别、兴趣爱好和语言）。公司主页添加完成后还可以通过设置按钮对主页信息随时进行更新。

2）Facebook 粉丝量的增加

增加 Facebook 粉丝量是一个长期的过程，主要可以通过发布更新、大号引流、Facebook 的发起活动功能、Facebook Groups 以及选择付费广告等实现。

（1）发布更新。除了在填写资料的地方留下链接，还需要同时附上希望别人关注的信息（比如新品、促销、活动）。粉丝的质量远比数量重要，因此在 Facebook 上最好不要直接发布产品信息等硬广告，可以发布一些品牌和企业故事、相关人物或与企业产品相关的信息。发布更新要注意多样性，既有原创性优质文章，又有转载好文或者是短小精悍的视频、名人名言等。原创性文章发布时间最好放在上午 10:00 以后，转载文章放到 12:30—14:00，下午 3:00—6:00 则适合发布一些有趣的、有话题感的内容。

（2）大号引流。通过 Facebook 的搜索功能输入与企业相关的关键字，找出一些社区大号，比如服装外贸企业可以输入关键字"fashion"，一些热门大号就会被搜索出来。挑选出与目标群相关的大号，分析里面帖子的内容、群里感兴趣的话题、转发率、活跃度、活跃时间等，积极参与评论，对于一些质量好的大号，可以与其取得联系，付费在大号上发帖。通过发帖、积极参与评论，增加大家对企业网站的了解。

（3）Facebook 的发起活动功能。借助 Facebook 互动功能，可以邀请好友或对活动感兴趣的所有人参加，活动形式可以是现实场景活动，也可以是虚拟场景活动。活动内容可以是一场促销、新品发布会，也可以是其他内容。活动不仅可以通过 Facebook 传播，也可以借助电子邮件或发短信的形式通知其他不是 Facebook 用户的、但你认为有必要参加活动的人。在 Facebook 里可以记录活动的相关信息，上传活动照片、视频等信息，也可以就活动进行评论。

（4）Facebook Groups。Facebook 用户众多，每天都有成千上万的消息发布，巨大的信息流让人无所适从，如果建立或加入 Facebook 小组，就可以选择浏览自己喜欢的信息，同时也有机会与同行和网络潜在客户互动，进行推广营销。Facebook 上的小组是与合适对象沟通、共同完成事情的理想场所。通过 Facebook 创建小组功能，可以与志趣相投的好友线上交流，小组里可以分享照片和视频、展开对话、制订计划等，企业还可以利用小组做个性化的客户服务工作。

（5）选择付费广告。Facebook 拥有强大的广告平台。进入公司主页单击网站推广，用户可以看到推广网站的信息设置界面。企业在对推广网址、推广文字、标题、图片、受众年龄、性别、地区、兴趣爱好、预算、投放期进行设置后，Facebook 会生成桌面版动态消息和移动版动态消息供企业预览，在预览无误的情况下即可展开推广工作。推广开始后，企业可以随时查看推广状态和推广效果。

（二）Twitter

1. Twitter 平台

Twitter 是一家美国社交网络及提供微博客服务的网站，是全球互联网上访问量最大的十个网站之一，是微博客的典型应用。它可以让用户更新不超过 140 个字符的消息，这些消息也被称作"推文（tweet）"。Twitter 被形容为"互联网的短信服务"。跨境电子商务企业可以利用 Twitter 进行产品推广。

2. Twitter 做企业推广的方式

利用 Twitter 做外贸，可以快速为外贸网店导入大量流量，那么跨境电子商务企业如何通过 Twitter 推广吸引更多粉丝关注呢？

1）Twitter 账号的设置

注册完成 Twitter 账号后，企业应该确保资料填写的完整性，因为不管未来谁关注了你，他们一定会先看你的个人资料。个人资料包括企业简介、所在位置、网站等。

2）利用 Twitter 的搜索功能确定关键词

在海量的信息中，企业想让自己的信息得到最大程度的曝光，需要借助 Twitter 的搜索功能。Twitter 内部搜索结果目前是按照时间顺序排名的，在最新发布的信息中，相关关键词的信息排在前面。因此，围绕一个关键词不停地更新，企业发出的信息就会排在 Twitter 搜索的前面。

另外，随着搜索引擎搜索算法对 SNS 因素的考虑，Google 搜索结果中开始融入 Twitter 结果，若所发推文是最新的且包含相关关键词，在别人没有更新之前，所发推文将排在前面，并显示在 Google 的首页。

3）在 Twitter 上发起活动

通过创建有吸引力的活动让 Twitter 用户积极参与，活动形式可以多样化，但最好有一定的回报。

4）借助名人效应吸引粉丝

名人往往具有较高的人气，企业可以借助名人的高人气带动对自己Twitter的高关注。

5）与客户积极互动

客户通过Twitter与企业互动，不仅有利于企业了解客户的需求，也让客户感觉到了实时沟通带来的乐趣。对于跨境电子商务企业来说，需要借助Twitter的搜索功能找到与企业相关的话题，若有话题参与的时候可以积极回应，宣传自己。

（三）Pinterest

1. Pinterest平台

Pinterest是一个基于兴趣爱好的图片分享型社交网站，兼具SEO猎奇的属性和SNS的交互属性，以瀑布流的方式推送，无须用户翻页。Pinterest中每张照片的描述和标题均带有关键字。如同一个图片搜索引擎，用户通过关键字搜索就可以找到需要的图片。

2. Pinterest开展企业推广的方式

1）设置账户信息

设置账户信息包括邮箱、语言、个人简介、所在地、网站以及相关信息的设置。对于企业来说，需要详细填写本部分内容，在设置中关联企业自己的Facebook和Twitter账号。

2）设计board布局

Pinterest允许用户创建公开board和私人board。公开board允许别人访问，在创建时需要进行相关资料的设置。其中类别设置部分，企业可以根据要展示的图片类型选择。Board创建完毕后，可以通过Facebook、Twitter，G+等SNS平台邀请朋友加入。

企业可以创建主board和副board。在主board中拼企业的产品的图片，在副board中拼跟产品相关的用户感兴趣的信息和一些介绍企业的信息等。企业在创建board时，需要做好市场调研，看目标受众都对什么样的board话题感兴趣，然后再创建类似的board。board标题尽量控制在25个字符内，在board描述部分尽量体现一些热搜关键词，提高被检索的概率。

3）申请rich pin

rich pin相对于普通pin来说，展示的信息更丰富，而且rich pin呈现的文字信息比一般pin多。目前Pinterest有6种rich pins：App pins、地点pins、文章pins、产品pins、食谱pins以及电影pins。根据不同种类的rich pins，用户可以查找到相关的pins。

4）通过付费广告的形式推广企业产品

2014年5月，Pinterest推出了"推广图钉（promoted pins）"广告。Pinterest根据关键词、本地地址、语言、设备、性别来确定广告的展现。

5）关注别人以获取一定比例的关注

与其他SNS营销平台一样，企业在Pinterest上关注别人，通常情况下可以获取一定比例的关注。通常情况下，企业可以查找竞争对手或同行账号的关注者（followers），若他们关注（pin）多个同行企业产品，那么他们很有可能成为企业的目标用户。另外，加入Pinterest中的公共boards也是获取更多关注者的好方法。企业可以通过筛选选项的设置，快速找到需要的公共boards。

Pinterest以图片为特色的展示方式使得品牌和产品营销更直观，而且作为购买主力的女性更容易受图片的吸引而做出购买行为，因而与其他渠道相比，Pinterest 的用户更有可能从企业分享的众多种类的产品中选择购买。

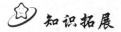 知识拓展

跨境电子商务站外推广引流 7 大营销策略

二、EDM 营销

EDM（E-mail direct marketing）营销指企业在经过用户许可的前提下，通过 EDM 软件向目标客户发送电子邮件，传达企业相关信息，促进产品销售、维系客户关系的一种网络营销形式。由于操作简单、成本低廉、针对性强、精准度高，电子邮件成为跨境电子商务卖家与国外买家进行交流的重要渠道。

在营销的不同阶段，电子邮件可以完成不同的营销功能。在营销初期，企业可以利用电子邮件进行信息宣传；在客户对企业产生印象后，可以利用电子邮件发布具有针对性的广告信息；当顾客完成购买后，企业可以借助电子邮件与顾客保持联系，处理客户反馈意见；等等。

（一）设计 EDM 邮件

1. 邮件主题的设计

对于绝大多数企业发送的电子邮件，大家往往在收到邮件后都会一扫而过，而一个好的主题往往是收件人乐意打开邮件的关键。通常情况下，邮件主题要控制在 18 个字以内。邮件主题设计可以采用如下几种类型。

（1）公告类型。主题行主要简单宣布一些新的促销信息。

（2）列表类型。主题突出活动内容，并且可以添加具体的数字，但主题列表中不要带太多的电子邮件内容。

（3）指令类型。面对消费者，企业可以直接给出报价或折扣信息，让他们现在就采取行动。

（4）幽默类型。一个具有幽默风格的主题往往能够让人产生好感。

（5）问题类型。在邮件中使用问题是一个很好的方法，它可以让更多的人单击查看邮件。通常情况下，设计问题不是为了让顾客回答问题，而是为了让用户被问题吸引产生继续看下去的愿望。

2. 邮件内容的写作技巧

内容和版面尽量简洁，突出主题，尽量使用图片，以避免文字在各个主流邮箱中的显示不同；整页图片控制在 8 张以内，每张图片最大不超过 15 KB。图片地址不要写成本地

路径，图片名称不能包含"ad"，否则图片会被显示成"被过滤广告"。邮件中的链接数量不能超过 10 个，链接需要写成绝对地址，链接长度不能超过 225 个字符。

3. 邮件发送问题

不同类型的客户往往需要发送不同类型的电子邮件，尽量避免邮件的统一群发。发送邮件的合适时间主要集中在 7:00—9:00 和 11:00—13:00 两个时间段，因为这两个时间段分别处于打开计算机的工作时间和上班族休息时间，可以增加邮件被打开的可能性。

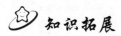 知识拓展

Focussend EDM：触发邮件营销

（二）电子邮件的数据监测

邮件发送后，对邮件数据的监测至关重要，判断邮件发送质量的主要指标有以下几个。

1. 打开率

邮件打开率指有多少人（以百分比的形式）打开了发送的邮件。通常情况下，打开率的监测是通过在邮件中放置微型图片进行的。由于很多邮件服务商会拦截图片，因此客户打开了你的邮件，但系统有可能记录他没有打开。

2. 单击率

单击率指邮件单击总数除以邮件打开总数得到的百分比。

3. 送达率

送达率指到达客户收件箱的邮件数除以邮件发送总数得到的百分比。

4. 退信率

退信率指因邮件无法送达而退还给你的邮件数除以邮件发送总数得到的百分比。退信的原因主要有邮件地址拼写错误、发送邮箱无效、收件箱已满等。

第四节　平台活动营销

一、亚马逊平台广告营销

亚马逊广告平台是针对第三方卖家、供应商或品牌商提供的推广工具，其根据不同广告需求，提供不同类型的广告产品，有效提升商品曝光率、引流量，促进销售转化，提高品牌认知度。亚马逊主要有多种推广方式，最常用的是针对单个产品的亚马逊商品推广

（sponsored product）、亚马逊标题搜索广告（headline search Ads）和产品展示广告（product display Ads）。

（一）亚马逊商品推广

1.展示位置

商品推广基于关键词搜索的广告服务，亚马逊的这项服务为点击收费项目。如果消费者没有点击商品页面，那么卖家不需要付费。被推广的商品可以出现在关键词搜索页面的右侧（sponsored product）、产品详情页面（sponsored product related to this item）。

2.操作流程

卖家在后台可以进行如下设置来参与推广。

（1）在 Advertising—Champion Management，输入你为此次活动设定的名称、每日推广费用预算和推广时间。同时，卖家需要明确哪些搜索关键词与你推广的产品有关，在设置搜索关键词时，可以选择"自动投放（automatic）"和"手动投放（mannual）"两种方式的广告活动。如果非常熟悉如何设置关键词，可以自己手动设置关键词。如果尚不了解应该选择哪些关键词，可以进行自动投放，让系统自动设置关键词和竞价，并持续优化关键词和竞价的选择。

（2）直接从库存产品列表中选择希望推广的产品。

（3）确定竞标报价。Default Bid 表示顾客通过 sponsored product 推广点击页面时你愿意支付的最高金额，这个竞标价可以随时更改。因为对于同一个搜索词，可能有很多卖家都设置了产品推广，亚马逊会根据搜索关键词的匹配度和卖家的竞标金额选择获得推广机会的产品。但只有卖家拥有购物车时才可能竞标成功。

（4）如果在（1）选择了自己设定关键词，那么需要手动选择这次推广的关键词，如果在（1）选择了使用亚马逊系统推荐的搜索关键词，则可省略这一步。

（5）提交申请信息，推广将在 30 分钟后显示。

（二）亚马逊标题搜索广告

1.展示位置

亚马逊标题搜索广告为品牌提供广告展示机会。

2.操作流程

1）注册

登录亚马逊广告平台 https://ams.amazon.com/，按要求填写信息即可完成注册。

2）广告活动设置页面

填写广告活动名称、预算总额、起止日期和投放方式，填写完毕后可在页面右上角"广告活动概述"部分看到广告活动设置的总情况，确认无误后点击"继续下一步"。

3）创建广告组页面

填写广告组名称，选择广告位。可以选择亚马逊默认的所有广告位，如果想让广告放在某一特定位置，也可以点击指定广告位，要注意不同的广告位的创意尺寸，以免影响广

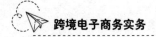

告效果。

4）设置费用

选择竞价（CPC）及愿意为该广告位单次所支付的最高费用。

5）创建广告界面

选择促销目标及买家点击展示广告后将会跳转进入的详情页面，可以选择跳转链接到产品详情页、店铺以及自定义 URL 链接（仅限亚马逊网站内）。

（三）亚马逊产品展示广告

1. 展示位置

亚马逊展示广告显示在相关商品页面购物车下。卖家可以通过将广告展示在竞争产品或是相关互补商品页面，在较窄但是较准确的范围内设置广告；也可以通过兴趣点设置广告展示的位置，这种方式有助于获得更广泛的消费者。

亚马逊展示广告和亚马逊商品推广的不同点在于：商品推广是基于关键词搜索的搜索性广告，卖家无法选择特定的广告位进行展示。也就是说，消费者搜什么才会展示什么类别的广告，不搜索就不会展示，如消费者搜索口罩，那么只会展示与口罩相关的广告。展示广告是根据选择的卖家的兴趣点和广告位进行投放的。亚马逊基于消费者在亚马逊上的浏览和购物行为，归纳出 30 个大兴趣点和 100 个小兴趣点。卖家可以选择目标客户群的兴趣点进行广告投放，还可以选择特定的广告位置进行展示。

2. 操作流程

1）注册

登录亚马逊广告平台，按要求填写信息即可完成注册。

2）广告活动设置页面

填写广告活动名称、预算总额、起止日期和投放方式，填写完毕后可在页面右上角"广告活动概述"部分看到广告活动设置的总情况，确认无误后点击"继续下一步"。

3）创建广告组页面

填写广告组名称，选择广告位。可以选择亚马逊默认的所有广告位，如果想让广告放在某一特定位置，也可以点击指定广告位，要注意不同的广告位的创意尺寸，以免影响广告效果。

4）设置展示广告相关的兴趣点

亚马逊系统默认的是对所有的群体展示广告，可以选择基于兴趣点对展示对象做定向选择。选择竞价（CPC）及愿意为该广告位单次所支付的最高费用。

5）创建广告界面

选择促销目标及买家点击展示广告后将会跳转进入的详情页面，可以选择跳转链接到产品详情页、店铺以及自定义 URL 链接（仅限亚马逊网站内）。

⭐ 知识拓展

10 分钟了解亚马逊站外推广最强攻略

二、敦煌平台营销

一般情况下，敦煌网平台卖家可以从站内推广、站外推广、SNS 营销以及敦煌网内部竞价体系四种方式开展店铺的营销推广。

（一）站内推广

敦煌网卖家可以充分利用流量快车工具实现免费推广。

产品流量快车（简称"流量快车"）是敦煌网为卖家量身打造的强力引流工具，快车产品将会在搜索产品结果列表页中的专属推广位置上高频曝光且无时间限制。

1. 显示位置

流量快车产品会出现在产品类目列表页和关键词搜索列表页。卖家可看到流量快车标识，产品的所在目录、关键词的相关度和产品质量决定了流量快车产品的排序。

2. 如何获得流量快车

平台的商户（低于标准的商户除外）都能免费获得一定数量的流量快车。商户可以自行选择审核通过的上架产品，使其成为流量快车产品，从而获得搜索产品结果列表页的高流量。企业可以通过以下方法高效使用流量快车。

（1）优化产品图片，特别是首图。

（2）审视产品目录关联性，产品所有关键词是否符合行业发展。

（3）设定产品最终页关联营销版块，提高转化率。

（4）控制店铺整体纠纷、退款、好评率。

（5）分析行业特色、季节影响、产品表现等因素，密切关注快车产品的转化数据，根据实际表现，每周及时更新快车推广产品。

那么，流量快车数量的获取规则是什么呢？通常情况下，敦煌网对新卖家的扶持政策是：1 个产品处于正常上架状态可以获得 1 个流量快车；10 个产品处于正常上架状态可以获得 2 个流量快车；30 个产品处于正常上架状态可以获得 3 个流量快车。对于普通卖家来说，根据商户的不同级别，获取的流量快车数量也不同。对于增值卖家来说，获取的流量快车数量较新卖家和普通卖家多。

因此，卖家若想获取更多的流量快车可以通过提升自己的经营数据，提升商户级别，或者通过购买增值服务包，提升流量快车的使用数量。

（二）站外推广

在站外推广方面，卖家主要的推广渠道是 Google Shopping。Google Shopping 是 Google 旗下的一款比价产品，目的是让用户很容易地进行购买研究，找到不同产品的功能和价格等信息，然后直接联系商家进行购买。

敦煌网所做的 Google Shopping 推广，就是将卖家店铺内的合格产品推广到 Google 中，带来更多的优质买家，并通过多维度优化，让热卖的产品更加火热，让有潜力的产品获得更多曝光机会。

目前，Google Shopping 的推广国家有美国、澳大利亚、巴西、捷克、法国、德国、意大利、西班牙、日本、荷兰、瑞士、英国和加拿大等。借助敦煌网平台使用 Google Shopping 引流是免费的，要求上传图片不能有商标和文字，背景不能纯白，不能拼图。上传产品的量没有限制，每次提交 50 个，也可以连续提交，订单金额在 200 美元以下，且图片和产品描述清晰，能够使用核心关键词描述的产品往往能获得较好的流量。

（三）敦煌网内部的付费广告

为了提升产品流量及转化率，卖家还可以参与敦煌网内部的付费广告。敦煌网内部的付费广告类型主要有竞价广告、定价广告、商品陈列位、定向展示推广等。其中定价广告和定向展示推广的效果明显。

定价广告是敦煌网整合网站的资源，倾力为敦煌网卖家打造的一系列优质推广展示位，分布于网站的各个高流量页面，占据了页面的焦点位置，以图片或者橱窗等形式展示。仅对敦煌网卖家开放，卖家可以在"敦煌网产品营销系统"平台上购买。

定价广告分为 banner 广告、站内展位和促销展位三种类型。其中 banner 广告主要分布在网站首页、各类目频道首页、产品列表及买家后台首页等超高流量页面，多以图片形式展示，比较适合店铺宣传和大规模促销。站内展位主要分布在网站首页和各类目频道首页等高流量页面，投放的形式以专门的单品和店铺展示橱窗为主。促销展位主要分布在网站的各种促销活动页面，是按类目和产品特性定制化打造的展示界面和橱窗展位。表 7-2 给出了敦煌网三种定价广告的具体形式。

表 7-2　敦煌网定价广告的三种类型

广 告 类 型	展 示 位 置	投 放 形 式
banner 广告	主要分布在网站首页、各类目频道首页、产品列表以及买家后台首页等超高流量页面；同时广告位于页面的醒目位置，拥有很好的展示效果和单击率	以图片形式展示，更能吸引用户的注意；适合进行店铺宣传、品牌推广和大规模促销
站内展位	主要分布在网站首页和各类目频道首页等超高流量页面	专门的单品和店铺展示橱窗，贴合买家的浏览习惯，以获取更精准的单击；适合进行店铺宣传和打造爆款单品
促销展位	分布在网站的各种促销活动页面，季节性和主题性强，针对最适合的群体展示	按类目和产品特性定制化打造的展示界面和橱窗展位，最全面地展示产品，赢取流量和转化；适合进行新品促销和打造爆款单品

定向展示推广系统是帮助潜力优质卖家和优质产品额外获得更多展示曝光的引流系统。其依托敦煌网庞大的买家浏览记录与购买行为分析，构建出最贴近买家购买兴趣的产品计算模型，推荐最符合买家购买意向的产品，精准地展现在目标客户浏览网页的醒目位置上，为卖家带来定向巨额流量，精准锁定目标客户。

定向展示推广将享有 DHgate 首页、搜索结果页、产品最终页、my DHgate 首页、HOT Selling 栏等高流量展位展示概率。

如果我们将以上介绍的四种店铺推广方法按照推广效果排序，推广效果由好到差的排列顺序依次是：流量快车、定价广告和定向展示推广、SNS、Google Shopping。卖家可以组合使用上述推广方法开展店铺营销。

 复习与思考

1. 名词解释

（1）软营销

（2）直复营销

（3）上架价格

（4）CIF

（5）搜索引擎营销

2. 简答题

（1）整合营销的要点是什么？

（2）跨境电子商务的定价策略有哪几个？

（3）搜索引擎营销的方式有哪几种？

（4）判断邮件发送质量的主要指标有哪些？

（5）国际知名的 SNS 社交平台有哪几个？

第八章　跨境电子商务数据分析

 知识目标

- ❏ 了解数据分析的概念；
- ❏ 掌握市场分析的核心数据指标；
- ❏ 了解竞品数据的分析；
- ❏ 掌握商业报告的主要内容。

重点及难点

重点：
- ❏ 数据分析的工具；
- ❏ 市场大数据分析；
- ❏ 竞争店铺数据分析；
- ❏ 库存数据分析；
- ❏ 利润数据分析；
- ❏ 销售数据分析；
- ❏ 数据分析的指标。

难点：
- ❏ 分析市场营销数据；
- ❏ 分析经营店铺；
- ❏ 掌握商业报告的制作方法。

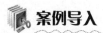 **案例导入**

跨境独立站如何利用 Facebook 选品？

跨境独立站选品是非常关键的，但品类众多。那么卖家该如何选择呢？

Facebook 是跨境独立站引流的首选渠道，但其实 Facebook 也能帮助卖家选品。接下来就一起看看到底要怎么做吧！

1. 同行主页

同行选品是能够给卖家带来一定灵感的，因为同行的选品往往是经过多重考量的，尤其是优秀卖家，网站能够做得好，选品是基础。另外同行的选品是经过市场考验的，因此会比较具有参考性。

除了已经打响品牌的卖家，其他大多数卖家都不会主动说自己到底选择的是哪一种产品。因为这会引来同行竞争，所以卖家还是需要自己去寻找。卖家可以利用 Google 搜索同行的 Facebook 主页，输入 Facebook.com+关键词+likes+Get yours 进行搜索。

在搜索结果中可以看到相关的产品，点击进去就可以看到 Facebook 主页。接下来，卖家就可以看到同行的产品广告，知道对方到底选择了什么产品，同时还可以学习对方的广告策略。

如果你经常点击同行的广告，Facebook 也会给你推荐一些其他同行的广告，这些都能帮助卖家收获更多的同行信息。

同行产品信息比较复杂，卖家需要从多个角度去看待，并结合自己的实际情况做出选择。

2. 关键词

大多数跨境独立站卖家经常会在 Facebook 上发布产品的帖子，或者找红人测评，发布测评帖或视频。卖家可以通过搜索关键词寻找相关的帖子。通过帖子的热度以及消费者的反馈来判断这个产品到底可不可行。

卖家需要注意发帖时间，如果时间过于久远，那么产品可能已经过了那个热销期。最好是在 5 天或 7 天内的帖子，这也能看出近期消费者对此产品的态度。

3. 测品

当跨境独立站卖家通过上述方法确定选品后，卖家不必先急着大笔投入，可以在 Facebook 上先对产品进行测试。以比较低的预算在 Facebook 上投放广告，通过广告的转化率判断这个选品到底靠不靠谱。

当然落地页，卖家是需要提前设计好的，否则无法进行广告投放。至于货源方面，可以在测试结果出来后再去寻找，避免造成损失。

当然除了 Facebook，Google、TikTok、Instagram 等也能帮助卖家选品。因为这些都是主流的推广渠道，是大多数跨境独立站卖家的选择。广告投放、产品服务、物流、推广等都是有迹可循的，这些都是跨境独立站卖家在运营初期可以学习的。

第一节　数据分析概述

一、数据分析认知

数据分析是指用适当的统计分析方法对收集来的大量的第一手资料进行分析，以求最大化地开发数据资料的功能，发挥数据的作用，提取有用的信息并形成结论的对数据加以详细研究和概括总结的过程。例如，速卖通的卖家通过数据分析，能将整个店铺的运营建立在科学分析的基础之上，将各种指标定性、定量地分析出来，从而为决策者提供最准确的参考依据。

二、数据分析的意义

数据分析的意义在于：发现问题，并且找到问题产生的根源，最终通过切实可行的办法解决存在的问题。基于以往的数据分析，总结发展趋势，为网络营销决策提供支持。事实上，全球各大行业巨头都表示要进驻"开放数据"蓝海。以沃尔玛为例，该公司已经拥有两千多万亿字节数据，相当于两百多个美国国会图书馆的藏书总量。这其中很大一部分是客户信息和消费记录。通过数据分析，企业可以掌握客户的消费习惯、优化现金和库存，并扩大销量。数据已经成为各行各业商业决策的重要基础。

电子商务数据分析的作用有：分享线上活动成效，考核相关人员绩效（KPI），监控推广的投入产出比（ROI），发现客服、营销等方面的问题，预测市场未来趋势，帮助改进网站用户体验设计（UED）。数据分析贯穿于产品的整个生命周期，包括从市场调研到售后服务的各个过程，都需要适当运用数据分析，以提升有效性。例如，世界工厂网就设有排名榜的数据分析，通过分析用户在世界工厂网的搜索习惯及搜索记录，免费提供产品排行榜、求购排行榜和企业排行榜。从各方对待一个事物的态度与投资动向，我们能很轻易地了解这一事物的重要程度。从以上事例可以看出，数据分析对于电子商务行业非常重要。

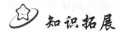

阿里国际站数据分析的 8 种方法

三、数据分析方法

（一）直接观察法

直接观察法指利用各种电子商务平台和工具对数据的分析功能，直接观察数据的发展趋势，找出异常数据，对消费者进行分群。借助于强大的数据分析工具，我们可以有效提升信息处理的效率。

例如，通过直观地查看数字或趋势图表，我们能够迅速了解市场走势、订单数量、业绩完成情况及消费者构成等，从而获取信息，帮助后期决策。

（二）AB 测试法

在电子商务数据分析中，AB 测试法通常是设计两个或多个版本，其中 A 版本一般为当前版本，B 版本或其他版本为设想版本。通过测试比较这些版本的不同，最终选择出最好的版本。

AB 测试法的经典应用就是淘宝直通车创意设计，例如对直通车图片进行优化时，一般是对当前图片进行分析，并提炼现有的创意要素，然后分析各要素的表现情况。如果发现某张图片点击率较低，并认为可能是文案不理想导致的，此时可以测试另一种更好的文案效果；如果发现图片点击率较低是因为拍摄方案不好，则可以测试另一种拍摄方案。利用AB 测试法能不断地进行分析和猜想，并得到优化的策略，制作出新的图片，然后将新图片与老图片在直通车中轮播测试，经过一段时间就可以提取测试数据，并分析和总结创意数据，以确定猜想是否正确，优化方向是否合理。

AB测试法的优点在于"可控"，它建立在原有基础上，即便新方案不行，也会有旧方案加持，直到新方案可取后才予以替换，不至于没有方案执行。

（三）对比分析法

对比分析法是将两个或两个以上的数据进行比较，并查看不同数据的差异，以了解各方面数据指标的分析方法。在电子商务数据分析中，我们经常会用到对比分析法，如进行竞争对手分析时，就会将自己的数据与竞争对手的数据进行比较，了解双方各自的优势与劣势，进而制定相应的策略。对于电子商务数据而言，对比分析法可以从以下几个最常见的方面进行对比。

1. 不同时期的对比

对不同时期的数据往往可以采用环比和同比的对比分析方法，如用本月销售额与上月销售额对比，就能知道本月销售的增减情况和增减幅度。

2. 与竞争对手或行业大盘对比

通过将自身数据与竞争对手或行业大盘进行对比，就能直观了解自身在该行业中所处的位置，并进一步分析出现问题的地方。例如发现自己的成交转化率比竞争对手低很多，就可以分析影响转化率过低的各种原因，提高转化率。

3. 优化前后的对比

在电子商务运营过程中，调整随时会发生，如修改标题关键词、优化图片及修改详情页内容。如果不进行优化前后对比，就无法判断调整是否有效，或者效果是否明显。很多电子商务经营者都不会在优化后进行对比，特别是优化后销售额有一定提升时，就会潜移默化地认为优化后的情况比优化前的情况更好，而忽略了其他可能导致销售额提升的原因。

4. 活动前后的对比

为促进销售，提升销售额，电子商务平台往往会不定期地开展各种活动，因此需要运营人员对活动前后的各项数据指标进行对比，这样才能判断活动开展是否有效，活动策划的优点和问题各在哪些地方，以便为下一次活动提供更好的数据支持，进一步提高活动的质量和效果。

（四）七何分析法

七何即何时（when）、何地（where）、何人（who）、何事（what）、何因（why）、何做（how）、何价（how much），因此七何分析法也称5W2H分析法。这种方法通过主动建立问题，然后找到解决问题的线索，进而设计思路，有针对性地分析数据，最终得到结果。例如分析店铺人群画像时，如果找不到切入点，则可以利用七何分析法进行引导。

1. 何时

买家什么时候购物？购物频率怎样？

2. 何地

买家地理位置分布如何？各省市情况怎样？为什么会出现这种情况？

3. 何人

买家性别比例情况怎样？年龄结构如何？消费水平、工作职务又是什么情况？

4. 何事

能够给买家提供什么？是否满足买家需求？

5. 何因

造成这种结果的原因是什么？

6. 何做

买家购物时，习惯先加入购物车还是直接付款？习惯用"花呗"还是用信用卡？喜欢购买打折商品与否？

7. 何价

买家喜欢购买什么价位的商品？购买数量是多少？

（五）杜邦拆解法

杜邦拆解法基于杜邦分析法的原理，利用几种主要的财务比率之间的关系来综合分析企业财务状况，评价企业盈利能力和股东权益回报水平。其基本思想是将企业净资产收益率逐级分解为多项财务比率乘积，这样有助于深入分析并比较企业经营业绩。利用杜邦拆解法可以将对手销售额进行逐层拆解并对拆解结果进行详细分析。

店铺销售额一般由访客数、客单价和转化率决定，依次可以将销售额拆解为这三个对象，然后进一步对访客数（老访客、新访客）、客单价（人均购买数量）、转化率（买家数、查询转化率、静默转化率和退货率）进行拆解，逐步分析各项指标的情况，最终找到问题所在。图 8-1 所示为使用杜邦拆解法分析的店铺销售额结构。

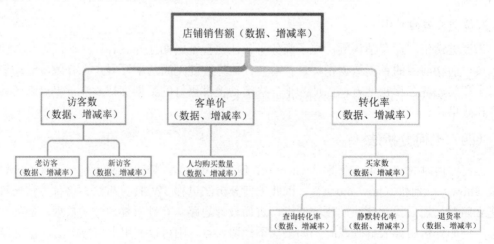

图 8-1　店铺销售额分析结构图

四、数据分析指标

（一）访客数（UV）

访客数是指一天之内到底有多少不同的用户访问了你的网站。百度统计完全抛弃了 IP 这个指标，而启用了访客数这一指标，是因为 IP 往往不能反映真实的用户数量。尤其对于一些流量较小的企业网站来说，IP 数和访客数会有一定的差别。

访客数主要是以 cookie 为依据来进行判断的，而每台计算机的 cookie 也是不一样的。有些情况下 IP 数会大于真实的访客数。比如一个 ADSL 拨号用户，可能一天中在三个不同的时段拨号上网并访问了这个网站，那么网站获得的 IP 数是 3，但是真实的访客数只是 1。有时候访客数也会大于 IP 数，因为像公司、网吧这样的地方，往往都是多个用户共用一个 IP。比如公司里的某个员工看到了一个非常优惠的团购信息，然后通过 QQ 群发给了公司内的所有同事，假设有 50 个人打开了这个团购页面，那么这个团购网站就获得了 50 个真实的用户，但是 IP 只有一个。通过上面的两个例子，我们能了解到访客数要比 IP 数更能准确地反映用户数量。

（二）访问次数

访问次数是指访客完整打开网站页面的次数。如果访问次数明显少于访客数，就说明很多用户在没有完全打开网页时就将网页关闭了。如果是这样的情况，我们就要好好检查一下网站的访问速度了，看看到底是网站空间出了问题还是网站程序出了问题。

如果一个访客 30 分钟内没有新开或刷新页面，或者直接关闭了浏览器，到他下一次访问网站时，就记为一次新的访问。如果网站的用户黏性足够好，同一用户一天中多次登录网站，那么访问次数就会大于访客数。

（三）浏览量（PV）

浏览量和访问次数是相互呼应的。用户访问网站时每打开一个页面，就记为 1 个 PV。同一个页面被访问多次，浏览量也会累积。一个网站的浏览量越高，说明这个网站的知名度越高，内容越受用户喜欢。

对于资讯网站来说，PV 是一个重要的指标，反映了网站内容是否对用户有足够的吸引力。对于企业网站来说，整个网站的页面加起来可能就十几个，网络营销顾问岳浩认为，只要把重点内容展示给目标客户就可以了，不必一味地追求 PV。很多电子商务网站的用户需求也非常明确，用户来到网站之后，往往只会寻找自己需要的产品，所以一味地重视 PV 也是没有太大意义的。

（四）新访客数

新访客数是一天中网站新访客的数量。在百度统计开始对网站统计以来，当一个访客第一次访问网站时，就被记为一个新访客。新访客主要还是以 cookie 为依据进行判断的。

新访客数可以衡量通过网络营销开发新用户的效果。在众多的网络营销方法中，搜索引擎营销往往更容易为企业带来新用户。

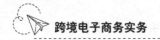

（五）新访客比例

新访客比例是指一天中新访客数占总访客数的比例。对于不同类型的网站，这个指标有着不同的意义。

对于一些讲求用户黏性的 Web2.0 网站来说，比如论坛和 SNS 网站，如果新访客比例过高，就意味着老用户很少来，这不是一件好事。而对于主要依靠搜索引擎带流量的资讯站来说，新访客比例反映了网站编辑是否能抓住热点内容做文章、最近的 SEO 是否效果明显，因为热点内容的搜索量很高，而且通过 SEO 可以增加整站文章的展现量。如果资讯站的访客数不断增加，而且新访客比例较高，往往是网站进步的一个表现。

（六）平均访问时长

平均访问时长是用户访问网站的平均停留时间。平均访问时长等于总访问时长与访问次数的比例。而访问时长主要是根据访客浏览不同页面的时间间隔来计算的，因此最后一页的访问时长是无法计算的。现在非常流行的网络营销单页面也无法统计这一数据，因为单独一个页面是无法计算间隔时间的。

平均访问时长是衡量网站用户体验的一个重要指标。如果用户不喜欢网站的内容，可能稍微看一眼就关闭网页了，那么平均访问时长就很短；如果用户对网站的内容很感兴趣，一连看了很多内容，或者在网站停留了很长时间，那么平均访问时长就很长。对于企业网站来说，只要把"产品介绍""企业案例""企业简介""联系方式"等几个重要页面展示给目标用户，目的就算达到了，因此没有必要追求过高的平均访问时长。

（七）平均访问页数

平均访问页数是用户访问网站的平均浏览页数。平均访问页数等于浏览量与访问次数的比例。平均访问页数很少，说明访客进入网站后访问少数几个页面就离开了。

我们往往会把平均访问页数和平均访问时长这两个指标放在一起来衡量网站的用户体验。如果平均访问页数较少，平均访问时长较短，就要分析以下几个问题：网络营销带来的用户是否精准；网站的访问速度如何；用户进入网站后能否找到需要的内容；网站内容对用户是否有吸引力。

（八）跳出率

跳出率是指访客来到网站后，只访问了一个页面就离开网站的访问次数占总访问次数的百分比。跳出率是反映网站流量质量的重要指标，跳出率越低说明流量质量越好，用户对网站的内容越感兴趣，网站的营销功能越强，这些用户越可能是网站的有效用户、忠实用户。

对于单页营销的网站来说，跳出率只能是 100%，因为用户只有一个页面可以访问，所以单页营销网站不必考虑这个指标。在百度搜索推广中跳出率和平均访问时长可以反映出推广关键词的选择是否精准，创意的撰写是否优秀，着陆页的设计是否符合用户体验。

（九）转化次数

潜在用户在网站上完成一次我们期望的行为，就叫作一次转化。百度统计中可以记录的转化主要是指用户访问了某个特定的页面，比如电子商务网站中交易成功的页面、企业网站中在线咨询或联系方式的页面。

我们可以在百度统计的后台设置相应的转化页面，用户访问这个页面 1 次，就记为 1 次转化。网络营销顾问岳浩认为，转化次数是衡量网络营销效果的重要指标，也是以销售为主导的企业网站最应重视的指标。就好像一个实体商店，多少人来光顾不是最重要的，最重要的是看到底有多少人购买了商品。

（十）转化率

转化率等于转化次数与访问次数的比例。转化率可以用来衡量网络营销的效果。如果我们在 A、B 两个网站同时投放了广告，A 网站每天能带来 100 次用户访问，但是只有 1 个转化；B 网站每天能带来 10 次用户访问，但是却有 5 个转化。这就说明 B 网站带来的转化率更高，用户更加精准，网络营销效果更好。

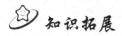 知识拓展

成功打造亚马逊爆款的 8 个数据分析指标

五、数据分析工具

（一）数据思路类工具

常用工具：思维导图（MindManager）、XMind、FreeMind、Visio。
作用：数据分析思路的拓展和管理，便于记忆并组织思路。
应用：项目分析思路、工作规划、头脑风暴、创意。

（二）数据存储与提取工具

常用数据存储工具：Access、MySQL、SQL Server、Oracle、DB2、Sybase。
常用数据提取工具：数据库工具、Navicat（SQL 客户端）、Excel、数据分析和挖掘工具的数据接口。

这些工具应用于数据项目的起始阶段，用于原始数据或 ETL1 后数据的存储与提取，并进行初步计算和筛选，如计数、汇总、求和、排序、过滤等。常用的数据库工具如下。

1. Access
Access 是 Office 套件之一，属于微软发布的关系型数据库。
适用环境：个人及小规模数据量。
优点：与 Office 产品结合好，操作界面化。

缺点：数据文件不能突破2G，结构化查询语言（Jet SQL）能力有限，不适合大型数据库处理应用。

2. MySQL

MySQL 是世界级开源数据库，属于 Oracle 的关系型数据库。

适用环境：中、小型企业及部分大企业。

优点：体积小、速度快、成本低，开放源码、应用广泛。

缺点：相比大型付费工具，其稳定性和商业支持不足，缺乏存储程序功能。

3. SQL Server

SQL Server 是由微软开发的关系型数据库。

适用环境：大、中型企业。

优点：与微软产品线结合紧密，支持大多数功能，界面友好，易于操作，具有丰富的接口，伸缩性好。

缺点：只支持 Windows，多用户时性能受限，图形界面执行效率低。

4. Oracle

Oracle 是世界级数据库解决方案，属于 Oracle 的关系型数据库。

适用环境：大型企业。

优点：兼容性好，多平台支持，高效率，稳定性，可连接性广泛。

缺点：功能复杂，多用户时性能受限，图形界面执行效率低。

（三）数据分析与挖掘工具

入门基本工具：Excel（函数、数据分析模块）。

专业应用工具：SPSS、Clementine、SAS。

"骨灰级"工具：Python、R 语言。

作用：通过模型挖掘数据关系和深层数据价值。

应用：数据项目的核心阶段，用于数据挖掘处理。

1. Excel

Excel 是 Office 基本套件，自带函数功能和数据分析模块。

适用人群：入门数据分析师、经验丰富的 VBA 工程师。

优点：是基本工具，使用广泛，模块简单。

缺点：功能简单，适用场景较少。

2. SPSS Statistics

SPSS Statistics 现名为 PASW Statistics，是数据统计和分析的主要工具之一。

适用人群：数据统计和基本挖掘的数据分析师。

优点：是基本数据统计工具，处理功能强大，可用模型较多，可与 Clementine 结合。

缺点：数据挖掘的流程控制较弱。

3. Clementine

Clementine 是专业的数据挖掘工具。

适用人群：数据挖掘工程师、高级分析师。

优点：是丰富的数据挖掘模型和场景控制工具，有自定义功能，可与 SPSS 结合。

缺点：功能略显复杂，需要丰富的实践经验。

4. SAS

SAS 是专业的数据挖掘工具。

适用人群：数据挖掘工程师、高级分析师。

优点：具备丰富的数据挖掘模型、EM 模块整合能力。

缺点：学习难度大。

5. R 语言

R 语言是免费、开源的专业数据统计、分析、挖掘和展现工具。

适用人群：程序员、数据挖掘工程师。

优点：免费，开源，功能丰富，应用广泛。

缺点：学习难度大，需要编程能力。

6. Python

Python 是免费、开源的编程语言。

适用人群：程序员、开发工程师、数据挖掘工程师。

优点：免费，开源，容易上手，适合大数据应用。

缺点：语法独特，运行速度比 C 和 C++慢。

（四）数据可视化工具

入门展示工具：Excel（Power Pivot）、PPT。

专业可视化工具：Tableau、Qlik、Crystal Xcelsius（水晶易表）。

其他工具：Google Chart。

作用：展现数据结果。

应用：数据项目的结尾，通过数据展现增加沟通效果。

1. Tableau

Tableau 是付费的商业可视化工具。

适用人群：图形可视化人群、分析师、BI 人员。

优点：接口较为丰富、美观，操作相对简单。

缺点：侧重于可视化，缺少深入挖掘的功能。

2. Crystal Xcelsius（水晶易表）

Crystal Xcelsius 是全球领先的商务智能软件商 SAP Business Objects 的最新产品。只需要简单的点击操作，Crystal Xcelsius 即可令静态的 Excel 表格充满生动的数据展示、动态表格、图像和可交互的可视化分析；通过一键式整合，可将交互式的 Crystal Xcelsius 分析结果轻松地嵌入 PowerPoint、Adobe PDF 文档、Outlook 和网页上。

适用人群：图形可视化人群、分析师、BI 人员。

优点：操作简单（Office 整合）、美观。

缺点：侧重于可视化、付费。

（五）商业智能类

BI（business intelligence）即商业智能。

内涵：数据仓库、OLAP、数据挖掘。

内容：数据仓库、数据抽取、OLAP、数据可视化、数据集成。

常用工具：微软、IBM、Oracle、SAP、Informatica、Microstrategy、SAS。

作用：数据综合处理和应用。

应用：数据工作的整个流程，尤其是智能应用。

1. 微软商业智能（SQL Server 系列）

SQL Server BI 产品组成如下。

SSIS：集成服务，ETL 及整体 BI 的调度。

SSAS：分析服务，包括 Cube、OLAP 和数据挖掘。

SSRS：报表服务，包括订阅和发布等功能。

另外，通过 Excel、Share point 可做数据门户和集成展示；通过 Performance Server 做绩效管理应用。

2. IBM Cognos

IBM Cognos 是世界级商用 BI 解决方案之一，具有广泛的易用性、稳定性、完整性。Cognos 产品组成如下。

Powerplay Transformation Server：数据连接、调度、ETL。

Powerplay Enterprise Server：第三方集成、OLAP、数据门户。

ReportNet Server：数据展现和详细定义。

Access Manager：安全管理模块。

Powerplay Client：ES 的客户端，OLAP 报表制作工具。

3. Oracle BIEE（business intelligence enterprise edition）

BIEE 的数据模型也是世界级商用 BI 解决方案之一。

物理层（physical）：用于定义和连接各类异构数据源。

逻辑层（business model and mapping）：定义逻辑模型与物理模型间的映射关系。

展现层（presentation）：前端展现和应用。

4. SAP Business Intelligence

端到端的数据应用平台包括 Business Objects Enterprise（BI 平台）、Crystal report（企业及报表）、Web intelligence（查询分析）、Crystal Xcelsius（水晶易表）等。

第二节　行业数据分析

一、市场数据分析

（一）常用的市场研究分析模型

1.消费者行为研究模型

在消费者行为研究中，使用习惯和态度（简称 U&A）的研究是其核心问题。目前，消费者使用习惯和态度研究是一种相对成熟和常用的市场研究模型，广泛应用于家电、食品饮料、化妆品、洗涤品、日用品等快速消费品和耐用消费品的消费者研究中。

1）U&A 研究的应用

U&A 是一种相当成熟和完整的消费者研究模型，它广泛地被国内外的专业研究机构所采用。通过 U&A 模型，企业可以准确地测量出被测产品的市场状况、目标消费者状况、竞争对手状况，还可以有效地了解消费者特征和消费者行为，从而为企业下一步的市场策略或市场推广提供指导性依据。

U&A 的主要研究内容包括消费者对产品广告的认知、消费者使用和购买习惯、消费者满意度评价、消费者媒体习惯、消费者对市场推广活动的态度等一系列指标。同时，消费者的产品态度研究还可以用于市场细分和确定目标市场。进行市场细分的方法是根据消费者对产品的偏爱程度确定的，在同等条件下，商家应将目标市场定位于消费者偏爱程度较高的市场，因为消费者对喜爱的产品总是给予更多的关注。即使采取其他市场细分法，如以地理位置为标准，也需努力检测各个细分市场对产品的相对偏好程度。细分市场对产品的偏爱程度越大，成功的可能性也就越大。

2）U&A 研究方法

在实际研究过程中，我们通常采用费歇宾模式和理想点模式。

（1）费歇宾模式（the Fishbein model）。费歇宾模式是最广为人知的测试模式。根据费歇宾模式，消费者对于一个给定的产品的态度定量评价为——该产品具有各显著特性的程度与特性的评价值乘积的和。

（2）理想点模式（the ideal-point model）。理想点模式的独特之处在于提供了消费者认为是理想品牌的信息和消费者对现在品牌的看法。在理想点模式下，消费者被问及某种品牌产品在某一特性中所处的位置，以及他认为"理想"的品牌应处于什么位置。根据该模式，品牌具有的特性值越接近理想值，则该品牌越受消费者喜欢。

（3）影响购买行为的因素分析。影响消费者购买行为的因素有很多，主要包括心理因素、内部因素和外部因素。

（4）模型的优点。

① 全面性。从不同角度了解消费者行为的内因的形成过程。

② 有效性。准确了解消费者决策的影响因素，从而确定可行的市场策略。

③ 准确性。准确界定目标消费群。

2. 市场定位模型

对某一类新上市产品（项目）来讲，在进行了市场细分研究的基础上，需要进一步做的工作就是市场定位。市场定位十分重要，正确的市场定位会使该产品顺利地进入市场，并建立自己的品牌；相反，如果定位出现了偏差，会使市场营销计划受到严重阻碍，甚至导致产品入市失败。在实施市场定位中，通常所使用的定位模型是基于利益定位的两个主要工具——认知图和价值图。市场定位工作大致分为以下三部分。

1）选择定位概念、建立认知图或价值图

在对产品或项目进行定位时，营销人员首先需要了解目标市场"在意"的因素是什么，然后才能进行定位研究。定位研究的结果可以用认知图表示，认知图可以用来反映相对于竞争对手而言本产品在消费者感兴趣程度、产品和企业形象方面的位置。

2）制定有效的定位传达方式及卖点

产品定位的传达方式包括品牌名称、标语、产品外观或其他产品特点、销售地点、员工形象等。另外，还要设计正确的产品定位的概念，包括广告语的选择。

3）整合传播组合定位

在完成了上述工作的基础上，定位工作还包括营销策划传播组合定位。通常，营销传播组合定位模式如图 8-2 所示。

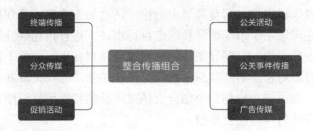

图 8-2　营销传播组合定位模式

3. 市场细分模型

市场调查中的细分市场研究可以帮助企业更清楚地了解不同层次消费者的需求特点与消费或使用特性，能帮助企业更好地锁定目标群体，更有效地针对不同层次的用户进行推广宣传。具体体现在：自动合并差异不显著或规模过小的市场；依据差异的显著程度判断各因素在划分细分市场时的层级；在变量差异不显著或细分市场规模过小时停止细分。

以下为市场细分的研究步骤。

1）第一步：了解项目背景，确定基本变量

这是市场细分过程中非常重要的一步，对基本变量的选择、建立变量间联系的方法成为细分研究成败的关键。这些变量如表 8-1 所示。

表 8-1 市场细分研究基本变量表

因　素	基 本 变 量
地理因素	地区
	省市
	城市规模
	属性
	气候
	经济发达程度
人口因素	年龄
	性别
	家庭生命周期
	家庭收入
	职业
	教育程度
	媒体接触
心理因素	价值倾向
	社会经济地位
	生活方式
	个性
行为因素	使用率
	购买目的
	追求的利益
	使用者状况
	品牌忠诚度
	品牌知晓度
	对产品的态度

2）第二步：采集数据

出于对准确市场研究的需要，市场细分研究对样本数量和典型性有较高要求，多个城市研究一般样本量会在 1000 个以上；同时，细分市场研究需要调查结论能推断消费者总体，因此，要多采用随机性较好的用户面访。如果目标市场为特定产品的购买者，也可采用定点拦截访问。由于细分市场调查问卷一般较长，访问时间多在 30～50 分钟，且涉及较多受访者个人信息，因此进行电话访问的难度较大。

3）第三步：分析数据

运用多元统计分析中的聚类分析和对应分析，将对基本问题回答相同或者相似的调查对象编成不同的组别，并对这些组别认真研究和分析，最终将总体市场划分为细分市场。事后细分法利用人口统计指标和行为变量描述各个细分市场，使得这种细分市场更容易界定。

4）第四步：分析其他数据，构建细分市场

论证由第三步得出的细分市场，若发现与前面结果相反，则再回到第三步进行分析。

5）第五步：为目标人群命名

名字应该有意义、准确、令人难忘，能与细分市场中的人群很好地匹配。

6）第六步：明确每个细分市场，同时对准备进入的细分市场进行评估

准备进入细分市场需要考虑如下原则。

（1）足够大。细分市场必须足够大，以保证有利可图。

（2）可识别。细分市场必须是可以运用人口统计因素进行识别的。

（3）可达到。细分市场必须是媒体可以接触到的。

（4）差异性。不同的细分市场应该对营销组合有不同的反应。

（5）稳定性。就其大小而言，各细分市场应该是相对稳定的。

（6）增长性。好的细分市场应该具有增长的潜力。

（7）空白点。细分市场如果被竞争者牢固占领，则其吸引力会大大降低，因此细分市场应该有空白。

4. 竞争研究模型

竞争情报工作（competitive intelligence，CI）就是建立一个情报系统，帮助管理者分析竞争对手，以提高自身的竞争效率和效益。

情报是经过分析的信息，当这种信息对企业来说意义重大时，它就成为决策情报。竞争情报工作有助于管理者预测商业关系的变化，把握市场机会，对抗威胁，预测竞争对手的策略，发现新的或潜在的竞争对手，学习他人成功的经验、汲取失败的教训，洞悉对公司产生影响的技术动向，并了解政府政策对竞争产生的影响，从而提高决策效率和企业效益，为企业带来更高的利润回报。通常，对竞争对手的研究包括辨别竞争对手、评估竞争对手和选定竞争对手三个部分，如表 8-2 所示。

5. 价格测试模型

财务状况分析指标包括注册资本、营业额、利润率、负债率及其他相关的财务指标等。大多数的企业在不同的经营时期都有可能遇到以下问题。

（1）在研制成功一种新产品之后，以何种价格上市能够最大限度地为消费者所接受？

表 8-2　圈定竞争对手程序

辨别竞争对手	评估竞争对手	选定竞争对手
1. 确定竞争的范围与条件	1. 竞争对手调研	1. 选定竞争对手
2. 辨别竞争对手策略	2. 评估竞争对手状态	2. 执行竞争策略
3. 辨别竞争对手目标	3. 评估竞争对手能力	3. 预测竞争对手反应
	4. 评估竞争对手反应能力	

（2）已上市的产品在调整定价策略后将引起何种市场反应？

（3）对于竞争对手在产品定价上的新举措，消费者会做何反应？

为了能够有效地回答上述问题，可进行如图 8-3 所示的价格测试。

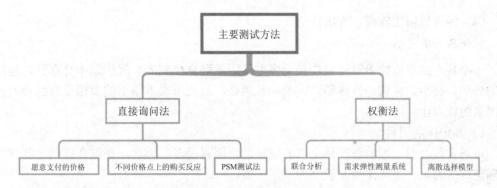

图 8-3　价格测试方法

接下来对 PSM 测试法及需求弹性测量系统稍做说明。

1）PSM 测试法

（1）能够得到的信息。得到潜在消费者的百分比，判断拟议中的价格是否"正常"或"可被接收"（换言之，价格既不太高，也不太低）。

（2）测试以下核心问题。

① 多少钱觉得太便宜而会怀疑它的品质？

② 多少钱比较划算？

③ 多少钱觉得比较贵但还可以接受？

④ 多少钱觉得太贵肯定无法接受？

（3）测试结果。

2）需求弹性测量系统

（1）能够得到的信息。当被测产品的价格有所变化时，对购买意愿在不同品牌之间的"转移情况"进行分析，得到消费者对于各品牌的价格敏感度，并可预测：

① 当一个品牌提价时，其他竞争品牌中哪些将是主要的受益者及其受益的程度。

② 采取降价策略时，会引起哪些竞争对手还击。

③ 价格下调幅度在什么范围之内，其他品牌仍会保持目前的定价水平。

（2）测试方法。

① 选定参评品牌及各参评品牌的不同参评价位。

② 将这些参评品牌及其相应价位使用正交组合形成一系列卡片。

③向受访者出示这些卡片，请受访者从每张卡片上选出最有可能购买的品牌。

6.用户价值分析模型

用户价值的高低基于以下两个维度：占用企业资源而发生不同费用的用户对企业的贡献率和单位资源可能给企业所创造的平均利润比较差值，形成经济价值；不同费用水平用户的基于满意度研究的忠诚度研究，形成市场价值。

通过分析上述两个维度的分布结果，可以得出以下四类群体。

（1）经济价值比较低，市场价值较低。

（2）经济价值比较低，市场价值较高。

（3）经济价值比较高，市场价值较低。

（4）经济价值比较高，市场价值较高。

7. 新品上市模型

一个新产品上市能否取得成功是受多方面因素联合控制的，就产品本身而言，包括产品的外观、材质、样式、价格等。因此，预测新产品在未来市场上的表现就要综合考评上述因素的综合作用。

1）确定评判因素

市场实践表明，影响新产品上市的成败的原因有很多，因此，在综合评判之前首先需要确定这些因素。通常评判因素分为以下三类。

（1）在准备项目方案阶段就能初步确定的因素是影响市场的公共因素。

（2）通过项目组开展桌面会议和少量的电话访问补充一些因素。

（3）在实际调研数据采集整理之后，将统计分析结论与细分市场实际情况相结合，优选得到的评判因素。

2）模糊综合评判方法

在完成上述工作后，就可以采用"模糊综合评判方法"对新产品上市的前景进行评判。

8. 渠道研究模型

1）渠道定义

所谓的渠道，是指产品从制造商到批发商，再到零售商，最后到用户手中的整个过程。按照商品流通的次序，渠道研究可以分为流通市场调查和零售市场调查两部分。

流通市场调查一般是围绕最高一级经销商的选择而进行的。零售市场调查是围绕选择重点终端和终端组成结构进行的。决定渠道时要从以下两方面考虑：某类商品的全体渠道；某制造商产品的个别品牌。

2）渠道研究要解决的核心问题

渠道研究要解决的核心问题包括如何规划渠道，如何选择经销商，渠道成本如何控制。

3）渠道研究的主要分析指标

（1）渠道结构及作用力——找到关键渠道。

（2）各渠道的竞争态势——选择最佳渠道。

（3）渠道的市场渗透率——衡量渠道的能力。

（4）产品在各渠道的流通速度及利润率——考察渠道的效率。

（5）用户的购买习惯及满意度——从用户角度衡量渠道现状及未来的潜力。

9. 商圈研究模型

商圈是一个地理概念。从行业角度来讲，不同业种和业态的零售业者在一个相对集中的区域从事经营活动，这个区域就是商圈。从零售业者的角度来讲，商圈是指店铺能够有效吸引顾客来店的地理区域。在许多大型项目（特别是房地产项目）的可行性论证中，商圈研究是必不可少的一个重要环节，特别是对商圈内的竞争状况业态类型、消费者特征及经济地理状况等的深入了解，是进一步确定立项和制定经营策略的重要依据。

一般来讲，商圈可划分为三个层次，即核心商圈、次级商圈和边缘商圈。

（1）核心商圈。在该商圈的顾客占顾客总数的比率最高，每个顾客的平均购货额也最高，顾客的集中度也较高。

（2）次级商圈。在该商圈的顾客占顾客总数的比率较少，顾客也较分散。

（3）边缘商圈。在该商圈的顾客占顾客总数的比率相当少，且非常分散。

10. 广告效果评估模型

广告效果评估是指广告策划活动实施以后，通过对广告活动过程的分析、评价及效果反馈，来检验广告活动是否取得了预期效果的行为。因此，其评估不仅是对广告后期效果的评估，还包括对广告调查、广告策划、广告实施发布的评估。广告效果评估的主要内容包括以下几方面。

（1）广告是否取得预期效果，能否用计划外的其他工作替代。

（2）广告是否有额外的作用。

（3）广告活动的实施是否最大程度地使用了资源（人力、物力、财力和时间）。

（4）接触广告信息的目标消费者的数量（即广告的接触率），以及注意和理解了广告信息的受众数量。

（5）接受了广告内容并改变态度、意见、观念的目标消费者的数量。

（6）按照广告导向采取了行动的消费者的数量和重复采取类似行动的消费者的数量。

（7）是否达到了预定目标。

11. 品牌研究模型

品牌作为企业、地域或产品的标志，远远不只是一个名字、一个符号，还包含着消费者对品牌的全面感受和评价，包括品牌认知、品牌个性、品牌定位、品牌利益及品牌与消费者之间的情感沟通等。越来越多的企业开始注重品牌建设，因此品牌研究是品牌建设中非常重要的环节。

（二）企业内部电子商务市场分析的核心数据指标

1. 获取用户的渠道和成本分析

如果你经营着一家电子商务企业，却不知道每天有多少用户登录你的网站、登录用户和完成购买用户之间的比例是多少，以及吸引用户的成本是多少，那么你经营的电子商务企业在这个行业不会存活太长时间。搜索引擎优化是获取用户的一个好方法，但是仅仅做好搜索引擎优化还不够。有的时候为了吸引更多的用户，你必须在金钱上有所付出，而且你必须清楚地知道哪种方法最能吸引用户。即使在你不得不拒绝用户的时候，你也要清楚地知道拒绝用户的成本。在电子商务领域有这样一句话："如果你不能分析数据，你就不能控制流量。"

2. 订单成交率分析

通过努力的工作，你将用户吸引到了你的网站上；你开始更辛苦地工作，为用户提供他们想要购买的产品；用户单击了"现在购买"按钮，被重新定向到付款页面；然后用户突然放弃了购买，到底发生了什么？通过分析未完成付款的订单，能够让你了解到用户为何最终放弃购买。某商家发现有一个用户在很短的一段时间内放弃购买了 5 件产品，对此十分奇怪。调查后发现，原来是页面不接受来自加拿大的订单。因此，作为一个电子商务企业，未完成付款或用户放弃购买的订单，是你应该进行追踪和分析的数据。

3. 网站用户流量分析

很显然，你希望那些正在寻找你的网站的消费者能够来到你的网站购物，为你的网站增加流量，但那些并不是在寻找你的网站的用户，同样不可忽视。他们也许正在网上寻找某一种商品，而你恰好正在销售这种商品，那么这时你要做的就是将这部分用户吸引过来。用户流量是最能为你带来收入的因素。

提高网站用户流量的方法包括如下几种。

（1）站内免费引流：友情链接/交换流量；排名/橱窗推荐；社区/精华帖。

（2）站外免费引流：论坛推广/微博推广；SNS 社交网站；QQ 空间、QQ 群邮件；搜索引擎优化。

（3）站内付费引流：站内 SNS；站内投放广告；官方活动/工具。

（4）站外付费引流：线下推广；站外广告投放。

4. 在线广告的投资回报率分析

很多在线企业开始在网上投放广告，但是他们并不关注投放广告的投资回报率。通过分析在线广告的投资回报率，可以知道哪些渠道的广告效果最好，哪些渠道的广告效果不尽如人意，应该不再使用。另外，还可以对多支广告的效果进行分析，以便在最好的渠道上投放效果最好的广告。

目前，网络广告所普遍采用的 CPM（按展示付费）、CPC、CPA（按行为付费）等统计模式，仅仅是一种数据指标，这种方法应用于结算、成本控制、创意效果监测等方面是可行的，但作为广告投资回报则有些过于简单，失之偏颇。和电视广告收视率指标一样，多少人看到、点击广告只能说明你在媒体选择或广告设计上比较成功，并不等于广告所传达的内容、品牌形象已经深入人心。广告投资回报率应该是一种延时效果，在这方面网络广告和传统广告在本质上没有区别，只是因为网络广告具有互动性，所以容易把即时的互动效果（特别是点击）混淆为网络广告投资回报率。

（三）必须掌握的市场分析技能

1. 如何设计一份合格的调查问卷

1）调查问卷设计的步骤

所谓问卷设计，是根据调查目的，将所需调查的问题具体化，使调查者能顺利地获取必要的信息资料，并便于统计分析。

设计调查问卷是为了更好地收集调查者所需要的信息，因此，在设计调查问卷的过程中首先要把握调查的目的和要求，同时要争取被调查者的充分配合，以保证最终问卷能提供准确有效的信息资料。一般调查问卷必须经过认真仔细的设计、测试和调整，然后才可以大规模使用。通常，问卷的设计可以分为以下几个步骤。

（1）根据调查目的，确定所需要的信息资料。在问卷设计之前，调查人员必须明确需要了解哪方面的信息，这些信息中哪些内容是必须通过问卷调查才能得到的，这样才能较好地说明所需调查的问题，实现调查目标。在这一步中，调查人员应该列出所要调查的项目清单，这些在问卷设计时都应体现出来。根据这样的一份项目清单，问卷设计人员就可以进行设计了。

（2）确定问题的内容，即问题的设计和选择。在确定了所要收集的信息资料之后，问卷设计人员就应该根据所列调查项目清单进行具体的问题设计。设计人员应根据信息资料的性质，确定提问方式、问题类型和答案选项如何分类等。对于一个较复杂的信息，可以设计一组问题进行调查。问卷初步设计完成后应对每一个问题都加以核对，以确定其对调查目的是有贡献的。仅仅是趣味性的问题应该从问卷中删除，因为它会延长所需的时间，使被访者感到不耐烦。也就是说，要确保问卷中的每个问题都是必要的。

（3）决定措辞。措辞的好坏将直接或间接地影响调查的结果。因此对问题的用词必须十分谨慎，要力求通俗、准确、客观。所提的问题应对被访者进行预试之后，才能广泛地运用。

（4）确定问题的顺序。问题的排列要符合逻辑，使被访者在回答问题时有循序渐进的感觉。在设计好各项单独问题以后，应按照问题的类型、难易程度安排询问的顺序。如果可能，引导性的问题应该是能引起被访者兴趣的问题。难回答的问题或私人问题应放在调查访问的最后，以避免被访者处于守势。在电话式问卷调查中，涉及个人的问题容易引起被访者的警惕、抵触情绪。

（5）问卷的测试与检查。在问卷用于实际调查之前，应先选一些符合抽样标准的被访者进行试调查，在实际环境中对每一个问题进行讨论，以求发现设计上的缺失，如是否包含了整个调查主题、是否容易造成误解、是否语意不清楚、是否抓住了重点等，并加以修正。

（6）审批、定稿。问卷经过修改后还要呈交调研部，审批通过后才可以定稿、复印，正式实施调查。

2）调查问卷的基本格式

一份完整的调查问卷通常由标题、问卷说明、填表指导、调查主题内容、编码和被访者基本情况等内容构成。

（1）问卷的标题。问卷的标题能概括地说明调查主题，使被访者对所要回答的问题有一个大致的了解。问卷标题要简明扼要，但又必须点明调查对象或调查主题。如"公司员工宿舍卫生间热水供应现状的调查"，而不要简单采用"热水问题调查问卷"这样的标题。

（2）问卷说明。在问卷的卷首一般都有一个简要的说明，主要说明调查意义、内容和选择方式等，以消除被访者的紧张和顾虑。问卷的说明力求言简意赅，文笔亲切又不能太随便。

（3）填表指导。对于需要被访者自己填写的问卷，应在问卷中告诉被访者如何填写问卷。填表指导一般可以写在问卷说明中，也可单独列出。单独列出的填表指导的优点是要求更加清楚，更能引起被访者的重视。如：

"问卷答案没有对错之分，只需根据自己的实际情况填写即可。"

"问卷的所有内容需您个人独立填写，如有疑问，敬请垂询您身边的工作人员。您的答案对于我们改进工作非常重要，希望您能真实填写。"

（4）调查主题内容。调查主题内容是按照调查设计逐步逐项列出的调查的问题，是调查问卷的主要部分。这部分内容的好坏直接影响调查价值的高低。

（5）编码。编码是将问卷中的调查项目及被选答案变成统一设计的代码的工作过程。如果问卷均加以编码，就会易于进行计算机处理和统计分析。一般情况下都是用数字代号系统进行编码，并在问卷的最右侧留出"统计编码"位置。

（6）被访者基本情况。这是指被访者的一些主要特征，如个人的姓名、性别、年龄、民族、生源地、所属院系等，这些是分类分析的基本控制变量。在实际调查中，要根据具体情况选定询问的内容，并非多多益善。如果在统计问卷信息时不需要统计被访者的特征，则不需要询问。这类问题宜放在问卷的末尾，如问题不是很私人，也可以考虑放在"问卷说明"后面。

（7）访问员情况。在调查问卷的最后，要求附上调查人员的姓名、调查日期、调查的起止日期等，以利于对问卷质量进行监督。如果被访者基本情况放在"问卷说明"的后面，那么访问员情况也可以考虑和被访者的基本情况放在同一个表格中。

（8）结束语。结束语一般采用四种表达方式。

①周密式。对被访者的合作再次表示感谢，以及关于不要漏填与复核的请求。这种表达方式既可显示出访问者首尾一贯的礼貌，又能督促被访者填好未回答的问题和改正有差错的答案。

例如，"对于你所提供的协助，我们表示诚挚的感谢！为了保证资料的完整与翔实，请你再花一分钟时间翻一下自己填过的问卷，看看是否有填错、填漏的地方。谢谢！"

②开放式。提出本次调查研究中的一个重要问题，在结尾安排一个开放式的问题，以了解被访者在标准问题上无法回答的想法。

③响应式。提出对本次调查的形式与内容的感受或意见等方面的问题，征询被访者的意见。问题形式可用封闭式，也可用开放式。

④封闭式。"你填完问卷后对我们的这次调查有什么感想？"

3）调查问卷设计的注意事项

（1）先易后难，先简后繁，被调查者熟悉的问题在前。问卷的前几个问题的设置必须谨慎，招呼语措辞要亲切、真诚，前面几个问题要比较容易回答，不要因使对方难以启齿而给接下来的访问造成困难。

（2）提出的问题要具体，避免提一般性的问题。一般性的问题对实际调研工作并无指导意义。例如，"你认为食堂的饭菜供应怎么样？"这样的问题就很不具体，很难达到想了解被访者对食堂饭菜供应状况的总体印象的预期调查效果，应把这类问题细化为具体询问关于产品的价格、外观、卫生、服务质量等方面的印象。

（3）一个问题只能有一个问题点。一个问题如有若干问题点，不仅会使被访者难以作答，其结果的统计也会很不方便。在问卷中要特别注意"和""与"等连接性词语及符号的使用。

（4）要避免带有倾向性或暗示性的问题。例如，"你是否和大多数人一样认为某某食堂的菜口味最好？"这一问题带有明显的暗示性和引导性，因此这种提问是调查的大忌。

（5）先一般问题，后敏感性问题；先泛指问题，后特定问题；先封闭式问题，后开放式问题。

（6）要考虑问题的相关性。同样性质的问题应集中在一起，以利于被访者统一思考，否则容易引起思考的混乱。还要注意问题之间内在的逻辑性和分析性。

（7）提问中使用的概念要明确。要避免使用有多种解释而没有明确界定的概念，问卷中不得有蓄意考倒被访者的问题。

（8）避免提出断定性的问题。

（9）一些问题不要放在问卷之首，如关于被访者的私人资料、令人漠不关心的问题、有关访问对象的生活态度的问题等。

（10）最后问与背景资料有关的问题。必要的时候为了统计和分析的需要，必须问被访者一些背景资料。

2. 如何举办一场用户调查活动

举办用户调查活动，主要包括以下事项。

（1）明确调查的目的和任务。调查目的主要在于获得用户对产品的需求与现有用户使用感受等方面的信息，为公司调整、完善市场策略提供信息支持。

（2）确定调查对象和调查单位或场所。确定调查对象和调查单位可以保证用户调查的顺利进行。

（3）确定调查内容与项目。

（4）确定调查表和问卷设计。如用户对产品的需求调查问卷、竞争对手调查提纲等。

（5）确定调查时间和调查期限。

（6）确定调查方式与方法。

（7）资料整理方案。资料整理方案主要包含用户数据的整理方案、需求数据的整理方案、编制商家层次划分数列、客户的分类统计、对定性资料的分类归档、对产品的市场普及率统计、市场需求潜力的测定和市场占有率的测定。

（8）确定市场调查进度。

（9）调查组织计划。

（10）撰写调查计划书

3. 如何撰写用户调查报告

1）目录页

一般采用"总—分—总"或"分—总"的分享思路，即是什么、为什么、怎么办的方法论。

当然，调查报告的背景介绍肯定需要放在报告前几页，后面才是报告主体内容页，采用方法论分享思路即可。

2）调查报告 PPT 结构介绍

调查报告主要包括以下几个部分。

（1）调查背景，即调查目的、调查方法、数据说明。

（2）是什么，即调查展示部分。

（3）为什么，即调查分析部分。

（4）怎么办，即调查结论部分。

（5）效果评估，即验证解决方案有效的数据指标。

一般产品经理都会有明确的 KPI，做任何事情都需要 KPI 考核。所以既然此报告产出了大致的解决方案，那么最后一页需要用效果评估来说明一些考核 KPI，以验证解决方案的最后效果。

3）调查目的

（1）说明进行此次调查的目的是什么，是为了解决什么问题，包括简单的调查背景介绍和明确的调查目的。解决某个问题，切忌目的分散，最终导致调查过程中干扰太多，调查效果太差，最终解决不了任何问题。

（2）给本次解决问题设置一个完成率，让调查的目标清晰可见。一般情况下，不能一次性解决掉所有产品问题，所以会分解目标分阶段完成。

4）调查方法

用户取样方法有有效覆盖样本和随机抽取样本。用户取样方法不一样，最终调查报告的数据目的也就不一样。若用户取样为有效覆盖样本，则表示参与调查的人能代表一类人，数据具有说服力；若用户取样为随机样本，则调查报告参与调查的人只能代表一部分人，说明存在问题。

调查形式包括电话访谈、在线问卷、焦点小组等形式。

5）数据说明

（1）有效样本数量。即在参与调查的人数中，筛选不符合要求的样本数，最终留下有效样本数。

（2）调查工具。说明使用调查的工具，如电话、某个调查网站等，说明调查工具的可靠性。

（3）数据统计。说明调查之后统计数据的工具，如 Excel、网站统计工具等，说明统计工具和数据可视化的合理性。

6）调查展示

针对调查的所有问题，逐个对用户回答情况进行调查，即针对那些调查问题，用户说了什么，分页介绍每个问题的回答情况。

7）调查分析

针对用户的回答，对调查的问题进行逐一分析。分析出的原因有用户自己说明的，也有产品经理合理推算的，用这些分析来说明用户回答问题的合理性。调查分析可对每个问题分页分析。

8）调查结论

最后的调查结论用来说明：通过此次调查你发现了什么事实，以及发生这种事实的原因。结论中，重要的是要采用什么方法去抑制或增加这个事实的发生，即最后给出问题的解决方案。

如果该问题对整个产品的作用是良性的，那么作为产品经理就需要想出解决方案增加该问题的发生。

如果该问题对整个产品的作用是有害的，那么作为产品经理就需要想出解决方案抑制该问题的发生。解决方案可分页说明。

✿ 知识拓展

全球七大主流跨境电子商务市场数据

二、市场大盘数据分析

（一）市场行情数据分析

商家可使用"生意参谋"市场行情工具了解行业品类数据，确定品类切入方案，了解品类的大盘数据，并根据大盘数据制订合理的品类上新计划，商家可使用市场行情监控看板对相似品牌进行数据监控分析，了解同类目、同层级的商品数据变化情况；可根据店铺市场排行了解行业的销售额情况、店铺在行业的排名、行业趋势数据等。

商家可以根据店铺经营情况、市场线下经营数据、店铺销售数据，进行市场行情分析，从而了解市场的变化趋势。还可以通过了解市场行情数据分析，了解市场分析的方法，从而提高店铺的经营效率。

企业使用"生意参谋"市场行情大盘数据分析可以了解整个行业品类数据、了解行业品类行业数据支付占比数据，精准获取大盘流量趋势和子类目数据增长情况，从而了解市场数据变化情况。

商家对品类行业数据进行采集，根据细分品类数据的支付排行，了解品类下细分类目的支付排名变化情况，再根据品类销售额变化情况，进行品类上新布局规划，从而制订出店铺的销售目标。

另外，进行市场子行业分析，商家可根据子行业交易指数、交易增长幅度、支付金额较父行业占比进行品类数据分析，对市场进行进一步分析，了解市场关键词竞争度。商家通过做好细分竞争分析，找到店铺可以切入的市场机会。另外，可根据市场细分品类数据，安排品类上新拓展，提升品类在店铺的销售额。

商家使用"生意参谋"分析细分类目的竞争度情况，包括行业卖家分布地区情况。卖家多的地方，很有可能就是产业带较成熟的地区，由此商家可以更好地进行产品的调研分析，帮助自己选择更好的供应商，实现供应链优化。

适时通过搜索引擎和新闻媒体查询一些展会信息，也是帮助商家寻找货源的好方法，如成都每年的春季糖酒会、夏季佛山的小家电展等，商家可以通过中国展会网、中国会展门户等网站，寻找自己关注领域的行业展会。

商家使用市场行情大盘数据分析可以清晰了解行业的店铺排行、商品排行、品牌排行情况，进而了解行业高销量、高流量的店铺和商品并进行数据分析，从而提取大盘市场的数据。

（二）市场大盘数据采集与分析流程

在店铺数据运维过程中商家需要做多方面的准备工作，例如，店铺上新就是其中重要的一项，而分析市场大盘数据是切入一个市场品类必须经历的过程。

不懂怎么做市场大盘数据分析，如不知道目前所处的行业市场容量怎么样、父行业下子行业的占比情况有多少、每年什么季节应该切入什么类目等，商家是很难找到切入点的。

本文以男装为例，介绍市场大盘数据的采集与分析流程。

第一步：确定分析目标及内容框架。例如，要想分析男装子行业的市场品类行业数据，那么目标就是男装行业大盘下各二级类目的市场容量数据。

第二步：数据采集。要了解男装类目下各品类的市场容量，商家可通过对各品类的成交数据、成交数据变化及卖家数占比进行数据分析。

第三步：数据整理。商家可选择"生意参谋"中周期内 1—12 月份的数据，将细分类目数据复制到 Excel 表格内。

第四步：数据展示。依据全年（1—12 月）支付金额在父类目占比数据，制成簇状柱形图。

第五步：数据分析。将 1—12 月份的数据进行整理后，商家可以做出单个品类在 12 个月内的成交占比数据表，对每月的数据进行趋势分析。商家在分析整体数据的时候，有一点要特别注意，不能单纯地根据某一品类的全年成交占比数据排名靠前，就判定该品类的市场容量大，要进行具体分析。

第六步：周期行业数据对比。商家可对 2019 年与 2020 年的商品类目数据进行收集整理，并用 Excel 做出表格。商家通过对行业数据进行分析，对比 2019 年和 2020 年的品类商品的支付金额占比数据，可以有效地进行品类商品数据规划，提升商家优质品类商品的覆盖量，从而提高销售额。

三、市场营销数据分析

市场营销数据分析主要是指根据市场大盘行业关键词数据进行品类数据的分析，不同的搜索行为背后代表着不同的搜索流量，不同的搜索流量背后是不同的搜索人群，不同的人群包括不同的性别、年龄、地域、喜好、消费能力等。商家通过数据分析，可以更好地进行商品布局和营销规划。商家通过使用市场行情搜索数据，可精准分析类目搜索关键词数据，从而了解品类下的搜索容量情况。

（一）搜索排行数据分析

商家对类目搜索关键词数据和关键词流量数据进行分析，了解细分品类下的关键词搜索排序，然后进行细分类目关键词分析。同时商家可根据市场搜索需求排行，了解细分类目用户搜索需求的方向，然后再根据搜索需求方向优化店铺商品的上新方向，从而使店铺商品满足市场的需求。

（二）搜索关键词分析

商家对类目搜索关键词数据进行分析，可针对行业细分类目、品类进行关键词分析，分析搜索词、长尾词、品牌词、核心词、修饰词的特点，不同的关键词应用场景不同，营销方向也不同：搜索词主要是市场搜索需求词，长尾词是客户精准需求的关键词，品牌词是客户根据对品牌的认知所产生的关键词，核心词是对搜索词进行分词而产生的属性词，修饰词是针对主词相关的关键词进行配合使用的词。商家针对关键词拥有的搜索人气，进行市场数据采集分析，进而得出市场搜索容量的数据。

商家使用"生意参谋"进行市场行情搜索分析，对关键词趋势数据进行对比，从而确定关键词的使用方向。同时，商家根据关键词搜索人气的数据变化，可以进行关键词的布局优化，在替换关键词的时候，需要对关键词的热搜排名、搜索人气、支付转化率等数据进行分析。商家根据搜索人气的上升和下降进行关键词替换，可以提升关键词的流量效果；商家对于搜索人气上升的关键词，可以布局到店铺，进行搜索提升；对于搜索人气下降的关键词，可以进行替换。商家主要对比关键词的搜索人气、搜索热度、点击人气、点击热度、点击率、交易指数、支付转化率等数据，来分析这个搜索关键词的变化情况。商家根据不同的产品匹配不同的关键词，才能更好地吸引用户访问，从而提高成交率。

商家使用"生意参谋"进行市场行情相关搜索词分析，主要是根据热搜词的相关词做数据抓取分析，了解相关搜索词数据，了解行业词的关联词，从而进一步深挖品类词背后的市场容量数据。

商家通过相关搜索词可了解行业词的容量和竞争度，从而确定市场操作的可行性。商家根据关键词在类目下获取流量的多少，来分析关键词使用在什么类目可以获取最优质的流量，关键词在哪个类目人气越高，越适合将商品布局到该类目下。

（三）搜索关键词属性分析

商家根据"生意参谋"的市场热搜排行榜数据，针对细分类目数据进行方向性采集，可得类目搜索词属性分布数据。

同时，在做此类分析时，要知道历史数据的局限性，如"月饼"这个产品在中秋节前搜索频率和转化率较高，但中秋节过后，整体的搜索和成交量就会断崖式下降，商家如果只依据高涨的数据做决策就会导致盲目入场，是不明智的选择。

（四）搜索人群分析

商家对类目关键词数据进行对比分析，可以确定关键词的使用方向。关键词数据分析是对市场容量背后的人群数据的进一步了解，同时商家按照时间周期进行关键词数据对比分析，可基于关键词数据的变化规律进行关键词的选择。

类目关键词性别对比分析是指商家可查看每个关键词背后的搜索人群特征，根据搜索人群特征进行关键词的使用，从而提升店铺搜索人群的精准度。

如果在关键词搜索人群中男性比例较高，视觉、主图、文案可以适当呈现数量、指标、认证、标准、检验、销量等信息；如果女性比例较高，视觉、主图、文案则倾向于情感、温度、色彩等方面的内容；如果男女比例差别不大，则可以考虑将产品进行分层，将类似的产品一分为二，有的针对男性用户做优化，有的针对女性用户做优化。

类目关键词品牌偏好数据分析是指商家通过查看关键词下的品牌偏好人群数据，了解关键词人群品牌的偏好方向，从而店铺在使用关键词的时候可以针对用户偏好品牌，进行参考学习，了解背后品牌的商品视觉、客单价，从而进行自身店铺商品视觉、客单价的调整优化。

商家了解关键词购买品牌偏好数据，可以进行关键词品牌偏好分析，了解品牌的商品视觉、营销方法，从而提升自身店铺在关键词下的竞争力，提升自身店铺商品在关键词下的转化率，最终提高销售额。

例如，商家可以根据关键词搜索这个品牌的商品，了解用户对品牌的喜好，还可以用竞争品牌的商品跟自己店铺的商品进行对比，避开品牌商品的优势，挖掘自身店铺的商品优势，并且进行关键词营销，从而提升自身店铺在关键词上的竞争力。

类目关键词价格市场分析是指每个关键词背后会有价格分层，在不同价格的分层，会有不同的市场体量和竞争产品，商家可根据店铺商品的利润空间确定自己的商品定价方向，匹配关键词的人群价格区间，以提升流量的精准度。

进行市场关键词分析时，商家会关注关键词的搜索排行数据、搜索人气、交易指数等核心数据。商家通过相关搜索词背后的在线商品数，进一步进行市场容量分析，了解热搜词背后的市场情况，最后依据关键词人群特征确定关键词的使用方向，了解市场容量的方向，完成对市场容量的分析。

第三节　经营店铺分析

一、竞品数据分析

（一）竞品与竞争品牌

1. 竞品

1）竞品与竞品分析

竞品是竞争产品，是竞争对手的产品。竞品分析顾名思义，是对竞争对手的产品进行比较分析。

2）竞品分析的方法

（1）客观分析，即从竞争对手或市场相关产品中，圈定一些需要考察的角度，得出真实的情况。此时，不需要加入任何个人的判断，应该用事实说话，主要分析市场布局状况、产品数量、销售情况、操作情况、产品的详细功能等。

（2）主观分析。这是一种接近于用户流程模拟的结论，比如可以根据事实或者个人情感，列出竞品与自己产品的优势与不足。这种分析主要包括用户流程分析、产品的优势与不足等。

（3）竞争对手的销售商品类别分析。竞争对手和周边门店的商品类别销售数据对商品的销售有非常重要的参考价值。比如，一家做时尚休闲服饰品牌的商店，商品类别非常广泛，而隔壁有一个定位与自己完全相符的专业牛仔品牌专卖店。这时自己的牛仔服饰销售数量肯定会受到冲击，那么在订货管理中就要避开与之相近的牛仔服类款式，而挑选与之有一定差异的款式，并减少牛仔服饰的订货数量。

又如自己的同类竞争品牌，其衬衫销售较好，而自己则是 T 恤销售更为强势，这样自己在订货管理中就要把重点放到 T 恤上，同时研究该品牌衬衫的特点，在自己的衬衫订货中加以区别。当然，这里所说的订货管理的订货量减少是指订货数量，而不是指款式数量，如果减少了款式数量就会让整体的陈列和搭配不合理，从而影响整体门店陈列形象。只有充分发挥自身品牌优势，避开对手的锋芒，才能在激烈的市场竞争中不落下风。

（4）竞争对手的促销调查与分析。竞争对手和周边门店的促销对自己的销售有非常大的影响，这一点在现今的百货商场销售中显得尤为突出。曾经有两个相邻的定位相似的百货商场，在节日的促销战中，A 商场制定了"满 400 减 160，满 800 减 320"的活动，B 商场得到这一情报以后马上制定对策——"满 400 减 160，满 600 减 180，满 800 减 320"。这两个看似相同的促销活动，却让 B 商场大获全胜，因为虽然它们的活动力度完全相同，但由于此时商场内的服装大部分吊牌价格在 600～700 元，这让 B 商场的活动更有优势。这就是对竞争对手促销方案的调查所起的作用。

所以，在经营过程中，对促销手段的调查应该进行合理的分析，同时应该注意扬长避短，发挥自己的优势，最终达到最佳效果。以上商场促销的案例就充分说明了这一点，不仅要注意分析竞争对手的促销方法，还要分析自身的产品及价格体系，同时还要考虑消费者的购买行为及消费习惯……只有将各种数据进行有效的综合分析，才能达到预期的活动效果，赢得市场先机。

2. 竞争品牌

1）竞争品牌

竞争品牌即在满足消费者某种愿望的同种产品中不同品牌之间在质量、特色、服务、外观等方面的竞争。

2）竞争品牌数据分析

在市场竞争品牌分析中，把同一行业中企业品牌相似、价格区间相近、目标客户类似的企业称为竞争品牌者。竞争品牌者之间的产品相互替代性较高，因而竞争非常激烈，各企业均把培养客户品牌忠诚度作为争夺客户的重要手段。市场竞争品牌分析以品牌数据排名、品牌视觉调性为参考，进行品牌数据采集，找到品牌之间的数据差异，从而进行竞争品牌数据分析。商家通过品牌数据分析，可以深入了解品牌营销的方式、方法，为自身店铺营销提供参考。

商家通过"生意参谋"市场排行数据，按照时间周期可以了解细分父类目下的子类目的品牌排行数据，进而获得细分类目的品牌排序。商家通过品牌数据排序，可以找到细分类目下的高交易品牌和高流量品牌，这样便可以精确地找到和自己的品牌相似的品牌进行数据监控和数据分析，获得行业优质品牌的数据运维方法，从而找到自己的品牌提升的方向。

（1）市场竞争品牌监控分析。市场竞争品牌监控分析是指商家通过"生意参谋"工具，可以将选中的品牌按时间周期进行数据监控，从行业排名、收藏人气、加购人气、支付转化指数、交易指数等方面进行数据对比分析。商家根据店铺之间的流量指数、收藏人气、加购人气数据的不同，找到和竞争店铺存在的差异，从而进行店铺数据的优化提升。

商家使用市场竞争品牌监控分析时，可以按照时间周期，了解竞争品牌的数据。商家通过掌握竞争品牌的排名变化、交易指数变化情况，可以及时了解竞争品牌动态，进而了解品牌市场的变化。

（2）市场竞争品牌识别分析。市场竞争品牌识别分析是指商家通过"生意参谋"，根据店铺品牌定位，按照时间周期、品牌人群价格进行竞争品牌推荐。市场竞争品牌识别分析主要从以下四个维度为店铺进行潜力品牌推荐，这样根据系统抓取的竞争品牌，商家便可以找到自身的参考对象了。

第一个维度是高增长低销量，有助于找到行业增长速度较快的品牌。

第二个维度是高增长高销量，系统会将品牌力相对更强一点的品牌推荐给店铺做数据参考。

第三个维度是低增长低销量，这类店铺集中度比较高，销量排名提升比较缓慢，商家可以选择性地找到店铺的类似品牌进行数据分析。

第四个维度是低增长高销量，对于这类销量运维能力强的品牌，商家可以进行品牌分析，了解品牌细分的数据情况。

商家利用竞争店铺竞品识别工具，帮助自身店铺从四个维度进行竞争店铺查询，通过品牌店铺之间的对比，确定自身店铺的竞争店铺，从而进行竞争店铺数据监控，了解竞争对手的数据变化情况。

（3）市场竞争品牌数据分析。市场竞争品牌数据分析是指商家通过分析竞争品牌的品类结构数据、商品数据，找到竞争品牌的优势所在，然后学习竞争品牌的优势，合理调整并优化自有品牌的营销策略、推广策略，从而提升自身品牌的行业竞争力。

① 品牌数据对比分析。商家通过数据对比，了解品牌之间的交易指数、流量指数、搜索人气、收藏人气等具体数值的差异，寻找自身店铺提升的方向。通过品牌与品牌之间的对比，商家可以了解竞争品牌数据之间的差距，从而做好数据的提升安排。

② 商品数据对比分析。商家通过了解商品的数据，找到店铺的核心品类结构和商品销售结构，从而挖掘出竞争品牌的优势，找到自有品牌可以提升数据的方向。品牌对比主要是对比 TOP 商品的数据，对比内容主要包含交易指数数据、流量指数数据，商家通过这些可以了解竞争品牌的商品交易情况，并与自身店铺热销单品进行数据对比分析。商家通过了解品牌 TOP 商品的整体流量分布和成交分布情况，更加具体地找到自有品牌的提升方向。另外，商家通过了解所属店铺商品的交易指数排序，可以了解竞争品牌商品整体的交易指数。

③ 品牌商品店铺交易指数分析。通过品牌商品店铺分布情况，如店铺数量、分销商数量，商家可以了解品牌市场交易指数、销售总额和市场的占比情况。

④ 竞争品牌的关键成交构成分析。通过品牌数据对比分析，商家可以了解竞争品牌的关键成交构成情况、品牌的子类目的支付金额占比情况及竞争品牌核心成交的类目，可以

给自身品牌进行品类拓展布局规划提供有效的参考。另外，商家根据竞争品牌支付金额占比较大的类目，进行访客定向投放，获取竞争对手优质的类目精准流量，从而提升自有品牌的品类销售额。

商家通过竞争品牌价格带支付金额占比情况，分析品牌之间客单价人群分布情况，了解竞争对手的访客成交人群数据分布情况；根据价格带的匹配度和相似度，进行访客定向的付费投放，从而提升自有品牌的访客数据和销售数据。

（二）竞争商品数据分析

竞争商品数据分析是指围绕竞争商品的数据，进行数据对比分析，从而了解行业优质商品的数据、流量结构和流量玩法，商家可以通过对竞争商品的数据采集，发现并学习优质商品的流量玩法，从而找到自身店铺单品数据的提升方法。

商家可根据商品类目、商品视觉和商品价格进行竞争商品数据采集对比分析，了解同类目、同类型产品的数据的差异点，找到商品数据优化提升的方向。

1. 竞争商品数据监控分析

商家可通过"生意参谋"进行竞争商品数据监控分析，了解同类目下的商品行业排名、搜索人气、流量指数、收藏人气、加购人气、支付转化指数和交易指数数据的变化情况，从而进行竞争商品数据分析。

竞争商品周期数据分析。商家可通过"生意参谋"市场行情竞争商品——监控商品，按照时间周期（实时、7天或30天）查看竞争商品的流量数据变化，并且根据竞争商品的流量结构，了解竞争商品的流量提升过程，并进行商品流量数据采集，形成竞争商品流量结构表，找到流量提升的方法。

商家根据竞争商品的周期流量数据，通过对商品的搜索人气、流量指数、收藏人气、加购人气等进行数据分析，找到影响流量提升的核心数据点，其中加购人气和收藏人气的数据直接影响商品交易指数和流量指数的数据。商家通过对比优质商品数据找出差异，然后进行自身商品数据优化，实现自身商品流量和销售额的提升。

顾客流失竞品数据分析。商家可通过"生意参谋"市场行情竞争商品——竞品识别，查看商品实时数据，并进行周期数据监控（7天或30天），同时抓取同类型产品的数据。商家可通过店铺顾客流失竞品推荐，查看流失金额、流失人数等数据，对推荐细分类目流失金额大的商品进行抓取，帮助商家更好地做竞争流失分析，同时可参考流失商品的主图、详情、营销方式，帮助店铺实现数据提升。

竞争商品数据监控分析。商家通过"生意参谋"市场行情竞争商品——竞品分析，查看商品实时数据，然后根据系统推荐，进行竞争商品数据监控。目前只能监控120个商品，监控的商品可以进行替换或删除，这样可以更好地做竞争商品监控调整方案。

2. 竞争商品流量数据分析

商家利用市场行情，点击"竞争商品—竞品分析—入店来源"查看商品流量数据，可通过商品流量来源数据进行数据对比分析，了解自身商品与竞品之间的数据差异，分析竞争对手的流量构成情况，从而得出其获得流量的主要方法。

商家可通过"生意参谋"进行竞争商品关键指标监控，了解类目行业下的竞品数据变化情况，从而进行竞争商品数据分析。本店商品从流量指数、交易指数、搜索人气、收藏人气、加购人气等几方面与竞品进行数据对比，在流量指数接近的情况下，对比搜索人气可以知道商品搜索流量出现的问题，而收藏人气、加购人气的差距可以反馈商品价值方面的问题，商家可以针对商品流量价值进行优化，或者重新选款进行推广营销活动。商家要达到竞争商品的销售和排名，就需要提升自身商品的流量指数、收藏人气和加购人气数据，提升商品在行业中的排名。

3. 竞争商品流量玩法

商家可对比竞争商品关键词下的价格带、视觉、坑产等数据，找到自己适合切入的流量人群。另外，商家可通过单品数据对比分析，对比关键词下的数据，找到自己可以分析的竞争商品，了解单品流量玩法和竞争商品的流量结构。

商家可通过使用"生意参谋"竞争商品分析，了解行业商品的流量结构，找到行业优质的流量玩法。另外，使用竞争商品数据对比，可分析自身商品和竞争商品的流量结构和流量数据占比之间的差距，找到提升的方法，从而丰富店铺商品的流量玩法，帮助店铺进行销售数据提升。

二、竞争店铺数据分析

（一）竞争对手概述

谁是我们的竞争对手？他们的策略是什么？和他们相比我们的优势和劣势在哪儿？这些是我们必须经常面对的问题，因为竞争对手无处不在。

研究竞争对手有什么意义吗？用一句开玩笑的话来说，当你不知道自己的客户在哪里时，你的竞争对手可以告诉你；当你不知道资源如何投放时，竞争对手可以告诉你；当你不知道如何制定运营策略时，竞争对手同样可以告诉你。

1. 谁是你的竞争对手

和你抢夺各种资源的那些人或组织就是你的竞争对手。其中对资源掠夺性最强的人或组织就是你的核心竞争对手。

资源的涵盖范围非常广，包括生产资源、人力资源、顾客资源、资金资源、人脉资源等。角度不同竞争对手就不同。

我们继续可以从人、货、场以及财四个角度界定竞争对手。

1）从"人"的方面发现竞争对手

总在挖你墙脚的那些企业，或者你的员工离职后去的最多的企业，一定是你的竞争对手。说明你们之间的资源有相似性，你们在抢夺同一个类型的人力资源。

从争夺顾客资源的角度寻找竞争对手，包括顾客的时间资源、预算资源、身体资源等。现在是一个互联网信息爆炸的时代，网络游戏、微博、微信、各种客户端 App 都在抢夺用户的碎片化时间，它们之间互为竞争关系。

2）从"货"的方面发现竞争对手

销售同品类商品或服务的为直接竞争对手，这是最大众化意义上的竞争对手，大家常说的同业竞争就是这个意思，也是狭义的竞争对手。耐克和阿迪达斯、肯德基和麦当劳、百事可乐和可口可乐都是经典的竞争关系。

销售扩大品类的商品或服务，也就是非同品类但是属于可替代品类，也构成竞争关系。休闲服的同品类竞争对手是休闲服，它的可替代竞争对手是体育运动服饰，甚至正装，等等。再比如柯达的同品类竞争对手是富士，扩大品类的竞争对手是数码相机公司。

销售互补品类的商品或服务，互补商品指两种产品之间互相依赖，形成互利关系。例如牙刷和牙膏，照相机和胶卷，汽车行业和中石油、中石化都形成互补关系。一般意义的互补商品间不形成竞争关系，但是如果你是生产电动汽车的公司，加油站就是你的隐形竞争对手。如果你是生产数码相机的公司，那么胶卷行业就是你的竞争对手。

3）从"场"的方面发现竞争对手

这主要指卖场商业资源的竞争，如果想开一家服装专卖店，在拓展并寻找店铺位置的时候，其他服装品牌、电器手机专卖、餐饮企业、银行等都是你的竞争对手，因为你看重的地方对方也很可能中意，形成了对资源占有的竞争关系。如果想在百货商场的共享空间搞一场大型特价促销活动，那商场内所有品牌可能都是你的竞争对手，因为大家都有促销的需求，需要利用共享空间做促销。

4）从"财"的方面发现竞争对手

（1）营销资源的竞争。如果想做广告，在同时段、同一媒介准备打广告的其他企业就是你的竞争对手。

（2）生产资源的竞争。争夺同一类生产资源的企业间形成竞争关系，如星巴克和所有以咖啡为生产原料的厂家都是竞争关系。

（3）物流资源的竞争。这一点在每年的春节和这两年的"双十一"尤其明显，为了顺利发货，各大厂商使出了浑身解数。对一个企业来说，找到竞争对手不难，找准竞争对手不容易。

竞争对手及竞争形式有如下几方面的特点。

（1）竞争形式呈现多样性，包括直接竞争、间接竞争、替代竞争等。

（2）竞争对手具有地域性，同一个公司在不同地区的竞争对手很可能是不一样的，所以竞争对手管理需要差异化，包括全球性竞争、全国性竞争、区域性竞争、渠道通路竞争等。渠道通路的竞争，例如在超市方便面的直接竞争对手是其他方便面，在学校方便面的竞争对手就是食堂和餐厅。

（3）竞争对手不唯一，对销售部来说同业竞争就是最大的竞争对手，对市场部来说抢夺营销资源的都是竞争对手，对生产部来说抢夺生产资源的都是竞争对手，HR和其他抢夺人力资源的公司也都是竞争关系。

（4）竞争对手具有变化性，现在的竞争对手是 A，未来的竞争对手可能是 B，是否能及时发现潜在竞争对手也很关键。

2.如何收集竞争对手的数据

1）收集什么样的对手数据

简单来说你的公司有什么数据就需要收集对手相对应的数据。不过这需要收集的数据实在太多，并且每个部门关注点也不一样，财务部关注利润，生产部关注资源，销售部关注市场，所以整合很关键。企业内部最好建立一个竞争对手数据库，由专门的数据团队维护，由各职能部门和专业的调查公司提供数据，并将每个情报设定保密级别，便于不同职位的人查看。

竞争对手数据的搜集可以从不同的角度进行，如媒体数据、工厂数据、组织数据、经营数据、营销数据等不同的方面。搜集媒体数据的时候，可以搜集竞争对手的新闻报告、财务报告、分析报告以及行业报告；搜集竞争对手的工厂数据的时候，可以从以下方面入手：生产计划、工厂数量及布局、研发情报；搜集竞争对手的组织数据的时候，可以搜集其企业及品牌基础数据、员工数据、组织结构以及招聘数据；搜集竞争对手的经营数据的时候，可以从以下几个方面入手：财务数据、销售数据、客户数量、市场份额；搜集竞争对手的营销数据的时候，可以从商品数据、价格数据、促销数据、渠道数据等方面入手。

2）如何收集竞争对手的数据

竞争对手的情报收集其实就在现实生活中的每一个角落，有的公司员工利用微博汇报每日销售数据，有的员工会把自己公司的数据有意或无意间上传到百度文库。泄露公司情报的行为无处不在，所以收集竞争对手数据没那么难。美国海军高级情报分析中有句经典的话：情报的95%来自公开资料，4%来自半公开资料，仅1%或更少来自机密资料。

常规的竞争对手情报收集有线上和线下两种途径。线下收集时间成本较高，线上收集比较方便，因此这种方式越来越受到企业的喜欢。线下渠道主要包括购买行业分析报告、参加各种论坛、去对方门店观察、购买对手的产品、通过人才流动了解、通过共同的客户了解、通过市场调查获得、委托专业机构调查。线上渠道主要包括上市公司年报、搜索对手的新闻报道、网络关键词搜索、分析对手的招聘广告、线上问卷调查等。

目前，一些专业网站也开发了一些工具帮助分析竞争对手的舆情及发展趋势，并且都有现成的分析模型。以下是常用的五款免费工具。

（1）百度文库。百度文库是一个供网友在线分享文档的平台。百度文库的文档由网友上传，经百度审核后发布。文库内容包罗万象，专注于教育、PPT、专业文献、应用文书四大领域。文档的上传者包括普通网民、合作伙伴、公司员工、公司前员工……只要变换不同的关键词进行搜索，就能找到很多有价值的资料，其中不乏货真价实的数据。

（2）百度指数。百度指数是用来反映关键词在过去一段时间内网络曝光率和用户关注度的指标。它能形象地反映该关键词每天的变化趋势，它是百度提供的以百度网页搜索和百度新闻搜索为基础的免费海量数据分析服务，用以反映不同关键词在过去一段时间里的"用户关注度"和"媒体关注度"。竞争对手的公司名称、品牌名称、产品名称、产品品类、关键人物、关键事件等都是情报收集的关键词。由于百度指数来源于用户主动搜索，所以具有很高的参考价值。

（3）谷歌趋势。谷歌趋势类似于百度指数，内容都差不多，数据展示方式略有不同，可以看到关键词在全球的搜索分布。它有两个功能，一是查看关键词在谷歌的搜索次数及变化趋势，二是查看网站流量。

（4）新浪微指数。微指数是通过对新浪微博中关键词的热议情况，以及行业/类别的平均影响力，来反映微博舆情或账号的发展走势。我们可以通过搜索品牌名、企业名称、商品类别等关键词来分析自己及竞争对手在微博的热议度、热议走势、用户属性、地区分布等。同时微指数还提供企业类的行业指数分析甚至现成的分析报告。

（5）淘宝指数。淘宝指数是淘宝官方免费的数据分享平台，通过淘宝指数用户可以根据关键词窥探淘宝购物数据，了解淘宝购物趋势。只要注册大家都可以使用，不仅限于买家和卖家。

3. 竞争对手的分析方法

竞争对手不一定是同行，同行也不一定就是你的核心竞争对手。确定了竞争对手并收集到足够数据后，就要对他们进行深度分析了。

1）竞争对手分析路径

竞争对手分析共分为10个步骤：搜集可能的竞争对手资料（上游企业、下游企业、顾客角度）→找出竞争对手（确定竞争对手范围、确定主要竞争对手、确定竞争对手优先级、画竞争对手图谱）→搜集数据（搜集主要竞争对手详细数据、整理数据、分析收据）→产品策略分析（产品竞争力、品牌影响力、产品实用性）→渠道策略分析（经营能力、拓展能力、掌控度、渠道四度）→价格策略分析（定价策略、价格稳定性、议价能力）→营销策略分析（媒体策略、促销策略、资源分析）→客户服务能力分析（信息化、服务效率、投诉分析）→综合竞争力分析（波特五力模型、SWOT分析）→竞争力分析报告。

2）画竞争对手图谱

路线图第二步"找出竞争对手"中，画竞争对手图谱是为了将各个层面的核心竞争对手和潜在竞争对手标注出来，以便在渠道策略、资源投放、生产规划等方面更有针对性和差异化。画竞争对手图谱可以从以下几个层面开始：公司策略层面、生产物流组织层面、市场资源层面、销售渠道层面。

3）量化竞争对手的四度

在路线图第五步"渠道策略分析"中需要量化竞争对手的四度，这四度就是渠道广度、渠道宽度、渠道长度和渠道深度。渠道的广度指公司产品覆盖的区域是多少，渠道的宽度是指有几种类型的通路，渠道的长度指产品平均经过几个中间渠道到达消费者手中，渠道的深度指通路上渠道商数量的多少。

4）波特竞争力分析模型

波特竞争力分析模型是哈佛商学院教授迈克尔·波特提出的，用于竞争战略分析。他把竞争力归纳为五力，分别是供应商的议价能力、购买者的议价能力、潜在竞争者进入的能力、替代品的替代能力和行业内竞争者现有的竞争能力。五力的组合决定了行业的利润水平，如果企业处在一个供应商议价能力低，购买者议价能力也低，有行业壁垒，潜在竞争者不易进入，没有替代品，同时行业竞争也不充分的行业中，这个企业一定是高利润高垄断的"高帅富"企业。

以下为对传统零售业的波特五力分析。

（1）供应商的议价能力。无论是自营化的连锁超市，还是平台化经营的百货、购物中心，基本上都是零售商占主导地位，供应商的议价能力不强，属于店大欺客（户）的状况，特别是像电器连锁、KA 大卖场等，供应商的议价能力更低。

（2）购买者的议价能力。越充分竞争的市场，消费者选择的余地就越大，零售商间的竞争赤裸裸地体现在价格上，从而造成了顾客的议价能力逐渐加强。

（3）潜在竞争者进入的能力。传统零售业是一个需要高投入、投资周期长、要求规模化的行业，潜在竞争者直接进入的能力并不强。

（4）替代品的替代能力。目前传统零售的最大替代者是电子商务，电子商务对传统零售的冲击逐渐增强，所以替代品的替代能力很大。但替代的边界在哪儿，目前没有人知道。

（5）行业竞争力。零售业是一个充分竞争的行业，高线城市大都饱和，低线城市还有一些机会。

波特五力分析模型除了对行业整体的分析，还可以与具体竞争对手进行对比分析，可以通过专家打分的方式进行量化处理。

5）SWOT 分析模型

SWOT 是经典的战略分析工具，始于麦肯锡，分别由优势（strengths）、劣势（weaknesses）、机会（opportunities）和威胁（threat）四部分组成。它是对企业所处的外部环境以及企业内部环境的一种综合分析方法。SWOT 分析可以用在公司战略、竞争对手分析、市场定位，甚至个人的职业规划等方面。用 SWOT 分析竞争对手就是将收集到的竞争对手情报进行综合分析，最终形成分析结论和策略。

SW 为内部关键因素，OT 是外部关键因素。对于零售企业或零售品牌来说，建立 SWOT 分析模型前我们需要回答如下问题。

（1）优势。

S1. 我们最擅长什么？是产品设计开发、渠道布局、营销手段，还是价格杀手？

S2. 我们在成本、技术、定位和营运上有什么优势？

S3. 我们是否有其他零售商不具有的资源或做不到的事情？例如有的零售商有企事业单位发放购物券优势。

S4. 我们的顾客为什么到我们这里来购物？我们的供应商为什么支持我们？

S5. 我们成功的原因何在？

（2）劣势。

W1. 我们最不擅长做什么？是产品、渠道、营销，还是成本控制？

W2. 其他零售商或品牌商在哪些方面做得比我们好？

W3. 为什么有些老顾客离开了我们？我们的员工为什么离开我们？

W4. 我们最近什么案例失败了？为什么失败？

W5. 在企业组织结构中我们的短板在哪里？

（3）机会。

O1. 在产品开发、渠道布局、营销规划和成本控制方面我们还有什么机会？

O2. 如何吸引到新的顾客？如何做到与众不同？

O3. 在外部因素中，公司短期、中期规划目标的机会点有哪些？

O4. 竞争对手的短板是否是我们的机会？

O5. 行业未来的发展如何？是否可以异业联盟？

（4）威胁。

T1. 经济走势、行业发展、政策规则是否会不利于企业的发展？

T2. 竞争对手最近的计划是什么？是否会有潜在竞争对手出现？行业内最近倒闭的企业是什么原因造成的？

T3. 企业最近的威胁来自于哪里？有办法规避吗？

T4. 上、下游的客户中是否有不和谐的地方？资源状况如何？

T5. 舆情是否不利于公司发展？

（二）竞争店铺数据概述

竞争店铺数据分析有 4 个核心要点，即竞争店铺抓取、竞争店铺流量结构数据分析、竞争店铺品类结构数据分析和竞争店铺流量数据玩法分析。商家根据竞争店铺的数据了解其运营方式，进而可以有效地调整自身店铺的运营方式。

1. 竞争店铺抓取

商家通过店铺数据抓取，可以了解从哪些维度寻找竞争店铺。店铺抓取竞争对手的方式有很多，按照关键词、目标人群、产品、价格、所在地、营销活动、视觉拍摄等维度，都可以查找出竞争店铺。

通过对竞争店铺视觉拍摄、店铺分类、店铺营销方案等进行分析，商家可以了解竞争店铺的基础数据，主要包括竞争店铺的拍摄方式、详情页设计制作方式、店铺类目分类构成、店铺营销方案、单品营销方案设置、优惠券、满减折扣设置。

通过抓取店铺品牌，商家可以了解竞争店铺是不是原创品牌，店铺是不是多品牌销售，以及店铺风格、店铺人群定位（人群标签）、店铺属性数据（商品适用季节、适用场景、基础风格）等。

通过获取店铺价格、店铺销量、店铺排行情况，商家可以了解竞争店铺商品整体的销量，从而抓取核心商品进行数据对比分析。

2. 竞争店铺流量结构数据分析

使用"生意参谋"的市场行情进行竞争店铺数据分析（监控店铺—竞店识别—竞店分析）是指商家通过对同类型店铺进行销售排行数据监控、竞争店铺品类结构数据分析和核心商品销售数据分析，找到数据差异点，然后针对自身店铺数据弱项进行数据提升和优化的过程。

通过竞争店铺数据监控，商家可以了解竞争店铺实时、7 天、30 天及周期性的数据，了解竞争店铺流量指数、搜索人气、交易指数、客群指数和行业排名等数据。通过同类型店铺对比，商家可以了解自身店铺数据差异、排名差异，而且可以根据竞争列表数据变化，及时了解竞争品牌数据为什么会突然提升、突然下降，是整体下降，还是个别店铺下降，以此帮助店铺更好地了解竞争店铺的数据状态，从而反馈出自身店铺存在的问题。

商家使用"生意参谋"的市场行情进行竞争店铺分析（监控店铺—竞店识别—竞店分析），对竞争店铺进行数据匹配，通过流失竞争店铺识别、高潜力竞争店铺识别，帮助店铺识别优质的竞争店铺。

商家可利用"生意参谋"工具，根据店铺流量指数、支付转化指数、交易指数等，进行趋势数据分析，了解竞争对手数据的增长情况，了解自身店铺与其数据的差异点，从而对数据弱项进行优化提升。

通过"生意参谋"的市场行情进行竞争店铺分析，商家可以查看流失的店铺和流失的产品，根据系统找到的流失竞争店铺和高潜力竞争店铺情况，了解店铺的流失方向，找到类似店铺并进行数据采集分析，从而了解自身店铺数据提升的方向。

商家使用"生意参谋"数据分析，监控潜在的优质竞争对手，通过各种维度找到优质店铺并进行学习参考，再通过店铺监控，寻找和自己店铺类似或者商品流量结构类似的店铺进行数据对比分析，从而找到差异点并进行数据提升优化处理。

商家利用"生意参谋"的市场行情做竞争店铺的竞店对比分析，根据时间周期进行店铺数据对比分析，了解竞争店铺在年周期下的数据变化情况，从而更好地了解店铺的成长过程并且从中找到店铺的优势和亮点，然后对自身店铺进行数据优化处理。

商家使用"生意参谋"的市场行情，点击"竞争店铺—竞店对比—关键指标"进行分析，来对比时间上的差异和增长点的不同，同时商家可以了解在一定周期内交易指数、流量指数、搜索人气、收藏人气、加购指数等维度的数据差异，从而进行自身数据的优化提升。

3. 竞争店铺品类结构数据分析

商家使用"生意参谋"的市场行情，点击"竞争店铺—竞店分析—品类销售额"进行分析，根据时间周期，了解竞争店铺按年、月的品类交易构成数据、类目支付金额占比数据、类目支付金额占比排名情况，了解自身店铺和竞争店铺在类目布局和品类销售额方面的差距，从而可以进行品类布局的优化和提升。

根据竞争店铺交易构成数据，商家可了解自身店铺核心类目支付金额占比、竞争店铺核心类目金额占比，从而可以对比两个店铺的优势类目、成交类目、访客集中类目。商家可利用竞争店铺品类数据分析，根据竞争店铺类型品类销售情况，并依据自己供应链、利润情况，酌情进行店铺上新，以提升店铺的流量和销售额。

商家可以参照比自身店铺优秀的店铺，进行品类数据优化，提升店铺类目的销售量，也要思考自己的店铺类目是否有缺失、店铺类目是否丰富等问题，帮助店铺更好地优化品类结构。

商家通过使用"生意参谋"的市场行情，点击"竞争店铺—竞店分析—竞争店铺价格带"进行分析，确定广告投放策略，同时可以根据竞争店铺客单价分布情况，进行店铺产品客单价的提升。需要强调的是，竞争对手的价格带可以作为参考，但不同来源的产品的质量、成本都不一样，特定的利润空间也不一样，不能简单地参考同行的。其实无所谓贵贱，每个价格区间都有对应的消费者，不是贵了就一定好，重要的是能让你的目标客户认为你的商品足够好。

4. 竞争店铺流量数据玩法分析

商家利用"生意参谋"的市场行情，点击"竞争店铺—竞店分析—竞争店铺"进行分析，对竞争店铺流量结构分布进行对比，商家可查看竞争店铺入店来源，从流量指数、客群指数、支付转化指数、交易指数，对竞争店铺的流量数据进行采集，了解竞争店铺的流量结构，找到自身店铺流量的缺失之处，然后进行流量布局的优化。

商家要根据竞争店铺流量对比，找到自身数据弱的地方，进行数据提升处理。

竞争店铺流量数据分析是指针对竞争店铺进行流量结构、流量数据对比、流量玩法分析，商家可以找到与竞争店铺的数据差距和自身店铺提升的方向，从而帮助自身店铺进行流量数据的提升。商家可以通过细分流量数据对比分析，进行流量玩法参考学习。商家通过分析竞争店铺的流量结构组成情况，可以了解竞争店铺的搜索流量访客数占比、直通车访客数占比，从而有针对性地帮助店铺进行流量提升。

通过竞争店铺流量数据分析，商家可以针对竞争对手的品类结构、流量结构、访客数占比，找到自身店铺的优化方向和新流量玩法，使店铺清楚自身的问题，从而找到解决的方法。

通过对比竞争店铺流量结构数据，商家可以了解竞争店铺的数据，例如，竞争店铺手淘搜索、淘内免费其他流量数据较多。商家可以通过了解竞争店铺的流量结构数据进行分析，思考自身店铺是否适用这样的玩法，从而提升店铺的数据流量。

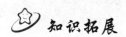

如何做好店铺数据分析？

（三）撰写营销分析报告

营销分析报告区别于日常报告的一个重要特点是，营销分析报告围绕某个特定领域展开小而精的深入研究，而日常报告则侧重于对某个周期进行大而全的概要分析。

以下为营销分析报告的结构。

（1）封皮和封底。每个公司都有自己的封皮和封底模板。

（2）摘要页。摘要页是对报告中内容的概述，方便领导层直接了解报告内容而无须阅读整个报告。

（3）目录页。如果报告内容过多，则需要通过目录页告诉阅读者本报告包括哪些内容。

（4）说明页。关于报告中数据时间、数据粒度、数据维度、数据定义、数据计算方法和相关模型等内容的特殊说明，目的是增强报告的可理解性。

（5）正文页。正文页是报告的核心，通常使用"总—分—总"的思路撰写报告。作为日常报告，除了数据陈列外，一定要有数据结论；而对于数据结论的挖掘，可根据阅读者的需求自行安排并酌情添加。

（6）附录。如果报告存在外部数据引用、原始数据、数据模型解释等，建议作为附录放在报告最后。

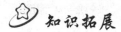 **知识拓展**

如何做好 shopee 店铺的数据分析和优化？

三、销售数据分析

（一）通过交易数据诊断店铺

"生意参谋"中的"交易"功能版块可以显示店铺的各项交易数据，能够清楚显示店铺的运营情况和出现的问题。该版块包含"交易概况""交易构成"和"交易明细"3 个功能，商家通过左侧导航档即可进入。下面分别介绍这 3 个功能的使用方法。

1. 交易概况

通过"交易概况"功能可以了解店铺的交易总览和交易趋势，从整体的角度来分析店铺的运营情况。

其中，"交易总览"版块中可以设置交易日期和终端，页面下方显示对应的交易数据情况，内容包括访客数、下单买家数、下单金额、支付买家数、支付金额、客单价的实时数据。页面右侧的转化漏斗模型显示了从访客到下单再到支付的整个转化情况。

观察图中该时间段内的交易数据，店铺的客单价与同期相比上涨了 47.29%，但店铺支付金额降低了 37.98%，原因是下单买家数下降了 60%。针对这种情况，商家必须仔细分析下单买家数降低的原因，是流量出了问题，还是转化率太低。图中访客数明显下降，说明流量出现问题。此时商家必须分析店铺商品的流量结构，对出现问题的流量类型进行优化，如优化商品标题、商品主图等，以提高自然流量。

店铺商品的下单转化率质量，应该以本行业的平均转化率为衡量标准。若下单转化率低于行业平均水平太多，则需要及时对其进行优化。下单转化率低说明消费者在点击商品进行查看后，没有对商品产生购买意愿。原因可能涉及多个方面，如商品质量、属性、价格、详情页内容等。因此，商家需对各方面的内容进行排查，找出有问题的部分进行优化，来提高转化率。

在"交易趋势"版块同样可设置日期，并能够指定需要分析的一个或多个数据。若选中"同行对比"单选项，还可同时显示同行业的同期数据情况。

2. 交易构成

"交易构成"功能版块显示交易的终端、类目、品牌、价格等构成比例，以及交易后资金回流的情况。

其中，"终端构成"版块可以显示指定时间段内 PC 端和移动端的支付金额、支付金额占比、支付商品数、支付买家数、支付转化率等数据，通过对比数据可以清楚各个终端的交易情况。PC 端没有交易记录，说明商家可能忽视了 PC 端的优化。如果 PC 端也有一定的访问量，商家要抓这部分流量，对 PC 端进行合理优化，以提高店铺整体的销售额。

"类目构成"版块可以显示店铺交易的类目情况。

"品牌构成"版块可以显示店铺所有经营的商品中各品牌的交易占比情况。

"价格带构成"版块可以显示所有交易商品的价格分布情况。

如果单击价格带右侧对应的"查看趋势"超链接，还可在显示的窗口中查看该价格带各指数的趋势情况。

"资金回流构成"版块显示了完成交易但未确认收货的支付金额占比情况。如果需要缩短资金回流的周期，以便拥有更充足的资金，维持店铺的正常运营，商家可以通过赠送商品、好评返利、赠送惠券等形式促使消费者尽快确认收货。

3. 交易明细

"交易明细"功能版块可以显示指定日期的交易情况，包括订单编号、支付时间、支付金额、确认收货金额、商品成本、运费成本等。商家通过交易明细数据可以更清楚地了解店铺的整体交易信息。

（二）店铺运营数据分析

流量是店铺的生存之本，如果空有流量，却无法实现转化或转化率过低，依然无法有效提高店铺的销售额，甚至还会影响商品和店铺的综合排名。因此在成功引流之后，店铺还需要通过各种运营手段提高转化率。而要提高转化率，首先需要对与之相关的其他数据（如点击率、收藏率等）进行控制和管理。本节将重点对店铺的重要运营数据进行评估。

1. 店铺运营的重要数据

反映店铺运营情况的重要数据有很多，这里重点介绍点击率、收藏率、加购率、转化率这几个数据。

1）点击率

点击率是衡量商品引流能力的数据，其计算公式为

$$点击率=(点击量÷展现量)×100\%$$

要想提高点击率，就需要提高点击量。

商品的标题、单价、销量、主图等都能影响点击量。以标题为例，当商品标题中没有包含有效关键词，即没有包含消费者会搜索的关键词时，消费者无法通过关键词搜索到该商品，商品没有展示机会，当然也不会有点击。因此标题设计得是否合理，直接影响着商品的点击量。

当消费者搜索到商品后，就会看到商品主图。此时若主图的视觉效果优秀，卖点突出，

商品具有吸引力，就有机会赢得消费者的点击。在消费者查看主图的同时，商品价格和付款人数也可能影响消费者的判断和选择，若商品销量可观且价格合理，也有利于提高商品的点击量。

总的来说，要提升点击率，就要想办法提升点击量，而要提升点击量，就需要做好商品标题和主图的优化。

2）收藏率与加购率

收藏率指收藏人数与访客数之比，加购率指加购人数与访客数之比。商品的收藏率和加购率越高，说明该商品的意向消费者越多，促成这部分消费者购买的概率也越大。一般来说，消费者收藏某件商品或将某商品加入购物车的原因，是其已经对商品产生了购买兴趣，但出于某些原因还未下决心购买。与直接点击查看商品的流量相比，收藏、加购的流量更有可能形成转化。对于商家而言，收藏率、加购率比较高的商品，应该充分发挥其转化优势，适当通过调整价格、赠送礼品、打折优惠等方式刺激收藏、加购，提高消费者的购买意愿，促使其下单购买，实现流量的转化。

3）转化率

提高转化率是提高销售额最有效的途径。转化率的计算公式为

$$转化率=支付人数÷访客数×100\%$$

例如，访问店铺的消费者有 30 人，最终下单支付的人数为 3 人，则

$$转化率=3÷30×100\%=10\%$$

消费者从访问到支付的过程又被称为支付转化，支付转化率直接决定着店铺销售额的高低。在"生意参谋"的"首页"功能版块下的"整体看板"版块中，可以查看指定期间的店铺支付转化率数据。

2. 转化漏斗模型

转化漏斗模型是在消费者访问店铺到最终成交的各个环节，一层层过滤转化人数，分析各个环节的转化情况，其模型如图 8-4 所示。

有效入店率
咨询转化率
静默转化率
订单支付率
成交转化率

图 8-4　转化漏斗模型

1）有效入店率

有效入店率是店铺运营的一项重要指标，有效入店率=有效入店人数÷店铺访客数。其中，有效入店人数是指访问店铺至少两个页面后才离开的消费者人数，也包括消费者进入店铺后，直接收藏店铺或商品、向客服咨询、加入购物车和直接购买的消费者人数。

要提高有效入店率，就要降低出店率。

出店率的计算公式为：出店率=出店人次÷出店页面浏览量。其中，出店页面指消费者访问店铺时的最后一个页面。由于店铺的页面类型很多，作用各不相同，如首页、分类页、详情页、自定义页等。通过分析出店率，我们就能看到不同页面的出店率情况，找到出现问题的页面，并有针对性地加以优化改善，从而降低出店率。

2）咨询转化率

消费者在访问店铺或商品的过程中，如果产生了疑问，会直接选择与店铺客服进行沟通。当客服有效地解决了消费者的问题后，往往会提升商品的成交转化率。这一环节不仅涉及咨询转化率，还涉及咨询率，它们的计算公式为

$$咨询率=咨询人数÷访客数$$

$$咨询转化率=咨询成交人数÷咨询人数=咨询成交人数÷(访客数×咨询率)$$

一般来讲，消费者在店铺的访问深度越高，咨询率和咨询转化率也就越高。因此，优化页面时还需要考虑整体性和紧密性，围绕消费者的购买关注点，打造极具访问深度的页面系统，增加消费者在店铺的访问深度，从而增加咨询率和咨询转化率。

3）静默转化率

静默转化率指消费者访问店铺后，没有咨询客服而直接下单购买的消费者人数与访客数的比率。一般来说，新消费者的静默转化率低于老消费者的静默转化率，因为新消费者对店铺的商品款式、质量、服务、信誉等都不了解，基本上不会贸然下单交易。如果一个店铺的静默转化率高，说明该店的商品、服务等受到消费者认可。这些消费者中往往包括很多已经在店铺中购买过商品的老消费者。对于这类店铺而言，继续优化、改善商品和服务，并加强对老消费者和会员的管理，能够进一步促进静默转化率的提升。

4）订单支付率

订单支付率指的是订单金额与成交金额之比。有的消费者在店铺下单后，会因为各种原因迟迟没有付款成交，未付款订单就会影响店铺的订单支付率。订单支付率与成交转化直接相关。一般来说，通过购物车、已买到的宝贝、收藏等途径访问店铺的消费者都具有明确的购物目的，其订单支付率会比较高。各种活动吸引来的消费者，其订单支付率会比较高，而其他如通过类目访问、站外访问等途径访问店铺的消费者，其订单支付率则相对较低。消费者下单但未支付，需要客服及时进行沟通，消除消费者的疑问，使其尽快完成支付。

5）成交转化率

成交转化率是转化漏斗模型的最后一个环节，它能够准确反映店铺的整个成交转化情况。如果成交转化率过低，商家可以利用转化漏斗模型进行反推，查看哪些环节出了问题，然后进行解决，最终才能提升成交转化率。

3. 影响转化的因素

商品的流量转化直接影响店铺的最终销量，因此当商品具有合格的引流能力时，商家一定要关注流量的转化情况，并对转化效果不佳的方面进行优化。实际上，影响转化的因素有很多，这里主要从最直观的几个因素入手进行介绍，包括商品主图、价格、首页、详

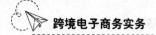

情页和评价。

1）主图

消费者搜索到商品后，首先接触的就是主图。优秀的主图吸引流量，增加点击率，甚至直接影响消费者的购买行为。影响主图效果的因素比较多，如精美的拍摄效果、合适的模特展示、精确的卖点文案、恰当的排版等都可以有效提升主图的质量。商家在制作出主图后，可以进行合理的测试对比，选择更受消费者喜欢的主图展示商品。

2）价格

消费者认可主图效果或者被主图吸引后，很自然地就会查看该商品的价格。商品价格通常显示在主图的左下角，方便消费者进行查看和对比。价格是商品竞争力最直接的体现，特别是相同商品之间进行竞争时，消费者通常会选择价格更低的商品。在同类竞品较多时，商家必须对商品价格进行优化，以获取更多的流量。

3）首页

店铺首页就像店铺的"门面"，代表着店铺的整体品质和格调。很多消费者进店访问时，会跳转到店铺首页查看商品分类，此时，良好的店铺首页效果更利于刺激消费者的购买欲。

4）详情页

商品详情页是消费者了解商品详细信息的页面。商品详情页上方主要展示商品主图商品价格和 SKU 等。商品主图可以让消费者进一步查看商品效果，SKU 则可以让消费者自由地查看和挑选商品的颜色、款式等。详情页的下方是商品详情介绍，包括商品图片、文案、参数、质量保证、客服、物流等信息，是消费者了解商品的主要途径，也是影响消费者购买决策的重要页面。一般来说，大多数消费者都是在仔细浏览详情页内容后才做出下单决定的，因此商家要合理利用详情页的功能，尽可能合理、美观地展示商品，打消消费者的购买顾虑，促使其下单。

5）评价

评价也是促成交易的重要因素。消费者在查看商品详情时，也会关注商品评价。评价数量多，说明购买人数较多，也说明商品得到了其他消费者的认可。一般来说，评价较好的商品更容易赢得消费者信任，影响其做出购买决定。评价还会影响店铺信用评分，信用评分的高低直接影响商品和店铺的综合排名，排名靠前，商品才能获得更多搜索、展示机会，才有可能获得更多流量和转化。

（三）店铺客单价分析

客单价在某种程度上反映了目标消费群体的消费力，也直接影响着店铺的最终销售额，它是店铺运营的重要指标之一。

1. 了解客单价

客单价指一定时期内，每一位消费者购买商品的平均金额，也就是平均交易金额。从公式"店铺销售额=访客数×转化率×客单价"中可以看出，流量（访客数）、转化率、客单价是直接影响店铺运营成果的 3 个数据。在流量、转化率表现平稳的条件下，提高客单价，就可以提高店铺整体的销售额。

1）客单价的概念

客单价是由笔单价和人均购买笔数决定的，笔单价和人均购买笔数越高客单价就越高。简而言之，每位消费者支付的金额越高，客单价就越高。

2）影响客单价的因素

影响客单价的因素主要有商品定价、促销优惠、关联营销、购买数量等。

（1）商品定价。商品定价的高低基本上确定了客单价的多少，理论上客单价只会在该定价的一定范围内上下浮动（正常情况），这与市场经济学中的价值规律类似。

（2）促销优惠。在大型促销优惠的过程中，客单价的高低取决于优惠的力度。另外，基于优惠力度的多少，免运费的最低消费标准的设置对客单价也有重要影响。

（3）关联销售。这是一个间接影响因素。店铺一般会在商品详情页推荐相关的购买套餐，同时加入其他商品的链接。这种关联销售是交叉推荐的最原始定义，在流量上则叫作相互引流。现在基于大数据的算法，在首页、搜索页、详情页、购物车页、订单页等各种页面中都会有关联商品的推荐。

（4）购物数量。这个因素由商品类目的属性不同而决定。定价不同的商品，购物花费的时间成本与操作成本也会不同。基于此，要想提高客单价，可以提高单个消费者购物的种类，以及单个订单内商品的数量。目前许多购物平台上推出的"凑单"销售方式，其原理就如此。

2. 提升客单价

客单价由笔单价和人均购买笔数决定。当笔单价固定不变时，就可以通过引导消费者购买多件商品的方式来提高客单价。下面列举常见的提升客单价的销售运营方法。

1）提供附加价值

提供附加价值即设置消费额达到某个值后可以享受的服务。这种运营手段主要通过为消费者提供更多便利的形式刺激消费。

2）价格吸引

价格吸引最常见的就是"买一送一""买二送三""第二件半价"等优惠活动。利用恰当的优惠手段，激发消费者的购买欲，提升客单价。这种运营手段要求店铺的单品种类繁多，款式不一，这样才会产生不错的效果。

3）提供套餐

提供套餐即根据店铺人群属性提供不同的套餐，这样可以极大提高笔单价，从而提高客单价。

4）详情页关联

详情页关联即适当地将互补的商品搭配起来关联销售。这种营销方式不仅减少了消费者自主搭配的烦恼，提高了消费者的购物体验，还可以提高客单价。

5）客服推荐

客服是提高客单价的另一个重要助力方式，因为客服可以通过沟通直接影响消费者的购买决策，通过优质合理的推荐，提高客单价。

📎 知识拓展

国信证券：体育用品行业阿里线上 2019Q4 销售数据

四、库存数据分析

（一）了解电子商务库存

当商品热销时，如果库存不足且来不及补货，就会耽误大好的销售时机。当商品滞销时，如果库存过多，又会造成仓库资源和成本的浪费。因此，合理管理库存对店铺正常运营具有极大的影响。要解决这个问题，就要正确认识电子商务库存。下面主要从库存系统和库存组成两个角度进行介绍。

1. 认识库存系统

库存系统的作用之一就是管理好商品的实时库存数据。商家可以通过该系统了解当前商品是否可以销售及可以销售的数量；消费者则可以了解该商品是否可以购买，以及可以购买多少。

1）仓库系统与库存系统的概念

仓库系统管理的是真实仓库里面的库存数量，一些大型企业的仓库往往面积非常大，商品种类和商品数量都比较多，因此就有必要使用仓库系统进行管理。

简单来说，仓库一天有多少商品进入，每件商品的数量有多少，每天从仓库发出去多少商品，仓库里面每种商品还剩下多少，剩下的商品分别存储在仓库的哪个储位上，等等，就是仓库系统管理的主要内容。

既然有了仓库系统，那为什么还要用库存系统呢？举例而言，当 A 商品在仓库里有 10件时，仓库系统负责管理 A 商品的数量及它的位置信息。但仓库中有 10 件商品，并不代表店铺中可以销售的数量也是 10 件，因为 10 件 A 商品可能已经售出 3 件，只不过这 3 件商品还没有出库，所以仓库系统里面的 A 商品数量依然为 10，但店铺中能够销售的数量只能是 7。仓库系统负责管理在当前时刻仓库里面的库存，并不区分商品的销售状态，所以需要库存系统来解决这个问题。总体来说，仓库系统管理的是仓库里面商品的实际数量，库存系统管理的是商品的可销售数量，这就是它们主要的区别。

商家在使用库存系统时，仓库有货则显示当前可销售的商品数量，销售完毕则显示无货，并提供"到货通知"按钮。

2）仓库系统与库存系统的配合

当发生与商品相关的行为如采购、下单等时，就需要仓库系统和库存系统互相配合完成对库存数据的传递与管理。理解了这两个系统之间如何配合管理库存，对后面理解电子商务库存的组成有很大的帮助。下面重点介绍采购入库、下单锁库存、订单取消解锁库存等行为对应的库存管理。

（1）采购入库。当 B2C 电子商务网站想要售卖一件商品时，首先就会发起采购计划，这时就需要在仓库系统里建立一个采购单，以记录哪件商品采购了多少数量，把这批商品采购到哪个仓库，等等。发起采购后就会将采购到的商品入库，此时仓库系统会对相应的商品数量进行更改，同时会告知库存系统对应商品入库了多少，让库存系统及时调整商品数量。

（2）下单锁库存。当有消费者购买商品时，库存系统会先将该商品数量锁定，然后等待仓库出货。只有仓库出货后，库存系统才会调整商品数量。

举例而言，假设 A 商品采购入库的数量为 10，库存系统也会显示 A 商品的数量为 10，此时店铺可以销售的该商品的数量为 10。当一个消费者购买了一件 A 商品时，库存系统会将该商品先锁定一件，表示有一件商品已经售出，这时库存系统会通知店铺仓库系统，此商品目前能销售的数量为 9 个，如表 8-3 所示。

表 8-3　下单锁库存

订单状态	仓库系统库存数量	锁定数量	库存系统库存数量
下单前	10	0	10
下单后	10	1	9

（3）订单取消解锁库存。当消费者下单购买 A 商品后，如果因为某些原因取消订单，且此时 A 商品仍未从仓库出货，则需要将锁定的数量解锁，重新调整库存数量，如表 8-4 所示。

表 8-4　订单取消解锁库存

订单状态	仓库系统库存数量	锁定数量	库存系统库存数量
订单取消后	10	0	10

（4）出库扣库存。如果消费者没有取消订单，则仓库需要将该商品出库，并通知库存系统重新调整数量，如表 8-5 所示。

表 8-5　出库后

订单状态	仓库系统库存数量	锁定数量	库存系统库存数量
出库后	9	0	9

（5）仓库间调拨。如果商家拥有多个仓库且库存分布在全国各地，那么消费者下单购买时就会尽量从离消费者最近的仓库发货，以减少时间、降低成本。但在实际操作过程中，可能出现商品库存数量分配不合理的情况，如南方仓的 A 商品已经售罄，北方仓的 A 商品还积压很多，这时为了让 A 商品尽快卖出，需要将其从北方仓调拨到南方仓。仓库间调拨会涉及发起调拨申请、调拨出库和调拨入库等环节。例如将 100 个 A 商品从北方仓调拨到南方仓，当发起调拨申请时，库存系统会先在北方仓锁定 100 个 A 商品的数量，如果不进行锁定，那么北方仓的 A 商品突然大量售出，库存不足 100 件，就没有办法调给南方仓；当 A 商品从北方仓出库时，就需要将北方仓的实际库存数量和锁定数量都减掉 100；当 A

商品调拨入南方仓时，南方仓的实际数量和可售卖数量都变成了100，如表8-6所示。

表8-6　仓库间调拨的整体流程

调拨状况	仓库名	仓库系统库存数量	锁定数量	库存系统库存数量
发起调拨前	北方仓	1000	0	1000
发起调拨后	北方仓	1000	100	900
调拨出库后	北方仓	900	0	900
调拨出库前	南方仓	0	0	0
调拨出库后	南方仓	100	0	100

2. 拆解电子商务库存

为了更完整地拆解电子商务库存的组成情况，下面以B2C电子商务库存为例，介绍组成这类电子商务商品库存的七大部分，即可销售库存、订单占用库存、不可销售库存、锁定库存、虚库存、调拨占用库存、调拨中库存。

电子商务商品的总库存=可销售库存+订单占用库存+不可销售库存+锁定库存-虚库存+调拨占用库存-调拨中库存

下面分别介绍各库存组成部分。

1）可销售库存

可销售库存即消费者在店铺看到的库存数据。当某商品SKU的可销售库存大于0时，前端显示"有货"或明细库存数据，此时消费者可执行加入购物车或立即购买操作；当商品SKU的可销售库存小于或等于0时，前端显示"无货"或提示"商品已下架"等信息，消费者只能进行"到货提醒"的功能设置。

2）订单占用库存

由于商品下单支付和发货并不是同步进行的，为防止超额售卖，就需要设立订单占用库存。对于已下单支付的消费者，保证其商品能正常出库发货；对于尚未下单支付的消费者，保证其下单后有可售的库存。订单占用库存和可销售库存是反向关系，即可销售库存减少后，订单占用库存增加。需要注意的是，可销售库存减少就会涉及锁库存行为，如加入购物车锁库存、下单后锁库存、支付后锁库存等，这些行为会减少可销售库存。

3）不可销售库存

当商品出现破损等不符合销售标准的情况时，归属到不可销售库存。

4）锁定库存

锁定库存常见于电子商务促销活动中，一般以低价折扣来吸引消费者，将总库存中的一部分商品锁定，不参与促销活动。当可销售库存为0时，必须将锁定库存释放并转换为可销售库存才可继续销售。锁定库存不是一个常设系统，需要启用时临时搭建即可。

5）虚库存

虚库存指仓库中没有实物库存，实物库存来自于供应商。当市场上某种商品的需求量极大且仓库中该商品数量较少时，如果与供应商的沟通渠道畅通，可以迅速将该商品输送到仓库中转换为库存，那么可以设置虚库存。或者当某种商品的需求量极少，平台不需要提前在仓库储存该商品时，可先拿到商品订单，凭借订单寻找供应商，也可设置虚库存。

此时的可销售库存=总库存-订单占用库存-不可销售库存-锁定库存+虚库存。

6）调拨占用库存

假设北方仓需将 10 件 A 商品调拨到南方仓，此时北方仓就需要将 10 件 A 商品锁定不销售，则北方仓的可销售库存=总库存-订单占用库存-不可销售库存-锁定库存+虚库存-调拨占用库存。

7）调拨中库存

调拨中库存指发起调配后已经打包及出库，此时库存既不在北方仓，也不在南方仓。此时双方总库存的情况均为

总库存=可销售库存+订单占用库存+不可销售库存+锁定库存-虚库存+调拨占用库存

（二）分析电子商务库存数据

要全面控制库存情况，就需要了解库存的相关数据，并对其进行分析。本节将从库存结构、量化、指标和预测等方面，全方位对店铺库存数据进行分析。

1. 让库存结构一目了然

库存从作用上大致可以分为有效库存和无效库存两种类型。有效库存即可以出售的商品库存。无效库存包含两种情况：一种是滞销商品、过季商品等对当前销售没有太大影响的库存，这类库存也被称为假库存；另一种是因残损、过期、下架等无法继续销售的库存，被称为死库存。

SKU 是大型连锁超市配送中心物流管理中的一个重要概念，现在已经被引申为商品统一编号的简称，每种商品均对应唯一的 SKU 号。对同一种商品而言，当其品牌、型号、配置、等级、颜色、包装容量、单位、生产日期、保质期、用途、价格、产地等属性中任一属性与其他商品存在不同时，都对应一个 SKU 号，称为一个单品。对于网上店铺而言，如果一款拖鞋有蓝色、红色和黑色 3 种颜色，那么该拖鞋就有 3 个 SKU。

同一个 SKU 的不同批次的库存，既可以是有效库存，又可以是死库存。

店铺可以利用"总量—结构—SKU"这个体系，从宏观到微观层次逐步分解店铺库存的构成。

2. 借助库存天数和周转率量化库存

简单的库存结构数据可以帮助商家了解库存的基本情况，但并不能用于判断库存是否能够满足销售需要，也无法判断库存数是否安全。因此，下面还需要借助库存天数和库存周转率来量化库存，以确认库存数据是否足够、合理或安全。

1）安全库存数量

服装、电器等行业习惯将绝对数量或金额作为安全库存标准，其优点在于直观明了，可以直接与现有库存对比来发现差异，但由于没有和销售数据挂钩，在目前商品销售具有节奏性、季节性的前提下，显得不够精准和灵活。目前许多店铺会按照季节性或行业淡季、旺季的区别，更有弹性地设置安全库存数量。

2）库存天数

库存天数（day of stock，DOS）可以有效衡量库存滚动变化的情况，是衡量库存在可

持续销售期的追踪指标。库存天数的优势在于既考虑了销售变动对库存的影响，又可以将"总量—结构—SKU"体系的安全库存标准统一管理。

库存天数的计算公式为：

库存天数=期末库存数量÷(某销售期的销售数量÷该销售期天数)

用库存天数判断库存安全性时，还可以量化每个 SKU 的库存天数，然后和标准库存天数进行对比。按此理论，就可以利用 Excel 建立 SKU 库存天数监控表，即利用每个 SKU 的库存数据和销售数据计算 SKU 对应的库存天数，然后通过对比标准库存天数，低于标准的及时补货，高于标准的想办法退货或提升销量。

3）库存周转率

库存周转率可以从财务的角度监控库存安全，这个指标一般以月、季度、半年或年为周期，其计算公式为

库存周转率=销售数量-[(期初库存数量+期末库存数量)÷2]

分析库存周转率时，首先利用公式计算各商品或 SKU 的库存周转率，然后建立四象限图进行分析。库存周转率四象限图中横坐标轴代表库存天数，纵坐标轴代表库存周转率。

3.合理分析库存数据

分析库存时，常涉及动销率、广度、宽度、深度等数据，以下为各数据的具体含义分别。

1）动销率

动销率指在一定时间段内销售的商品数与总库存商品数之比。店铺的动销率越高，权重越高，不仅会获得更多系统展现，还能提高参加官方活动的通过概率。商品的动销率越高，搜索排名权重越高，获取更多流量的概率也就越大。此外，上架新商品时，库存不要填太大，后期可根据实际销量增加库存，这样有利于优化动销率数据；对于动销率非常低的商品，要及时下架或删除。

2）广度、宽度、深度

一般情况下，这 3 个指标合理，库存结构就比较合理。其中广度指涉及的商品类目；宽度指商品各类目下的种类；深度指商品的 SKU 数量。3 个维度的分析可以和计划值进行对比，找出差异就能确定库存结构哪里出现了问题。通过这种方式监控库存结构，就能轻松对库存进行调整，保证库存结构合理。

4.以销量预测库存

库存天数预测主要依赖历史销售数据，它代表过去的销售规律，通过该规律来监控库存还能够支撑销售多长时间。要想精确把握销售走势，仅靠历史数据是不行的，还需要找到影响未来非正常销售的因素，如促销活动、季节性原因、节假日等各种特殊事件。通过对未来销售进行预测，再结合历史数据进行判断，就能更加精确地确定库存的数量。

滚动预测就可以根据形势的变化不断调整需求，这样供货方也能有一个较长时间的备货周期来适应销售需求。滚动预测一般分为周预测或月预测,每周都对未来四周的每个SKU做一次预测，根据业务状况不断地修正，以便找到最正确的预测值。

五、利润数据分析

（一）利润与利润率的定义

从会计的角度来讲，利润和利润率的定义较为复杂，但是电子商务商家可以更为直观地理解利润和利润率。

1. 利润

利润指店铺收入与成本的差额。

2. 利润率

利润率包括销售利润率、成本利润率等，用于衡量销售、成本等项目的价值转化情况。

（二）成本数据分析

与企业一样，店铺运营还是以盈利为根本，除了做好销售运营这些环节，成本控制也是盈利的关键。在店铺的运营过程中，最常见的成本包括商品成本、推广成本和固定成本3种。

1. 商品成本

商品成本包括进货成本、物流成本、人工成本、损耗成本和其他成本等。不同的进货渠道对商品成本有直接的影响，例如选择在实体批发市场进货，人工成本会更高；选择通过网络渠道批发商品，物流成本也会更高。具体选择货源时，除了应注意商品品质、货源是否充足等条件，产生的商品成本费用也是必须考虑的。

2. 推广成本

推广是店铺运营的核心手段之一，如使用淘宝客、直通车、钻石展位等常规推广方式，以及参加各种平台组织的活动等，都会涉及推广成本。通过对推广成本进行分析，我们可以看到哪种推广手段更有效，哪种推广手段过于浪费，等等，从而能够有策略地改变运营推广战术。

3. 固定成本

固定成本主要包括办公场地的租金、工作人员的工资、各种设备折旧，以及网购平台的相关固定费用，如淘宝店信誉达到钻石等级后，若选择专业版店铺装修，则需每月交纳一定费用。固定成本的特点是成本费用的变化频率低，变化幅度小，但同样需要纳入商品成本中进行核算，不应遗漏。

（三）利润线性预测

通过对利润数据进行预测和分析，我们不仅可以有针对性地进行营销管理以提高销量，还能科学地降低成本。

利润预测的方法有很多，首先介绍较为简单的线性预测。线性预测常用于通过一个变量预测另一个变量的变化趋势，如可以根据店铺设定的成交量目标预测可能发生的成本费用数据。

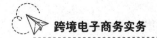

在 Excel 中，我们可以利用 TREND 函数进行线性预测。TREND 函数的语法格式为"TREND (known_y's, [known_x's], [new_x's], [const])"。其中，各参数的作用分别如下。

known_y's 表示关系表达式 $y=mx+b$ 中已知的 y 值集合。

known_x's 表示关系表达式 $y=mx+b$ 中已知的可选 x 值集合。

new_x's 表示函数 TREND 返回对应 y 值的新 x 值。

const 表示是否将常量 b 强制设为 0，此参数非必要，可以省略。

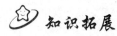知识拓展

猫眼"退票门"背后：利润数据存疑，股东光线传媒半数利润靠"卖股权"

第四节　商业报告的制作

一、商业报告主要内容

（一）公司简介

公司简介通常是对一个企业或组织的基本情况的简单说明。通常在商业报告中撰写公司简介时，首先需要明确公司的背景，比如公司性质和组成方式（集资方式）等，再从整体上介绍公司的经营范围、公司理念和公司文化。然后再概括性地介绍一下公司现在的经营状况，最后指明公司未来的发展方向或者现阶段的发展目标。还有一点比较重要的是，需要让目标公司确认报告中的公司简介是否正确。

（二）报告目标

通常情况下，在撰写商业报告目标时要明确商业报告的目标。首先问明客户对于经营的疑虑，再针对客户的疑虑提出解决办法。

（三）制作流程

商业报告制作流程的介绍，就是要写出制作商业报告的思路，概括出该商业报告写作的步骤以及每个步骤所用到的方法。

另外，为了给企业呈现出更清晰的商业报告写作流程，我们还可以将文字内容转换成流程图的模式，如图 8-5 所示。

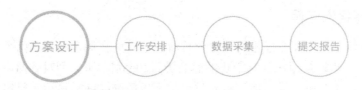

图 8-5　商业报告制作流程图

（四）数据来源

这一部分的内容需要向客户说明商业规划中所有数据的来源，并指出为什么要选择这些数据源，以及数据的搜集方法。企业可以通过使用数据统计工具获得相关数据。例如分析会员数据的 CRM 软件、分析网店运营的"生意参谋"软件等。

（五）数据展示

这一部分的内容需要将商业规划中所用到的数据展现出来。

（六）数据分析

数据分析主要分为 5 个方面：商品类目成交量、商品类目销售额、商品品牌成交量、商品品牌销售额、销售平台数据。只需根据上一部分中展示的数据，依次进行详细的解释和合理的推测即可。

（七）结论

在商业报告结论的撰写中，要从企业的诉求出发，为企业提供建议。

二、商业报告制作方法

（一）制作公司简介

以立华公司为例，立华公司是集销售和服务于一体的专业平板电脑经销商，业务范围涵盖平板电脑、MID（移动互联网设备）、平板电脑电源和耳机等众多品牌平板电脑和配件。立华公司具有专业的进货渠道，是众多品牌平板电脑的特约经销商。秉承"客户至上·商品完美"的公司理念，立华公司已经在 20 个城市开设实体店，为千万客户带来了高质量、高性能的平板电脑及其配件。针对新时代消费群，立华公司在原有的 20 个城市的实体店配备了完善的营销网络渠道和售后服务分支机构，为客户提供专业的售后服务。为了顺应网购的大潮流，2014 年，立华公司准备进驻互联网，组建立华平板商城，打算在淘宝或者天猫上开设网上旗舰店，服务更多的客户。

（二）编写报告目标

立华公司关于开设网店有以下两点疑虑。

（1）销售什么商品？

（2）选择淘宝和天猫中的哪一个销售平台？

（三）编写报告流程

这里的制作流程是指商业报告的数据分析流程，首先在淘宝和天猫两个平台上找到销售量前十的店铺，搜集这10家店铺销售的商品类目和品牌。再分别对各商品类目和品牌的成交量和销售额进行分析，找出最佳商品类目和平板电脑品牌。最后，对销售量前十的店铺所对应的销售平台（淘宝和天猫）进行分析，找出最佳销售平台。

（四）收集数据

由于立华公司网店的开设平台主要是阿里巴巴旗下的淘宝和天猫，所以相关数据可以从阿里巴巴的专业数据统计机构获得。

（1）淘宝和天猫两个平台中排名前十店铺中的商品类目和商品品牌数据。

（2）使用数据搜集的方法有以下两种。

① 通过阿里巴巴指数寻找销售量前十的店铺。

② 通过卖家网独立店铺运营数据搜集各家店铺的商品类目信息和商品品牌信息。

（五）显示报告中的数据

由于立华公司的业务主要涉及平板电脑、MID、平板电脑电源、耳机等与平板电脑相关的产品，所以可以利用采集的数据进行报告的制作。

（1）商品类目展示的内容是对销售量前十的店铺进行数据采集后，按类目进行排序与分类汇总后的数据，主要包括标准类目、成交量及销售额，然后分别对商品类目中的商品成交量与销售额创建图表。

（2）平板电脑品牌展示的内容主要包括标准品牌、成交量和销售额，可分别对品牌商品的成交量与销售额创建图表。

（3）立华公司的销售平台主要是淘宝和天猫，可分别对这两个立华公司在平台的商品成交量与销售额创建图表。

（六）分析图表数据

数据分析的意义在于一个企业通过商业报告中的数据分析，可以判定市场的动向，从而制订合适的生产与销售计划。下面就根据数据展示的内容，对相关数据进行分析。

1. 商品类目

通过对商品类目数据的分析，可以了解市场上各种商品的成交量和销售情况。

1）成交量

商品成交量饼状图如图8-6所示。

通过饼状图可以清楚地知道平板电脑的成交量位列第一，因为大部分消费者进入店铺，第一需求就是平板电脑。

成交量排名第二的是平板电脑的保护套，因为保护套不仅可以保护平板电脑外壳不被磨损，其多样的外观更可以美化平板电脑，这对于作为平板电脑主要消费群的年轻人，具有强大的吸引力，其售价也比较低廉。

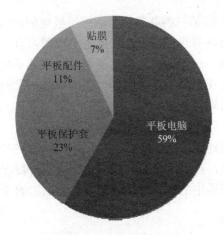

图 8-6　商品成交量

排名第三和第四的是平板电脑配件和平板电脑贴膜，因为这两种都是平板电脑的必需品，加上其低廉的价格，所以也拥有较好的成交量。而充电器和数据线属于平板电脑商品的标配，随平板电脑一起出售，所以没有大量的消费者群体，成交量较低。

2）销售额

平板电脑以绝对优势占据商品类目销售额第一的位置。因为其他商品类目都属于平板电脑的附属配件，价格远远不如平板电脑，所以平板电脑销售额的起点就比其他类目的商品销售额起点更高，再加之其成交量也远远大于其他类目的商品，便使得平板电脑的销售额最高（销售额=成交量×平均单价）。

2. 商品品牌

分析商品品牌的成交量和销售额，可以帮助销售商认识所销售的品牌，并确定主要的销售品牌。

1）成交量

通过商品品牌成交量柱状图（见图 8-7）可知，Apple 的平板电脑成交量以绝对优势名列第一，这与 Apple 的品牌价值密切相关。在现下的平板电脑市场，提到平板电脑，大部分消费者的第一反应都是 Apple 的 iPad。强大的品牌价值使得 Apple 平板电脑拥有大量的消费者群体。

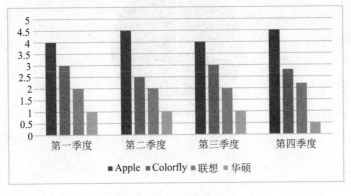

图 8-7　商品品牌成交量

排名第二的 Colorfly 和第三的联想都是国产平板电脑的领头羊，它们都拥有精良的技术和不错的性价比，这也使得它们可以在平板电脑市场占有一席之地。

而排在第四名的华硕，因为大部分消费者对于华硕的认知还停留在笔记本电脑上，对于它的平板电脑的认可度还不是很高。同样与华硕相差不大的 E 人 E 本平板电脑品牌因为品牌知名度不高造成销售额较低。

2）销售额

通过商品品牌销售额柱状图（见图 8-8）可知，Apple 的销售额最高，因为其售价相较于其他品牌的平板电脑高，再加上较高的成交量使得 Apple 平板电脑的销售额成为第一。联想因为较高的成交量和适中的销售价格成为销售额第二的平板电脑品牌。

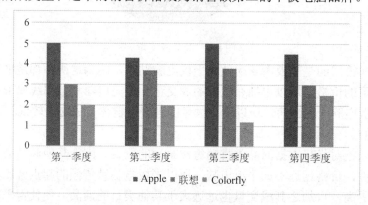

图 8-8　商品品牌销售额

同时我们还应该注意到在成交量的比较中，Colorfly 的成交量要大于联想的成交量，但是此时销售额却远低于联想，那是因为联想的平均单价大于 Colorfly。其他品牌的平板电脑因为没有强大的消费者市场和售价不高，使得自身销售额较低。

3. 销售平台

由销售平台所制作的饼图（见图 8-9、图 8-10）可知，无论是成交量还是销售额，淘宝都比天猫高。

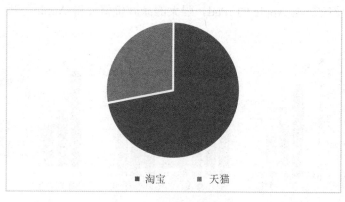

图 8-9　销售平台销售额对比

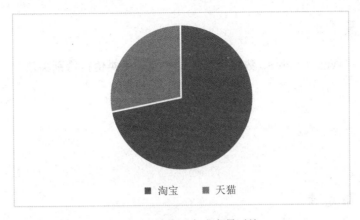

图 8-10　销售平台成交量对比

（七）得出报告结论

通过以上的数据分析，得出以下三方面建议。

1. 商品类目

如果公司比较看重商品类目的成交量，那么第一应考虑的是平板电脑；保护套是大部分消费者在购买平板电脑时必买的商品类目，所以也应该将保护套作为重点考虑的商品类目。剩余的平板电脑配件、平板电脑贴膜也都有较高的成交量，也可以将它们纳入考虑范围。如果公司比较看重商品类目的销售额，那么第一考虑的也应该是平板电脑，因为平板电脑的起价远远高于其他商品类目。通过前面的图，我们还可以看到，保护套和平板电脑配件也能带给企业一定的销售额，所以可以将这两种商品类目纳入考虑对象。

2. 品牌选择

Apple 由于其强大的品牌实力，在平板电脑的消费者群体中拥有很高的品牌形象认知，所以不管是成交量还是销售额都比其他平板电脑品牌高出很多，所以公司应该将 Apple 纳入重点考虑品牌。

如果公司更看重平板电脑的成交量，那么除了 Apple 之外，还可以将 Colorfly 作为考虑对象。

如果公司比较看重平板电脑的销售额，通过前面的分析，可以看到联想是除了 Apple 之外带来最高销售额的品牌，所以公司还可以将联想纳入重点考虑对象。

3. 销售平台

通过淘宝和天猫的销售平台数据对比，可以看出淘宝拥有更高的销售能力，所以公司应该将淘宝作为第一考虑的销售平台。

知识拓展

Wish Express 数据报告：这些夏季品类值得特别关注

复习与思考

1. 名词解释

（1）数据分析

（2）到达率

（3）市场营销数据分析

（4）客单价

（5）利润

2. 简答题

（1）用户行为分析的目的是什么？

（2）网店经营数据分析从哪几个方面进行？

（3）数据分析指标有哪几个？

（4）企业内部电子商务市场分析的核心数据指标有哪几个？

（5）成本数据分析一般从哪几个方面进行？

参 考 文 献

[1] 鲁丹萍. 跨境电子商务[M]. 北京：中国商务出版社，2015.

[2] 钟卫敏. 跨境电子商务[M]. 重庆：重庆大学出版社，2016.

[3] 陈岩. 跨境电子商务[M]. 北京：清华大学出版社，2019.

[4] 来立冬. 跨境电子商务[M]. 北京：电子工业出版社，2018.

[5] 郑建辉，陈江生，陈婷婷. 跨境电子商务实务[M]. 北京：北京理工大学出版社，2017.

[6] 李洁，崔怡文，王涛. 跨境电商[M]. 北京：人民邮电出版社，2019.

[7] 苏杭. 跨境电商物流管理[M]. 北京：对外经济贸易大学出版社，2017.

[8] 海猫跨境编委会. 小而美的跨境电商[M]. 武汉：华中科技大学出版社，2017.

[9] 易静. 跨境电商实务操作教程[M]. 武汉：武汉大学出版社，2017.

[10] 邱如英. 大数据视角下的跨境电商[M]. 广州：南方日报出版社，2018.

[11] 刘瑶. 亚马逊跨境电商平台实务[M]. 北京：对外经济贸易大学出版社，2017.

[12] 叶鹏飞. 亚马逊跨境电商运营实战[M]. 北京：中国铁道出版社，2019.

[13] 孙正君，袁野. 亚马逊运营手册[M]. 北京：中国财富出版社，2017.

[14] 潘兴华. 亚马逊+eBay[M]. 北京：中国铁道出版社，2019.

[15] 宋磊. 跨境电商操作实务：基于速卖通平台[M]. 北京：北京理工大学出版社，2017.

[16] 钟云苑. 跨境电商：速卖通宝典[M]. 北京：机械工业出版社，2017.

[17] Wish 电商学院. Wish 官方运营手册：开启移动跨境电商之路[M]. 2 版. 北京：电子工业出版社，2018.

[18] 方美玉. 跨境电商 Wish 立体化实战教程[M]. 杭州：浙江大学出版社，2019.

[19] 武新华，杨平. 网上开店实战指南：eBay 外贸交易[M]. 北京：化学工业出版社，2009.

[20] 阮晓文，朱玉赢. 跨境电子商务运营：速卖通、亚马逊、eBay[M]. 北京：人民邮电出版社，2018.